KB040138

노무현의 도시

노무현의 도시

세종시는 수도가 될 수 있을까

—

인쇄 2018년 1월 15일 1판 1쇄   **발행** 2018년 1월 20일 1판 1쇄

지은이 김규원   **펴낸이** 강찬석   **펴낸곳** 도서출판 미세움
주소 (150-838) 서울시 영등포구 도신로51길 4
전화 02-703-7507   **팩스** 02-703-7508   **등록** 제313-2007-000133호
홈페이지 www.misewoom.com

정가 15,000원

—

이 도서의 국립중앙도서관 출판예정도서목록(CIP)은 서지정보유통지원시스템 홈페이지(http://seoji.nl.go.kr)와
국가자료공동목록시스템(http://www.nl.go.kr/kolisnet)에서 이용하실 수 있습니다.
CIP제어번호: CIP2017033473

ISBN 979-11-88602-05-6   03300

이 책은 관훈클럽신영연구기금의 도움을 받아 저술, 출판됐습니다.

노무현의 도시

김규원 지음

세종시는 수도가
될 수 있을까

미세움

머리말:
서울 인구의 10%를 지방으로 옮길 수 있다면

서울은 한반도에서 가장 매력적인 도시다. 도시로서는 2천년, 수도로서는 1천년의 역사를 갖고 있다. 그래서 백제 위례성으로 추정되는 풍납토성이나 서울 4대문 안의 어느 곳을 파든 수백~2천년의 역사가 켜켜이 드러난다. 땅을 파지 않아도 4대문 안팎의 곳곳에 셀 수 없는 역사 유적 표지석, 표지판들이 이 도시의 역사를 웅변한다. 당신이 서울 4대문 안의 어느 곳에 서 있든 그곳은 최소한 수백년 동안 수천수만의 사람들이 지나고 머물고 사랑하고 미워한 자취가 어린 곳이다.

그래서 사람들은 서울을 지극히 사랑했다. 정약용은 1810년 유배 중 자식들에게 보낸 편지에서 "집안의 힘이 쇠락해 서울 한복판으로 들어갈 수 없다면 잠시 서울 근교에 살다가 재산이 조금 불어나면 바로 도시의 복판으로 들어가도 늦지는 않다. 먼 시골로 이사가버린다면 무식하고 천한 백성으로 일생을 끝마치고 말 뿐이다"라고 썼다. 정약용 자신은 서울에서 벼슬을 한 뒤 오랫동안 지방의 유배지로 떠돌았다. 그러나 자손들은 4대문 안에서 계속 살면서 다시 집안을 일으키고 나라를 경륜하기를 소망했다. 자신을 서울의 중인 집안 출신이라고 소개했던 소설가 김훈 선배는 어려서 할

4

머니로부터 "4대문 밖은 금수가 사는 곳이니 함부로 나가지 마라"는 이야기를 들었다고 전했다.

그러나 조선 시대만 해도 서울의 인구는 그리 많지 않았다. 조선 초기엔 대체로 10만명 선이었고, 조선 후기엔 20만명 안팎이었을 것으로 추정된다. 이렇게 인구가 많지 않았던 것은 조선 시대만 해도 상업이나 공업이 발전하지 못했기 때문이다. 인구 대부분이 농업에 의지해 살았기 때문에 서울처럼 논밭이 귀한 곳에서는 많은 사람이 살아갈 수 없었다.

조선이 멸망한 1910년 인구조사에서 서울 인구는 23만8495명이었다. 당시 총인구가 1312만8780명이었으므로 전체 인구에서 차지하는 비중도 1.8%에 불과했다. 그 뒤에 30만명 수준을 유지하다가 1936년 서울의 영역을 확대하면서 73만명으로 늘어났다. 해방되던 1945년엔 90만명 가량이었는데, 정부가 수립되던 1948년엔 171만명으로 급격히 늘었다. 만주, 일본, 중국에서의 귀국자와 북한에서의 월남자가 크게 늘었기 때문이었다.

6.25전쟁 직후인 1951년 서울의 인구는 65만명으로 반토막이 났다가 1955년에야 전쟁 전 수준인 157만명으로 회복됐다. 그러나 이때부터 서울의 인구는 가파르게 상승했다. 1960년엔 245만명, 1970년엔 543만명, 1980년엔 836만명으로 치솟았고, 결국 1988년 역사상 처음으로 1천만명을 돌파했다. 그러나 서울의 인구는 1992년 1097만명을 정점으로 정체, 감소하기 시작했다. 이것은 실제로 서울의 인구가 줄어든 것이 아니라, 서울 인구가 주변의 신도시로 옮겨갔기 때문이었다. 서울의 실질적 공간 범위가 넓어진 것이었다.

2016년 인구주택총조사 결과를 보면, 서울의 총인구는 980만명으로 2015년보다 10만명이나 줄었다. 그러나 경기에서 19만명, 인천에서 2만명이 더 늘어나 수도권 전체로는 여전히 11만명이나 늘었다. 서울의 인구는 줄고, 서울 외 수도권의 인구가 더 늘어나는 이런 추세는 1990년대부터 꾸준히 나타난다. 2000년 인구주택총조사 때는 서울 인구가 경기보다 많았으나, 2005년엔 경기 인구가 서울을 앞섰다. 인구 격차는 계속 벌어져 2016년 경기 인구는 1267만명으로 서울보다 287만명이나 더 많았다. 수도권 인구 비율은 2000년 46.3%에서 2005년 48.2%, 2010년 49.2%, 2015년과 2016년 49.5%로 계속 늘어나고 있다.

전국에서 서울과 수도권의 인구 비중은 2016년 기준으로 각각 19.1%, 49.5%이다. 이런 수도권의 인구 비중은 주요 선진국의 수도권 인구 비중과는 비교할 수 없이 높다. 이른바 세계 10대 선진국 가운데 인구가 4천만명에서 1억명 사이인 독일, 프랑스, 영국, 이탈리아, 스페인과 비교해보자. 먼저 전체 인구가 8229만명인 독일에서 수도 베를린과 수도권의 인구 비중은 각각 4.5%, 7.3%에 불과하다. 인구가 6667만명인 프랑스에서 파리와 수도권은 각각 3.4%, 18.2%, 인구가 6480만명인 영국에서 런던과 수도권은 13.1%, 21.4%, 6078만명인 이탈리아에서 로마와 수도권은 4.7%, 7.1%, 4646만명인 스페인에서 마드리드와 수도권은 7.0%, 14.0%다. 서울과 수도권의 인구 비중은 베를린의 4.2배, 베를린 수도권의 6.8배에 이른다. 5개 나라 가운데 수도와 수도권의 전체 인구 대비 비중이 가장 높은 런던과 비교해도 서울은 1.5배 수도권은 2.3배에 이른다.

수도의 인구밀도에서도 서울은 다른 선진국 수도와 비교가 되지 않는다. 서울의 인구밀도는 제곱킬로미터당 1만6천명인데, 베를린은 4100명, 파리는 2800명, 런던은 5400명, 로마는 2200명, 마드리드는 5400명이다. 서울이 다른 수도들의 3~7배에 이른다.

이렇게 서울로 인구를 끌어들인 3대 요소는 정부와 기업, 대학이다. 중앙행정기관은 과거에 거의 대부분 서울에 있었으나, 1997년 정부대전청사 이전을 시작으로 지방으로 옮기기 시작했다. 2003년 노무현 대통령의 국가 균형발전이 본격 추진된 뒤 현재까지 중앙행정기관 51개 가운데 30개가 세

서울의 밀도는 국내외의 주요 도시들과는 비교가 되지 않는다. 출근 시간 서울 지하철의 모습. 서울교통공사.

종과 대전으로 이전했고, 19개만 서울과 과천에 남아 있다. 나머지 2개는 청주와 전주로 옮겼다. 행정부의 60%가량은 세종권에, 40%가량은 서울권에 있는 셈이다. 그러나 입법부와 사법부는 모두 서울에 남아 있다. 특히 청와대와 국회가 서울에 남은 일은 노무현 대통령의 균형발전 정책을 무색하게 할 만큼 강력한 악영향을 끼치고 있다.

기업 역시 수도권에 집중돼 있다. 2014년 5월 금융감독원의 전자공시에 따르면, 2013년 매출액 상위 100대 기업 가운데 86곳은 수도권에 본사를 두고 있었다. 서울에 70곳으로 압도적으로 많았고, 경기 14곳, 인천 2곳 등이었다. 지방에서는 경남 5곳, 울산 3곳, 경북과 대전 각 2곳, 광주와 부산 각 1곳 등이었다. 전국 16개 광역 시도 가운데 대구를 비롯해 강원, 전남, 전북, 제주, 충남, 충북에는 100대 기업 본사가 한 곳도 없었다. 또 수도권 사업체의 매출액은 2010년 2345조원(54.1%)에서 2015년 2922조원(55.1%)으로 늘었고, 수도권 사업체의 숫자도 2010년 158만개(47.1%)에서 2015년 184만개(47.4%)로 증가했다.

대학도 마찬가지다. 2017년 〈중앙일보〉의 대학평가에서 20위 안에 든 대학 가운데 17개(85%)가 수도권에 있었다. 서울에 14개, 경기에 2개, 인천에 1개였다. 지방에서 20위 안에 든 대학은 부산대, 전남대, 경북대 등 3곳에 불과했다. 100대 기업 본사의 86%와 20대 명문대의 85%가 수도권에 있는 것은 관련이 있다고 볼 수밖에 없다. 해방 뒤 한국에서 수도권으로의 집중은 정부와 기업, 대학이 삼각동맹을 이룬 결과라고 해도 과언은 아니다.

그러나 나로 하여금 지역간 균형발전 정책에 관심을 갖게 만든 것은 이런 통계가 아니었다. 그것은 노무현이었다. 2002년 노무현 대통령 후보는 "충청권에 신행정수도를 건설해서 대한민국의 균형발전을 이루겠다"고 공약했다. 당시 나는 "아, 세상은 이렇게 바꾸는 것이구나"하고 '신선한 충격'을 받았다. 물론 오래지 않아 세상을 바꾸는 일이 그렇게 쉽지 않다는 것을 깨달았지만 말이다. 노무현의 대담한 도전 이후 '지역간 균형발전'이라는 주제는 지난 15년 동안 내 머리에서 떠난 일이 없었다.

노무현 정부 초기엔 신행정수도 건설을 어떻게 해야 할지에 대해 선후배들과 15차례가량 기획기사를 썼다. 그리고 몇 년 뒤 이명박 정부가 들어선 뒤엔 '세종시 수정안'이란 탈을 쓴 '행정도시 백지화안'을 막아내려고 1년가량 선후배들과 또 많은 기사를 썼다. 어이없게도 박근혜 한나라당 의원의 도움으로 '행정도시 백지화안'을 겨우 막아냈지만, 싸움은 끝나지 않았다. 2012년부터 중앙행정기관들이 세종시로 대거 옮겨갔지만, 여전히 '지역간 균형발전'은 요원한 일처럼 보인다.

2014년 회사에서 손을 들어 세종시로 가서 살아보기로 했다. 오랫동안 지지해온 세종시 건설과 지역간 균형발전이 실현되는 모습을 내 눈으로 직접 보고 싶었다. 그러나 세종시에 가서 만난 것은 온통 실망뿐이었다. 중앙행정기관이나 산하 공공기관들의 부분적 이전에 따른 효과는 잘 나타나지 않았고, 중앙행정기관과 공공기관들의 부분적 이전에 따른 부작용은 확실히 나타났다. 또 균형발전 문제를 떠나서 세종시라는 새로운 도시를 만드는 과정에서 느끼는 아쉬움도 매우 컸다.

세종시에서 근무한 두번째 해인 2015년 초 그동안 취재하고 경험하고 생각한 세종시에 대해 책을 쓰기로 결심했다. 세종시의 역사를 짧게라도 정리하고 싶었고, 세종시를 만드는 과정에서 나타난 잘잘못들도 기록하고 싶었다. 세종시의 현재 모습을 널리 알리고 싶었고, 앞으로 세종시가 가야 할 방향도 제시하고 싶었다. 2년 만인 2017년 초반에 원고를 마무리했고, 7월 미세움 출판사를 만나 비로소 책을 낼 수 있게 됐다.

세종시에 2년을 살면서 많은 것을 느끼고 생각했다. 길고 긴 이야기지만, 그 이야기의 결론은 수도권의 인구를 줄여야 한다는 것이었다. 수도권의 인구를 줄이는 일은 어렵지만, 많은 문제를 해결할 수 있는 수단이 되기 때문이다. 예를 들어 2016년 수도권의 인구가 2539만명인데, 이 가운데 10%인 254만명을 강원, 대전충남세종, 충북, 광주전남, 전북, 대구경북, 부산경남울산, 제주 등 8개 광역으로 30만명 정도씩만 옮긴다면 대한민국은 어떻게 바뀔까? 아마도 전국에 혁명적인 변화가 일어날 것이다.

먼저 집값이 안정된다. 세종시에 살면서 뼈저리게 느낀 것 가운데 하나는 서울을 제외한 다른 지역에서는 주택 문제, 부동산 문제가 그리 큰 문제가 아니라는 점이다. 세종시에서 내가 살았던 아파트는 정부세종청사 바로 옆이어서 당시 세종시에서 매매가나 전세가가 가장 비싼 아파트였다. 전용 면적이 84제곱미터(25평), 공급 면적이 110제곱미터(33평)였는데, 전셋값이 1억7천만원, 매매가는 3억원 정도였다. 지금은 전셋값이 올라서 2억원이 넘고, 매매가도 4억원에 이른다고 하지만, 그래도 서울 집값의 절반 수준이다. 이것은 전국의 광역시 사이에 큰 차이가 없을 것이다. 부산의 해운대 정도를 빼고 말이다.

땅값은 더하다. 2016년 국토교통부가 발표한 표준지 공시지가를 보면, 서울의 땅값은 전국 광역시 땅값의 7~28배였다. 서울의 표준지 1㎡의 평균 공시지가는 401만1천원(1평에 1323만원)으로 모든 광역 시도 가운데 압도적 1위였다. 서울의 1㎡ 평균 공시지가는 전국 평균(13만7천원)의 29배였으며, 부산의 10배, 인천의 7배, 광주의 22배, 대전의 19배, 울산의 28배였다. 서울의 땅값은 전국 광역시의 땅값과 비교할 수 없다. 심지어 서울의 1㎡ 평균 공시지가는 광역 시도 가운데 가장 낮은 전남(1만6763원)의 239배나 됐다.

그래서 서울에 사는 사람이 지방으로 가면 집값, 땅값으로부터 자유를 얻을 수 있다. 집을 사거나 세를 얻는 데서 받는 스트레스의 상당 부분을 해소할 수 있다. 집을 사기 위해 무리한 빚을 낼 필요도 없고, 갚는 데 큰 고통을 겪을 일도 없다. 사람들이 집값으로부터 자유로워지면 자신과 가족을 위해 더 많은 돈을 투자할 수 있게 된다. 삶의 질이 높아진다.

물론 이런 반론도 가능하다. 지방으로 가면 부동산으로 돈을 벌지 못하는 것 아닌가? 그러면 결국 서울에 집 가진 사람에게만 좋은 일 해주는 것이 아닌가? 그러나 앞서 말한 대로 단 10%(98만명)의 서울 사람들만 지방으로 떠나도 서울 집값은 오를 수 없다. 서울 주변에 사는 사람들이 서울의 빈 집을 채우겠지만, 수도권 전체의 주택 수요 자체가 줄기 때문에 서울의 집값도 오르기 어렵다. 서울 주변의 집값은 더 내려갈 것이다. 다만, 서울에서 10%의 인구가 떠나도 강남처럼 부동산, 주택 수요가 많은 곳은 집값이 유지되거나 오를 가능성이 여전히 있다. 왜 강남에 수요가 많은지는 이해하기 어렵지만 말이다.

서울에 사는 사람들에게도 도움이 된다. 서울의 집값이 안정되거나 점차 내려가기 때문에 서울에서도 집을 사거나 세를 얻는 일은 점차 수월해진다. 수도권의 주택, 부동산 수요가 줄어들기 때문에 투기의 여지도 점차 줄어들 것이다. 물론 이렇게 서울과 수도권의 인구가 줄어들면 집값이 떨어지는 데 대한 큰 우려가 나올 수 있다. 특히 사람들이 집을 사면서 많은 빚을 졌기 때문에 집값이 급하게 떨어지면 재앙이 될 수도 있다. 그러나 10%의 인구를 서울에서 지방으로 옮기는 일은 말처럼 쉽지 않다. 정부가 일관된 정책 기조를 가지고 꾸준히 노력하더라도 아마 10년이나 20년을 걸쳐 천천히 이뤄질 것이다.

거꾸로 지방의 집값은 안정세 속에서 조금씩 오를 수도 있다. 수도권 사람들의 10%가 10~20년 동안 꾸준히 지방으로 이주한다면 지방에 집을 사는 일은 결코 손해가 되지 않을 것이다. 서울 집값만큼 오르지는 않겠지만, 지방에서도 어느 정도 안정적인 오름세를 기대할 수 있다. 부동산과 관련한 지방 사람들의 상대적 박탈감, 상대적 빈곤감은 어느 정도 해소될 수 있다.

서울 인구의 10%가 지방으로 간다면 지방 도시의 구도심에서 일어난 공동화를 치유하기 위한 도시재생에도 일대 활력이 나타날 것이다. 지방에서 구도심의 역사적 장점들과 수도권의 인구나 인재를 적절히 조화시킬 수 있다면, 구도심의 부활은 꿈만은 아닐 것이다. 이 과정에서 중앙정부나 지방정부는 신도시 건설을 남발하는 과거의 낡은 주택 정책을 되풀이해서는 안 된다. 구도심에 공공시설을 이전하고, 구도심의 기존 시설과 주택을 재생하는 방식을 선택해야 한다. 이 점은 혁신도시 정책에서의 실패를 참고하면 될 것이다.

오랜 지방분권과 균형발전의 역사를 가진 외국의 사례도 참고할 필요가 있다. 독일의 인구는 8200만명으로 5100만명인 한국의 1.6배에 이르지만, 100만명 이상의 도시는 베를린, 함부르크, 뮌헨, 쾰른 등 4개에 불과하다. 한국에 100만명 이상의 도시가 서울, 부산, 인천, 대구, 대전, 광주, 울산,

독일의 주요 자동차 회사의 본사는 수도 베를린이 아닌 지방 도시들에 있다. 바이에른의 뮌헨에 있는 베엠베의 본사. softes.

수원, 창원, 고양, 용인 등 11개에 이르는 것과 비교된다. 이는 독일의 인구가 전국에 고루 분산돼 있고, 각 지역에 100만명 이하의 건실한 중소 도시가 많다는 뜻이다. 실제로 독일을 대표하는 자동차회사인 벤츠와 베엠베, 폴크스바겐, 아우디의 본사는 베를린이 아니라, 슈투트가르트와 뮌헨, 볼프스부르크, 잉골슈타트에 있다.

수도권 인구의 지역 분산은 각 지역의 특색 있고 수준 높은 발전에도 도움을 줄 수 있다. 유럽에서 놀라운 점 중 하나는 작은 도시, 심지어 시골 마을도 잘 가꿔져 있다는 점이다. 이것은 각 지역에 적절한 인구와 인재가 있기 때문에 가능한 일이다. 수도권의 인구가 지방으로 간다면 아무래도 대도시로 많이 갈 것이다. 그러나 이주 인구의 일부는 귀농귀향의 흐름을 타고 작은 도시나 시골 마을로도 갈 수 있다. 이것은 지방 대도시뿐 아니라,

작은 도시와 시골에도 활력을 줄 수 있다. 인구 절벽은 시골과 작은 도시부터 나타난다. 과밀한 서울에서 과소한 지방으로의 인구 이동은 바람직한 일이 아니라, 이제 필수적인 일이다.

지역간 균형발전과 민주주의의 발전에도 도움이 된다. 1960년대 박정희 정부 이후 영남에 대한 집중 투자는 영남의 보수화와 장기집권, 전국의 불균형발전, 지역 갈등으로 이어졌다. 한국 현대사에서 지역간 균형발전에 대한 요구는 민주주의에 대한 요구였다. 김대중 대통령이 야당 시절 한 선거에서 '지역등권론'을 내세워 호되게 비판받았지만, 어떤 측면에서는 어쩔 수 없는 일이기도 했다. 그런 저항적 지역주의가 없었다면 정권 교체도, 민주주의 발전도 없었을 것이기 때문이다. 지역주의를 하자는 것이 아니라, 지역주의를 없애기 위해 균형발전이 필요하다는 것이다.

지방분권도 마찬가지다. 이런 상상을 해본다. 한국에 지방분권이 정착돼 있었다면 이명박 대통령이 추진한 4대강 사업이 가능했을까? 각 지역의 큰 하천을 그 유역의 주민들이 스스로 개발, 관리할 수 있었다면 말이다. 그랬다면 과연 전국에서, 일시에, 같은 방식으로 주요 하천들에 댐을 세우고 제방을 쌓을 수 있었을까? 4대강 사업 당시 금강이 흐르는 충남이나 낙동강이 흐르는 경남의 도지사는 4대강 사업에 반대했다. 그러나 그것을 전혀 제지할 수 없었다. 1991년 지방자치제가 도입됐지만, 20년이 지나도록 지방정부는 서울에서 하는 일에 들러리나 서고 있는 것이다.

이런 지역간 균형발전, 지방분권을 위해 가장 먼저 해야 할 일은 세종시로 국회와 청와대를 옮기는 일이라고 감히 말할 수 있다. 세종시로 국회와 청와대를 옮긴다고 해도 세종시가 서울과 같은 대도시가 되지는 못할 것이다. 서울과 같이 역사가 깊고 문화가 다양한 세계 도시가 되지 못할 것이다. 서울처럼 부자가 많고 돈이 넘치는 엘도라도가 되지도 못할 것이다.

그러나 국회와 청와대가 세종시로 옮겨진다면 국회의원과 대통령의 시각과 관점은 딜라질 것이나. 시각과 관점은 세상을 보는 지점이다. 세상을 보는 지점이 달라지면 그 생각도 달라진다. 그것은 세종시로 이주한 공무원들 모두가 느끼는 것이다. 이제 그것을 국회의원과 대통령이 느껴야 한다. 그래야 서울이 달라지고, 지방이 달라지고, 대한민국이 달라진다. 그렇게 해야 서울과 지방과 대한민국이 더 평등하고 더 민주적인 사회로 나아갈 수 있다. 이 책을 쓰는 뜻은 바로 거기에 있다.

이 책을 쓰게 만든 사람은 말할 것도 없이 노무현 대통령이다. 그가 없었다면 세종시라는 원대하고도 고난스런 도전은 시작되지 못했을 것이다. 보잘 것 없는 책이지만, 이 책을 노무현 대통령 영전에 바치고 싶다. 세종시 건설 과정에 아쉬움이 많아 매우 비판적인 책이 됐는데, 혹시라도 지역간 균형발전이라는 그의 위대한 이상에 누가 되지 않을까 걱정이다. 그러나 내 비판은 어디까지나 이 정책을 살리는 데 목적이 있다고 변명하고 싶다.

또 세종시를 만드는 데 가장 핵심적 노릇을 했고, 현재도 세종시장으로서 이 사업과 씨름하고 있는 이춘희 시장에게도 감사해야 한다. 노무현에게 이춘희라는 충직한 실행자가 없었더라면 이 사업은 실현되기 쉽지 않았을 것이다. 이 시장의 인터뷰와 추천사에도 깊이 감사한다. 이 책의 많은 내용은 행정중심복합도시건설청의 많은 공무원들에게 빚졌다. 특히 4년 동안 건설청장으로 일하면서 나와 많은 대화를 나눴고 많은 자료들을 지원해준 이충재 전 청장에게도 고마움을 전하고 싶다. 지난번 책에 이어 이번 책에도 흔쾌히 추천사를 써준 박원순 서울특별시장에게도 깊은 감사를 드린다. 서울과 지방에 대한 박 시장의 균형 잡힌 시각이 서울시민들에게도 걷잡을 수 없이 확산되기를 바란다.

세종시에서 2년을 지내면서 기자, 공무원, 이웃 등 많은 친구들을 만났고 그들에게서 많은 아이디어를 얻었다. 그들의 이름을 모두 적고 싶지만, 혹시라도 빠뜨린 친구에게 섭섭함을 줄까봐 적지 못하겠다. 세종시에서 만난 모든 친구들에게 감사한다. 그러나 2년 동안 우리 가족의 가장 가까운 친구였던 처형네 가족에게 특별히 감사하는 일은 다른 친구들을 섭섭하게 만들지는 않을 것이다. 함께 세종시에 살면서 이 책의 출판을 기다리고 독려해준 친구 임민수에게도 고맙다.

이 책은 원고를 마무리하고도 출판사를 정하지 못해 몇 달 동안 표류했다. 이때 혜성처럼 나타나 나와 이 보잘 것 없는 책을 구원해준 미세움 출판사와 임혜정 편집장에게도 깊이 감사하지 않을 수 없다. 임 편집장을 만나지 못했다면, 이 원고는 어둠 속에 묻혀버렸을지도 모른다. 이 책의 출판을 지원해준 관훈클럽 신영연구기금에도 감사한다. 2년 동안 세종시에서의 취재를 허락해준 〈한겨레〉에도 감사한다.

이 책에 쓴, 적지 않은 사진들은 위키피디아에 실린 퍼블릭 도메인(공유 재산)과 크리에이티브 코먼스(창조적 공유물)들이다. 위키피디아에 감사한다. 노무현 대통령을 비롯해 세종시를 만든 주역들의 사진을 제공해준 노무현재단에도 감사한다.

마지막으로 2년 동안 세종시에서의 생활을 함께 해주고 이 책의 출판을 응원해준 아내와 아들에게 고맙다. 특히 세종시에 대한 아내의 냉정한 평가와 "아빠 책은 언제 나오냐"는 아들의 천진한 물음은 언제나 나를 북돋웠다. 이 책이 나오면 나이 드신 두 어머님께 가장 먼저 선물할 것이다.

세종시 어진동과 서울 서촌에서
김규원

추천사 | 박원순 서울특별시장

촛불 이후 우리는 새로운 대한민국을 말한다. 여러분의 새로운 대한민국은 어떤 나라인가? 각자 꿈꾸는 나라는 다를 것이다. 그래야 마땅하다. 서울시장으로서 내가 생각하는 새로운 대한민국은 서울과 지역이 골고루 발전하되, 지역이 각자의 꽃을 피우는 나라이다. 그러기 위해서는 지역을 보는 관점이 먼저 바뀌어야 한다. 국가 중심의 사고에서 도시 중심의 사고로 전환해야 한다.

고백하건대 서울시장이 수도 이전이니 탈중심이니 하는 이야기를 하기란 쉽지 않다. 세종시를 정치행정의 중심 도시로 만드는 일에 지방 시민들은 대체로 지지하는 반면, 서울과 수도권에선 지지보다는 반대가 조금 더 많기 때문이다. 그럼에도 불구하고 나는 이 문제에 대해서 책임감을 느끼지 않을 도리가 없다. 이것은 대한민국의 오랜 중앙집권의 역사와 관계가 깊고, 그 정점에 서울이 있기 때문이다. 자원과 기회를 독점해온 서울은 지방소멸의 우려까지 제기되는 지역에 대해서 함께 성찰하고 책임감 있는 대안을 만들어가야 한다.

균형발전과 지방분권은 분명한 시대적 요구이다. 2018년 6월 개헌을 앞두고 서울을 비롯한 17개 광역 시도는 한 목소리로 획기적인 지방분권을 요구하고 있다. 어떤 분권이냐가 중요하다. 현재 대한민국이 안고 있는 큰 문제점 가운데 하나는 국가의 모든 중요 기능과 물적, 인적 자원이 서울에 몰려 있다는 점이다. 서울이 가진 여러 가지 자원과 역할을 지역으로 분산하는 것이 좋다고 생각한다. 그러나 단순히 수직적이고 시혜적인 의미에서가 아니다. 국가를 재구조화하고, 기울어진 균형을 바로잡고, 도시의 새로운 미래를 열기 위해서다.

국가적 차원에서도 국가경쟁력이 단 하나의 도시에서 나오는 것은 바람직하지 않다. 서울과 지역이 함께 번영하는 제 3의 길을 찾아야 한다. 세종시로 정치행정의 기능을 옮기더라도 서울이 한반도의 중심 도시라는 역사적 상징성은 변하지 않는다. 서울은 다양한 미래 잠재력이 있는 도시로 경제와 역사, 문화, 예술의 중심 도시로 발전할 수 있는 가능성이 무궁무진하다. 미국에서 워싱턴디시(D.C)가 정치행정의 수도라고 해서 뉴욕의 위상이 떨어지지는 않는다. 어쩌면 뉴욕은 정치행정의 수도가 아니기 때문에 오히려 더 자유롭게 세계의 중심 도시로 발전할 수 있었을 것이다.

세종시에 일했던 김 기자가 세종시에 대한 책을 낸다고 하니 이제 나와 같은 취미를 갖게 된 것 같아 매우 반갑다. 서울에 대한 이야기와 책은 많지만, 지역에 대한 이야기와 책은 여전히 부족하다. 신생도시인 세종시는 더 그럴 것이다. 그런 점에서 김 기자가 세종시에 대해 사실상 처음으로 책을 쓴 것은 의미가 크다. 현재 새로운 도시성장 패러다임이 된 도시재생이나 실용적 대안으로 콤팩트 시티(압축 도시) 등 도시에 대한 새로운 관점의 대안을 강조한 대목이 인상적이다.

이 책이 골고루 잘 사는 새로운 대한민국을 꿈꾸는 이들, 서울과 지역이 각자의 꽃을 피우는 지역 르네상스를 꿈꾸는 이들에게 중요한 참고서가 되길 바란다.

추천사 ㅣ 이춘희 세종특별자치시장

김규원 기자를 처음 만난 것은 2007년 건설교통부 차관 시절이다. 첫 만남에서 김 기자는 청와대와 국회를 옮길 터를 세종시에 미리 마련해놓았는지 물었다. 또 통일이 되면 세종시는 어떻게 되는 것인지에 대해서도 물었다. 2009년 이른바 '이명박 수정안'으로 세종시가 존폐의 위기에 놓였을 때 김 기자는 앞장서 싸웠다. 김 기자는 〈한겨레〉 동료들과 함께 많은 기획기사를 써내며 세종시 사수를 위해 동분서주했다. 정부를 떠나있던 내게도 연락을 해서 세종시를 지킬 방안에 대해 상의했다.

김 기자를 다시 만난 것은 2014년이다. 그동안 기자로서 애정과 관심을 갖고 다뤄온 세종시가 자리잡는 모습을 직접 보고 싶어 세종시로 이사를 왔다고 했다. 그 뒤에도 몇 번 만나거나 통화하며 세종시에 대해 여러 이야기를 나눴고 인터뷰도 했다. 김 기자는 세종시를 지켜내기 위해 노력한 많은 사람 가운데 하나라고 말할 수 있다.

김 기자는 세종시의 입지나 건설 방식, 도시계획 등 몇 가지 문제에 대해서는 나와 다른 의견을 갖고 있다. 그리고 그것에 대해 나와 김 기자는 몇 차례 토론을 하기도 했다. 이 책에도 별도의 인터뷰를 통해 서로의 생각을 정리한 내용이 담겨 있다. 그러나 세종시에 대한 깊은 애정과 관심, 세종시가 전국적인 균형발전의 견인차가 돼야 한다고 생각하는 점에서는 이견이 없다.

이 책엔 세종시에 비판적인 대목도 있다. 내가 동의하지 못하는 부분도 있다. 그러나 김 기자의 목소리는 비판에 그치지 않는다. 세종시를 더 나은 도시로 만들고 싶다는 깊은 애정을 바탕으로 세종시의 과거와 현재, 그리고 미래에 대해 다양한 주제와 풍부한 사례를 이야기하고 있다. 앞으로 세종시를 이끌어나갈 사람들은 꼭 읽어봤으면 좋겠다. 이 책은 세종시 착공 10주년, 세종시 출범 5주년을 맞는 올해 출간되어 더욱 의미가 크다.

이제 세종시를 둘러싼 논란도 정리되고 있다. 세종시를 건설하는 것이 옳으냐 그르냐 하는 찬반 대립은 지난 대선을 통해 마무리되었다. 당시 모든 정당과 후보들은 세종시를 행정수도로 만드는 것과 세종시로의 국회, 청와대 이전에 대해 원칙적으로 찬성했다. 이제 논의는 어떤 행정수도를 만들 것인가, 국가균형발전을 위해 세종시를 어떻게 활용할 것인가로 옮겨가고 있다.

이 책이 세종시에 대한 사람들의 뜨거운 관심을 불러일으키는 계기가 되길 바란다. 내년 6월에 이뤄질 개헌을 통해 나와 김 기자의 바람대로 세종시로 국회와 청와대의 이전이 이뤄지길 바란다. 그것은 결단코 나와 김 기자, 그리고 세종시민을 위한 것이 아니다. 대한민국을 위한 일이고, 전국의 국민들을 위한 일이다.

이 책의 제목은 〈노무현의 도시〉다. 세종시는 노무현 대통령의 원대한 꿈이 만든 도시다. 나는 여전히 그 꿈을 이루기 위해 노력하고 있다. 김 기자의 책 또한 전국이 골고루 잘 사는 대한민국의 미래를 실현하는 데 큰 도움이 될 것이라고 확신한다. 세종시는 노무현이다.

차례

제

1

부

수도를 옮기다

1 노무현이 만든 도시

세종시 건설이 추진된 것은 2002년 9월 30일 노무현 당시 새천년민주당 대통령 후보가 '신행정수도 건설'을 공약하면서부터다. 이 정책이 발표되자 정치권과 매체들은 신행정수도 건설을 두고 들끓기 시작했고, 당시 대선의 최대 논란거리가 됐다. 노무현의 경쟁자였던 한나라당의 이회창 후보는 이 신행정수도 공약이 수도권 공동화와 집값 폭락을 가져오고 통일과 안보를 포

2002년 대선에서 신행정수도 건설 공약은 노무현 후보가 당선되는 데 결정적 요소 가운데 하나였다. 2016년 1월 12일 행정도시청 개청식에서 연설하는 노 전 대통령. 노무현재단.

기하는 정책이라며 강하게 반대했다. 이것은 수도권의 지역 이기주의를 노골적으로 부추긴 반대였으며, 결국 노무현 대통령 당선 뒤인 2004년 10월 헌법재판소의 위헌 결정을 이끌어냈다.

신행정수도 건설 정책은 한나라당뿐 아니라, 새천년민주당 안에서도 반대가 적지 않았던 것으로 보인다. 노 전 대통령의 자서전 〈운명이다〉를 보면, 이 공약의 발표 직전인 민주당 선거대책위원회의 마지막 회의에서도 반대하는 사람이 훨씬 많았다. 민주당 내부에서 반대했던 이유는 서울과 수도권의 표를 잃을 위험이 높아서 선거에 불리하다는 것이었다. 그러나 선거 결과는 수도권과 충청권 모두에서 노무현 후보가 이회창 후보를 이긴 것이었다. 노무현 후보는 수도권에서 583만4936표를 얻어 이회창 후보의 1.14배였고, 충청권에서는 120만9200표를 얻어 이 후보의 1.27배였다. 전체 득표에서는 노 후보의 득표가 이 후보의 1.05배였다. 충청권뿐 아니라, 수도권에서도 노무현 후보의 지지율은 평균보다 더 높았다.

선거에서 후보자에 대한 지지는 여러 요인이 영향을 주기 때문에 신행정수도 건설 공약이 수도권과 충청권에서의 득표에 어떤 영향을 줬는지를 명확히 증명할 수는 없다. 그러나 득표 결과만으로 보면, 먼저 이 공약은 충청권에서의 득표에 긍정적인 영향을 준 것이 명백해 보인다. 충청권은 전통적으로 보수적이거나 기껏해야 중도적인 이념 성향을 가진 곳이었기 때문이다. 충청권은 1987년 이후 7번의 대통령 선거에서 김대중 후보가 김종필 전 총리와 연합한 15대 선거와 노무현 후보가 충청권에 신행정수도 건설을 공약한 16대 선거, 박근혜 대통령 탄핵으로 문재인 후보가 당선된 19대 선거 등 3번만 민주진보 진영 후보를 지지했다.

15대와 16대 대통령 선거 결과를 살펴보면 다음과 같다. 15대 선거에서 김대중은 충청권에서 43.9%의 표를 얻어 27.4%를 얻은 이회창을 압도했다. 김종필 전 총리와 연합하고 이인제 후보가 보수 정당 지지자들의 표를 가져긴 결과였다. 노무현 후보가 승리한 16대 선거에서도 노무현 후보는 충청권에서 52.5%를 얻어 41.3%를 얻은 이회창을 역시 압도했다. 정몽준과 후보를 단일화했지만, 김대중과 김종필의 지역 연합 같은 것은 없었다. 그럼에도 노무현 후보가 충청도가 고향인 이회창 후보를 이렇게 큰 표 차이로 이긴 데는 역시 신행정수도 공약이 큰 영향을 줬다고 볼 수밖에 없다. 〈운명이다〉에서 노 전 대통령은 "(신행정수도 공약 덕에) 정몽준씨와 후보 단일화 작업(여론 조사)을 했을 때 충청권 지지율이 높았다"고 말했다. 이런 효과는 대선 본선에서도 나타났다.

　수도권에서 행정수도 공약의 부정적 영향은 눈에 띄게 나타나지 않았다. 15대 대통령 선거 때 김대중 후보는 수도권에서 42.0%, 이회창 후보는 38.3%를 얻었고, 16대 대선에서 노무현 후보는 수도권에서 50.9%, 이회창 후보는 44.6%를 얻었다. 김대중 후보가 김종필씨와 연합하고 이인제 후보가 보수 성향의 표를 가져간 점, 노무현 후보가 정몽준 후보와 단일화한 점 등을 모두 고려할 때도 수도권에서 신행정수도 공약으로 노무현 후보의 표가 이회창 후보에게 넘어갔다고 추정하기는 어려워 보인다. 전국에서 노무현 후보가 이회창 후보보다 1.05배의 표를 얻었는데, 수도권에서 1.14배를

2002년 대선 당시 노무현 후보와 이회창 후보가 승리한 지역을 표시한 지도. 푸른색은 노무현 후보가 승리한 지역, 파란색은 이회창 후보가 승리한 지역. 이회창 후보는 자신의 고향이며, 전통적으로 보수 지지 성향을 가진 충청권에서 패배했다. 이 패배의 결정적 이유는 노 후보의 신행정수도 건설 공약으로 평가된다. 위키피디아 Kurykh.

얻었다는 점을 보면 더욱더 그렇다.

신행정수도 공약에 대한 비난도 많았다. 대표적인 비난은 노 전 대통령이 '선거에서 재미 좀 보려고' 이 정책을 내놓았다는 것이다. 실제로 노 전 대통령은 "(신행정수도 공약으로) 선거에서 재미 좀 봤다"고 말한 적이 있다. 그런데 이에 대한 비난은 그리 합리적이라고 보기 어렵다. 첫째, 노무현 후보가 선거에 이기기 위해 '수도 이전'과 같은 정책을 내놓은 것은 대통령 후보로서는 아주 자연스럽고 당연한 일이다. 선거라는 것이 다음 시기의 주요 의제를 내놓고 후보자들이 서로 겨루는 일이기 때문이다. 이렇게 시민들의 관심을 끌고 큰 논란이 되는 의제를 내놓아 더 많은 지지와 표를 얻은 것은 정상적인 정치, 선거 활동이지 비난받을 일이 아니다.

둘째, 어떤 사람들이 말하는 것처럼 노무현 후보가 단지 선거에서 이기기 위해서만 이 정책을 내놓았다고 보기는 어렵다. 그는 정치 활동 내내 지역주의와 맞서 싸웠는데, 지역주의의 근본 원인 가운데는 지역간 불균형발전이 있었기 때문이다. 1994년 지방자치실무연구소를 차린 데서 볼 수 있듯 그는 오랫동안 지역간 불균형발전 문제를 고민하고 있었다. 무엇보다 그가 집권 뒤에 많은 어려움 속에서도 일관되게 세종시, 혁신도시 건설을 추진한 것은 그가 단지 선거에서 재미를 보기 위해 이 정책을 내놓은 것이 아니라는 가장 강력한 반증이다. 다만 그가 이런 분산 정책과 함께 지역간 균형발전의 또다른 축인 분권 분야에서 큰 성과를 내지 못한 것은 아쉬운 대목이다.

신행정수도의 건설은 노무현의 집권 뒤 신속하게 추진됐다. 2003년 4월 신행정수도건설추진기획단과 지원단이 활동에 들어갔고, 6월엔 '신행정수도 건설을 위한 특별조치법안'이 처음 마련됐으며, 12월 29일 국회에서 통과됐다. 당시 투표 결과를 보면, 재적 의원 272명 가운데 194명이 참가해 찬성 167명, 반대 13명, 기권 14명이었다. 박근혜계 등 한나라당의 일부는 찬성했고, 나머지는 반대했다. 이 법은 2004년 1월 16일 공포됐고, 4월 시행됐다. 7월엔 중앙정부의 18부 4처 3청 등 73개 기관이 이전 대상으로 선정됐고, 8월 11일엔 입지가 충남 연기군과 공주시 일대로 결정됐다. 신행정수도 건설 정책은 일부의 반대도 있었지만, 계획대로 추진되는 것으로 보였다.

신행정수도 건설에 일대 타격을 준 것은 당시 이명박 서울시장과 서울시 의회, 한나라당 일부 의원들, 보수 단체들이었다. 이들은 최상철 서울대 교수를 대표로 한 168명을 청구인으로, 이석연 경실련 전 사무총장을 변호인으로 내세워 2004년 7월 이 특별조치법의 위헌 확인을 요구하는 헌법소원을 제기했다. 그리고 이들의 청구는 수도권 집값 하락을 우려하는 강력한 여론을 등에 업고 2004년 10월 헌법재판소에서 재판관 9명 가운데 7명의 동의를 얻어 위헌 결정을 받아냈다. 서울이 수도라는 점은 관습헌법이므로, 관습헌법을 바꾸기 위해서는 성문헌법을 개정해야 한다는 논리였다. '관습헌법'의 탄생이었다. 당시 위헌 결정에 동의한 재판관은 윤영철(헌법재판소장), 권성, 김효종, 김경일, 송인준, 주선회, 이상경 등 7명이었다. 전효숙 재판관은 위헌이 아니라는 의견이었고, 김영일 재판관은 헌법 개정이 아니라, 국민투표로 결정해야 한다는 의견을 냈다.

헌재의 예상치 못한 위헌 결정을 받은 노무현 정부는 즉시 신행정수도후속대책위원회를 구성해 대책을 논의했다. 2005년 3월 여당인 열린우리당을 중심으로 '신행정수도 후속대책을 위한 연기·공주 지역 행정중심복합도시 건설을 위한 특별법'을 마련해 국회에서 통과시켰다. 당시 투표 결과는 재적 299명 가운데 재석 177명, 찬성 158명, 반대 15명, 기권 4명이었다. 한나라당의 박근혜계와 공조한 신행정수도건설특별법 통과 때와 달리 여당인 열린우리당을 중심으로 한 처리였다. 이 법은 3월 공포돼 5월부터 시행됐으며, 이에 따라 애초 계획에서 축소된 12부 4처 3청 등 49개 기관이 연기, 공주 지역의 행정도시에 이전하기로 결정됐다.

그러나 반대 세력은 이 법률도 받아들이지 않았다. 신행정수도특별법 때와 마찬가지로 최상철 등 221명의 청구인, 이석연 변호인은 2005년 6월 이 특별법에 대해서도 위헌 확인 헌법소원을 제기했다. 그 내용은 신행정수도특별법 때와 크게 다를 바가 없었다. 그러나 이번에는 헌재의 결정이 달라졌다. 2005년 11월 24일 윤영철, 김경일, 송인준, 주선회, 전효숙, 이공현, 조대현 등 7명의 헌법재판관은 이 헌법소원을 각하했다. 특히 전효숙, 이공현, 조대현 등 3명은 별개 의견을 내어 관습헌법 자체를 부정했다. 권성, 김효종 등 2명의 재판관만 특별법을 일관되게 위헌으로 판단했다. 이 두 번의 헌법소원을 주도했던 최상철 교수와 이석연 변호사는 나중에 이명박 정부가 들어선 뒤 각각 지역발전위원장과 법제처장을 맡았다.

행정도시 건설이 합헌이 되면서 노무현 정부는 행정도시 건설에 박차를

2006년 1월 12일 행정중심복합도시건설청 개청식에 참석해 이춘희 초대 청장의 안내를 받는 노무현 대통령. 노무현재단.

가했다. 정부는 헌재의 각하 결정 직전인 2005년 10월 국무총리실 등 1실, 교육인적자원부, 문화관광부, 정보통신부, 해양수산부, 재정경제부, 과학기술부, 농림부, 산업자원부, 보건복지부, 환경부, 노동부, 건설교통부 등 12개 부와 기획예산처, 법제처, 국정홍보처, 국가보훈처 등 4개 처, 국세청, 소방방재청 등 2개 청(2006년 행정중심복합도시건설청 신설로 3개 청이 됨)을 옮기는 내용의 '중앙행정기관 등의 이전계획'을 고시했다. 또 2005년 11월엔 도시개념 국제공모에서 스페인의 안드레스 페레아 오르테가의 '천 개 도시의 도시'가 1위로 선정됐다. 이 계획은 중심부를 녹지로 비우고 그 둘레에 도시를 형성하는 안이었다.

2006년 1월엔 행정중심복합도시건설청이 문을 열었고, 12월엔 국민 공모를 통해 행정중심복합도시의 이름이 '세종(世宗)'으로 확정됐다. 조선 최고 왕의 호칭이자 한자로 '세상의 마루(꼭대기, 첫째)'라는 뜻이다. 2006년 7월엔 건설 기본계획이 확정됐고, 2007년 1월엔 중심행정타운 국제공모에서 해안 건축 윤세한의 '플랫 시티, 링크 시티, 제로 시티'가 1위로 당선됐다. 저층으로 평평하고, 건물들이 서로 연결되고, 쓰레기 없이 친환경적인 도시를 만들겠다는 개념이었다. 이 계획은 페레아 오르테가의 안과 비슷하게 터의 중심부를 비우고 둘레에 서로 연결된 정부 건물을 짓는 안이었다.

2007년 7월 20일 노무현 정부는 세종시 예정지인 연기군 남면 종촌리에서 기공식을 열었다. 이 자리에서 노무현 대통령은 "청와대와 정부 부처 일부가 공간적으로 분리된 것은 업무 효율상으로도 매우 불합리한 결과이며, 유감스러운 일이 아닐 수 없다. 정부 부처는 모두 이곳으로 오는 게 순리다. 청와대도 그 좋은 녹지를 서울 시민에게 돌려주고 이곳에 와서 자리잡는 것이 순리이며, 국회도 마찬가지다"라고 말했다. 노 전 대통령은 자서전 〈운명이다〉에서 "(세종시) 축소 모형을 만들어 가까이 두고 즐거운 상상을 하곤 했다. 재임 중에는 기공식밖에 하지 못했지만, 완공되면 자주 가볼 생각이었다"고 썼다. 그러나 2009년 갑작스런 죽음으로 그 꿈은 이뤄지지 못했다.

세종시의 시련은 2004년과 2005년 두 번의 헌재 결정으로 끝난 것처럼 보였다. 그러나 불행히도 그것은 끝이 아니었다. 2008년 노 전 대통령에 이어 대통령에 취임한 이명박은 서울시장 시절부터 가장 극렬한 세종시 건설 반대자였다. 반대자들의 구심점이기도 했다. 2007년 대통령 선거 기간에는 충청권의 표를 의식해 세종시를 계획대로 건설하겠다고 약속했다. 그러나 검찰 수사로 노 전 대통령을 죽음으로 몰아넣은 지 넉 달 뒤인 2009년 9월 행정도시 건설을 백지화하는 세종시 수정안을 밀어붙이기 시작했다. 당시 국무총리 내정자였던 정운찬씨의 입을 통해서였다. 11월엔 이명박 대통령 스스로 2007년 대선 당시 원안 추진을 공약했다가 말을 바꾼 데 대해 사과했다. 그러면서 "세계 어떤 나라도 수도를 분할하는 나라는 없다. 정치적으로 손해를 보더라도 이것은 해야 하지 않겠느냐"며 수정안 추진 의사를 공식적으로 밝혔다.

세종시 수정안 논란은 해를 넘겨 10개월 동안 계속됐고, 승자는 노무현도 이명박도 아닌 박근혜 전 한나라당 대표(당시 의원)였다. 이명박 대통령과 함께 한나라당을 양분하고 있던 박 의원은 논란 와중에 "세종시는 보탤 것, 뺄 것 없이 원안대로 해야 한다", "수정이 필요하다면 원안에다 플러스알파가 돼야 한다", "국민과의 약속을 어기고 신뢰만 잃었다"고 잇따라 발언함으로써 원안을 유지해야 한다고 주장했다. 이완구 당시 충남지사도 수정안 추진에 반대해 사퇴했다. 결국 국회 상임위에서도 부결된 채 본회의에 상정된 이 수정안은 2010년 6월 국회 본회의에서 찬성 105, 반대 164, 기권 6명으로 부결됐다. 이것은 민주당 전체와 한나라당 박근혜계가 반대한 결과였으나, 그 공은 오롯이 박 전 대표에게 돌아갔다. 이 일은 2012년 대선 때 박 의원이 충청권 전체에서 승리하는 주요 이유가 됐다.

세종시 수정안 부결을 끝으로 세종시를 건설하느냐 마느냐 하는 논란은

2007년 7월 20일 행정중심복합도시 기공식에서 발파 버튼을 누르는 노무현 대통령 부부와 주요 인사들. 노무현재단.

사라졌다. 2010년 12월엔 '세종특별자치시특별법'이 제정됐고, 2012년 7월엔 세종특별자치시가 출범했으며, 2012년 9월엔 국무총리실을 필두로 중앙행정기관들의 이전이 시작됐다. 2013년 12월엔 2단계, 2014년 12월엔 3단계 이전이 모두 이뤄져 사실상 세종시로의 중앙행정기관 이전은 마무리됐다. 2016년 초엔 국민안전처와 인사혁신처 등 2개 중앙행정기관이 추가로 이전했다. 2017년 1월엔 국립연구기관 가운데 마지막으로 국토연구원이 이전했다. 2017년 초까지 세종시로의 이전 규모는 20개 중앙행정기관의 1만3040명, 20개 소속기관의 1660명, 15개 국립연구기관의 3550명, 기타 3개 공공기관의 220명 등 58개 기관의 1만8470명이었다. 법률상의 이전 대상 중앙행정기관 가운데 아직 이전되지 않은 기관은 과학기술정보통신부(옛 미래창조과학부)와 행정안전부다. 이 두 기관도 2018년께 세종시로 이전할 예정이다.

수도의 이전은 역사에서 언제나 중대한 문제였다. 예를 들어 수도로서의 서울의 역사도 파란만장했다. 서울이 수도급 도시가 된 것은 1067년 4경의 하나로 결정된 일이었다. 4경은 수도인 개경과 서경(평양), 남경(한양), 동경(경주) 등이었다. 조선 건국 전에도 공민왕 등의 한양 천도 시도가 있었으나 성공하지 못했다. 조선이 건국된 뒤에도 1393년 계룡산 아래가 수도로 결정돼 건설되다가 중단됐고, 그 뒤엔 한양(현재의 4대문 안)과 무악(연세대 일대)이 경쟁했다. 심지어 한양 안에서도 백악(북악) 주산론과 인왕산 주산론, 응봉(창덕궁 북쪽 봉우리) 주산론이 경쟁했다. 많은 논란 끝에 1394년 한양이 수도로 결정된 뒤에도 논란은 그치지 않았다. 1차 왕자의 난 뒤인 1399년 정종은 한양이 불길하다며 고려의 수도인 개경으로 돌아가버렸다. 6년 뒤인 1405년 태종이 다시 한양으로 옮김으로써 서울은 조선의 수도로 확립됐다. 남경이 된 지 338년, 조선의 수도가 된 지 11년 만의 일이었다.

세종시도 이런 거시적인 관점에서 보면, 앞으로 언젠가 명실상부한 수도가 될 가능성이 없지 않다. 2017년은 1977년 박정희 대통령이 행정수도 건설을 발표한 지 40년, 세종시의 입지가 정해진 지 13년, 세종시 건설이 시작된 지 10년밖에 되지 않았기 때문이다. 언젠가 국회와 청와대, 남은 중앙행정기관들이 모두 이전해 세종시가 어엿한 수도가 되는 일을 기대해본다.

왼쪽 사진은 2004년 8월 신행정수도의 입지로 결정된 옛 연기군 일대. 사진의 왼쪽 아래는 금남교이고, 금강 위쪽의 너른 땅이 장남평야다. 오른쪽 사진은 2017년 세종시 호수공원과 정부청사 일대로, 구상된 지 15년, 건설된 지 10년이 됐다. 그러나 아직 세종시는 반쪽 수도에 불과하다. 과연 세종시가 진정한 수도가 되는 날이 올까? 행정중심복합도시건설청.

2 시작은 박정희였다

통상 세종시의 건설을 노무현 대통령의 사업, 업적이라고 말한다. 그러나 세종시 건설은 2002년 노무현 당시 대통령 후보가 주요 공약으로 발표하면서 시작된 일이 아니다. 그것은 실질적으로 박정희 대통령이 1977년 임시행정수도 건설을 발표하면서 시작된 일이다. 2002년 노무현의 '신행정수도(나중의 행정중심복합도시, 세종시)' 건설 정책은 1977년 박정희의 '임시행정수도' 건설 정책(일명 '백지계획')의 연장선 위에 있는 정책이다. 그것은 수도권의 과밀을 해소하고 국토의 균형적인 발전을 추구한다는 점에서나, 그 입지가 금강을 낀 연기, 공주 지역이라는 측면에서 명확히 드러난다. 박정희의 임시행정수도 건설 정책을 노무현이 계승해서 추진한 것이라고 해도 과언은 아니다.

2009년 이명박 대통령이 세종시 건설을 백지화하는 방안을 추진했을 때 이를 좌절시킨 세력은 사실상 박근혜 한나라당 전 대표(당시 의원)와 그 지지 세력이었다. 당시 박근혜 전 대표는 이 문제를 국민과의 '약속'이므로 '신뢰'를 지켜야 한다는 태도를 보였다. 그러나 실질적으로는 다음 대선에서 후보가 되고 대통령이 되기 위해 충청권의 표를 의식했다고도 볼 수 있다. 또 그런 노림수와 함께 아버지가 못 다 이룬 일을 자신이 지키고 이뤄내

행정수도(행정도시) 정책을 처음 추진한 것은 고 박정희 대통령이었다. 그는 북한의 공격 방어와 서울의 과밀 해소를 위해 임시행정수도 건설을 추진했다. 1964년 서베를린을 방문한 박 대통령과 빌리 브란트 당시 서베를린 시장. 독일연방문서보관소.

겠다는 뜻도 있지 않았을까 하는 생각도 든다. 물론 그렇게 힘들게 지켜낸 세종시를 대통령이 되고 나서는 사실상 방치한 것을 보면, 그가 과연 세종시에 대해 어떤 생각을 가졌는지 의심스럽기는 하다.

백지계획은 어떤 정책이었을까? 그것은 박정희 대통령이 1975년께부터 구상해 1977년 서울시 연두순시에서 처음 밝힌 정책이었다. 핵심은 "수도권 인구의 분산과 서울이 휴전선에서 너무 가까운 군사 안보상 문제를 해결하기 위해 통일 때까지 수십만명 규모의 임시행정수도를 충청권에 만들겠다"는 것이었다. 당시 박 대통령은 임시행정수도의 몇 가지 기준을 제시했다. 첫째 휴전선에서 70킬로미터 이상, 해안선에서 40킬로미터 이상 떨어진 지역이다. 이것은 북한의 장거리포와 해안 침투로부터 안전을 고려한 것이다. 둘째 서울에서의 거리가 140±20킬로미터 정도여야 한다. 이것은 서

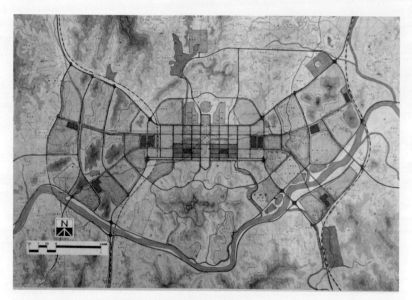

고 노무현 대통령의 세종시 건설은 고 박정희 대통령의 백지계획을 계승한 것이다. 이 지도에서 오른쪽 날개가 현재의 세종시다. 백지계획(임시행정수도 건설계획)의 도시 종합계획도.

울에서 가깝지도 멀지도 않아야 한다는 뜻이었다. 140킬로미터는 서울서 대전까지의 거리를 기준으로 한 것으로 보인다. 또 국토, 인구, 산업 중심점에서 80킬로미터 안의 지역이어야 한다. 국토의 중심점은 대체로 충북의 남쪽 일대였다. 이것은 국토의 균형적인 발전과 관계가 있다.

이밖에도 많은 기준이 있었다. 경부선 축에 가까운 곳, 수자원이 풍부한 곳, 자동차로 30분 안에 기존의 중심도시가 한두 군데 있는 곳, 배수가 좋고 구릉과 야산이 많은 곳, 자동차로 20~30분 거리에 비행장 건설이 가능한 곳, 대기 순환이 좋고 지진이 없는 곳, 50만명 정도를 수용할 수 있는 곳, 문화재 등 특수시설이 없는 곳 등이었다. 대체로 이런 여러 기준을 충족하는 곳은 천안에서 논산 사이의 충청남북도 지역이며, 당시 천원, 진천, 중원, 공주, 대평, 부강, 보은, 논산, 옥천, 금산 등 10개 지구가 검토됐고, 이

세종시의 개발계획은 백지계획의 개발계획과 많이 다르다. 백지계획이 강력한 중심축을 두고 좌우 대칭인 반면, 세종시는 자연 지형에 따르고 고리형의 도시 형태를 갖고 있다. 행정중심복합도시건설청.

가운데 천원, 장기(공주+대평), 논산 등 세 곳이 최종 후보에 올랐다. 그리고 공식적으로는 아니지만, 실질적으로는 장기 지구로 결정됐다. 이 사업의 책임자였던 오원철 중화학공업기획단장이 장기로 내정하고 장기를 배경으로 한 건설계획을 박정희에게 보고했기 때문이다. 그러나 박정희는 이 사업을 최종적으로 결정하지 않은 채 세상을 떠났다.

백지계획과 세종시 건설 계획에는 많은 공통점이 있다. 첫째는 앞서 말한 서울의 인구 분산과 전 국토의 균형적인 발전이 그 목표라는 점이다. 박정희가 백지계획을 발표한 1977년에는 서울의 인구가 700만명가량이었는데, 25년 뒤 노무현 후보가 세종시 계획을 공약으로 내건 2002년에는 1000만명가량이었고, 서울 주변으로 확산된 인구까지 더한다면 1500~2000만명으로 볼 수 있다. 25년 만에 서울 인구는 2~3배가량 늘어난 셈이다. 목표

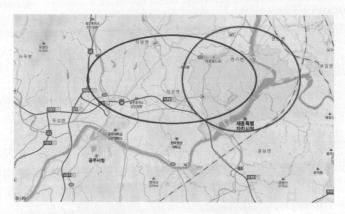

고 박정희 대통령이 추진한 임시행정수도(파란 원)와 고 노무현 대통령이 추진한 세종시(빨간 원)의 위치는 겹친다. 장기 지구의 중심은 산으로 둘러싸여 있고, 세종시는 평지로 이뤄졌다. 두 계획의 중심지가 달라진 것은 두 지도자의 정치 철학의 차이에서 비롯한 것으로 추정된다. 다음지도.

에서 크게 다른 점은 박 대통령 때는 군사적 목적이 수도권 과밀 해소와 함께 양대 명분이었는데, 노무현 때는 군사적 이유가 별로 고려되지 않았다. 남북관계가 개선되고 있었고, 우리의 경제력과 군사력이 북한을 압도하는 상황이었기 때문일 것이다. 오히려 높아진 통일의 가능성은 신행정수도 건설의 주요 반대 명분 가운데 하나였다.

또 하나의 공통점은 입지다. 백지계획은 장기(공주+대평) 지구를 사실상 내정했는데, 세종시는 연기+공주 지역에 들어섰다. 이렇게 쓰면 두 지역이 다른 곳처럼 보일 수 있는데, 장기 지구의 '대평'은 연기군의 남쪽 지역으로 현재 세종시의 중심 지역을 가리키는 것이다. 백지계획에서 처음에 검토된 10개 지구 가운데 대평 지구는 바로 현재의 세종시 신도시라고 보면 된다. 장기 지구는 공주시 장기면(현재 장군면)에 중심을 두고 서쪽으로 공주, 동쪽으로 연기를 아우르고 있고, 세종시는 연기군 남면에 중심을 두고 서쪽으로 공주, 동쪽으로 연기를 아우르고 있다. 결론적으로 세종시의 중심은 옛 장기 지구의 중심에서 동쪽으로 5킬로미터 정도 수평 이동한 것이다. 따라서 현재 세종시의 중심 지역은 백지계획 행정수도 예정지의 동쪽에 해당한다. 백지계획의 장기 지구는 동서로 긴 모양이었는데, 동쪽 절반은 현재의 세종시이고, 주로 공주시인 서쪽 절반은 포함되지 않았다.

입지는 상당 부분이 겹치지만, 세종시와 장기 지구 사이에는 약간의 차이도 있다. 가장 큰 차이는 세종시는 연기 쪽의 너른 평야와 낮은 언덕에 중심을 뒀고, 장기 지구는 좀더 산세가 강한 분지에 중심을 뒀다는 점이다. 세종시는 중심 지역의 북쪽에 원수산(251미터)과 전월산(260미터)이 있지만 별로 산세가 강하지 않고, 남쪽으로 100만평의 장남 평야가 펼쳐져 있다. 금강 건너 남쪽 대평리에도 너른 평야가 펼쳐져 있다. 세종시의 중심은 주로 평지와 언덕, 야산으로 이뤄져 있다. 이 때문에 백지계획 당시 대평 지구(세종시)에 대한 평가를 보면, "배산이 좋지 못하고, 중심부에 저습지가 많다"고 했다. 여기서 저습지란 장남평야와 대평들을 말하는 것인데, 세종시 중앙공원으로 조성된 장남평야는 세종시 건설 과정에서 몇 미터나 성토(흙쌓기)를 해야 했다.

그러나 장기 지구는 산세가 강하다. 북쪽에는 천태산(392미터), 남쪽에는 장군산(354미터), 동쪽에는 국사봉(214미터)이 버티고 서 있다. 이 점은 서울과 닮아 박정희 시절에 임시행정수도 후보지로 결정되는 중요한 이유가 됐다. 장기 지구와 세종시의 입지를 지리정치학의 관점에서 본다면 장기 지구는 전통적 풍수에 바탕을 둔 작은 분지이며, 권위주의적인 입지라고 평가할 수 있다. 반면 세종시는 배산이 약한 지형이지만, 넓고 개방적인 분지여서 좀더 민주주의적인 입지라고 평가할 수 있다. 전통 사회에서는 이른바 풍수상 명당인 도시를 서울처럼 산지로 겹겹이 둘러싸인 분지로 생각했지만, 그런 기준은 현대 사회의 도시에 맞지 않는다. 현대의 도시는 좀더 넓고 개방적인 지형을 가진 곳이 좋다. 그것이 교통이나 도시계획에 유리하기 때문이다. 25년의 시대적 차이와 독재와 민주주의라는 정치 환경의 차이가 이렇게 가까우면서도 서로 다른 입지를 선택하게 만든 것이다.

두 계획은 대전이나 청주 같은 기존 도시를 활용하지 않고 새 수도를 굳이 신도시 형태로 만들고자 한 점에서도 비슷하다. 박정희의 백지계획은 권위주의적인 독재 권력의 시대에 나왔고, 도시 재생과 같은 지속가능한 도시계획 방식이 소개되지 않은 시대였다는 점에서 기념비적인 신도시로 가는 것이 필연적이었다. 실제로 과거 역사에서 '천도(수도 이전)'라는 것은 대부분 '새로운 도시 건설'을 의미하는 것이었다. 그러나 그로부터 25년 뒤에 등장한 노무현의 시대에 박정희 시대와 마찬가지로 '신도시' 방식으로 새 수도 건설을 추진한 것은 아쉬운 일이다. 신도시보다는 도시 재생이나 기존 도시 안 신시가지 건설과 같은 방식을 선택했더라면 훨씬 더 나았을 것이다.

이밖에도 공통점은 많다. 금강을 끼고 대청댐의 물을 활용할 수 있는 곳으로 입지를 정한 것이나, 배후에 대전과 청주라는 대도시를 둔 것이나, 청주공항을 활용하도록 한 것이나, 50만명 정도의 인구를 생각한 것 등은 거의 같다. 경전철이나 빠른버스(BRT) 등 새로운 교통 수단을 적극 도입하고 보행자와 자전거를 위한 도로를 갖추는 내용도 두 계획 모두에 들어 있다. 우연히 비슷해진 것은 아니고, 아마도 세종시 건설 과정에서 도시계획자들이 백지계획의 내용을 많이 참고한 것으로 보인다.

두 계획에는 다른 점들도 있다. 가장 중대한 차이는 백지계획은 행정부뿐만 아니라, 입법부와 사법부까지 모두 옮기게 계획했다는 점이다. 초기엔 박정희도 입법부와 사법부의 이전은 고려하지 않았다. 그것은 임시행정수도라는 이름이나 박정희가 1975년 기자들과의 간담회에서는 국회 이전을 포함하지 않겠다고 말한 것에서 잘 드러난다. 그러나 1979년 오원철 단장이 완성한 백지계획에는 명백히 청와대를 포함한 행정부와 입법부, 사법부까지 모두 옮기는 내용이 들어 있다. 특히 호수를 좋아하는 대통령의 취향을 고려해 청와대가 들어서는 장군산 주변에 인공호수를 만드는 계획까지 세워놓았다. 그러나 세종시는 2004년 10월 헌법재판소의 결정에 따라 행정부도 모두 옮기지 못하게 됐다. 이에 따라 청와대와 5개 부처의 이전은 법률에서 제외돼 있다. 입법부와 사법부를 이전하지 않는 것은 말할 것도 없다. 그러나 세종시의 정부청사 지구 북동쪽의 총리 공관 주변에는 청와대와 다른 중앙행정기관, 국회 등의 이전에 대비한 '유보지'가 마련돼 있다.

도시계획상으로도 차이가 크다. 세종시는 정부세종청사가 도시 중심에 있지만, 그 중심축이 별로 강하지 않다. 수도라는 상징성을 드러내는 도시 구조나 시설도 별로 없다. 도시계획이나 정부청사 설계 공모에서도 모두 탈중심적인 내용을 담은 계획들이 1등으로 당선됐다. 심지어 도시의 6가지 주요 기능을 도시 전체에 모두 분산시켜 놓았다. 반면, 장기 지구는 도시 중심에 강력한 중심축을 두고 이 양쪽으로 대칭의 도시 구조를 갖추도록 계획했다. 장기 지구의 계획 지도를 보면 마치 나비가 날개를 펼친 것 같은 형상이다. 나비의 몸통이 정부청사와 상업, 업무 지구이고, 나비의 날개 부분이 주로 시민들이 생활하는 주거지인데, 두 지역은 명확히 구분된다. 백지 계획의 정부청사 지구에는 행정부와 입법부, 사법부, 시청이 십자 모양으로 들어서 있고 5개의 상징 광장도 마련돼 있다.

교통에서도 차이가 있는데, 세종시는 기차역을 계획하지 않았고, 장기 지구는 서쪽에 고속철도역, 동쪽에 일반 철도역을 계획했다. 또 세종시는 지하철이 계획되지 않았고, 간선 교통을 빠른버스로 처리하도록 했는데, 장기 지구는 정부청사 지구 순환 1호선과 주거지와 철도역을 동서로 연결하는 2호선 등 2개 지하철 노선을 계획했다. 도로 구조도 세종시는 정부청사 지구를 제외하면 그 모양이 다양하고 자유로운 편인데, 장기 지구는 대부분 격자 모양을 갖고 있다. 또 세종시는 고리형 도시 구조를 가진 반면, 장기 지구는 동서로 대칭, 선형 구조를 가졌다는 점에서 다르다.

3 왜 위헌 결정을 받았나

신행정수도와 혁신도시를 건설해 지역간 균형발전이라는 새 시대를 열려던 노무현 대통령의 야망은 2004년 10월 21일 헌법재판소의 '신행정수도의 건설을 위한 특별조치법'에 대한 위헌 결정으로 일대 타격을 받았다. 이 결정이 나오자 노무현 정부는 신행정수도 건설을 완전히 포기하는 대신, '신행정수도 후속 대책을 위한 연기, 공주 지역 행정중심복합도시 건설을 위한 특별법'을 다시 제정해 규모가 3분의 2 정도로 축소된 세종시를 건설하는 것으로 방향을 바꿨다. 헌재의 위헌 결정과 이 특별법에 따라, 현재의 불완전한 반쪽 행정도시가 만들어졌다.

헌재의 결정은 두 가지 측면에서 우리 사회에 큰 영향을 미쳤다. 첫째는 수도 이전을 핵심으로 한 지역간 균형발전에 결정적 제동이 걸렸다는 점이다. 노무현이 처음에 추진했던 대로 청와대를 포함한 행정부를 모두 옮기고 그에 따라 입법부까지 옮겼다면 대한민국은 그 이전과는 많이 달라졌을 것이다. 무엇보다 수도권의 인구가 세종시와 10개 혁신도시로 매우 빠른 속도로 이동했을 것이다. 행정부와 입법부가 세종시로 옮겨가고 수도권의 인구가 지방으로 빠르게 이동했다면 수도권 중심으로 구성된 한국의 사회 구조에도 큰 변화가 일어났을 것이다. 그러나 그런 혁신적 변화는 아직 일어나지

헌법재판소의 신행정수도에 대한 위헌 결정은 세종시로의 수도 이전에 가장 큰 걸림돌이 됐다. 2018년 6월 헌법 개정 때 이 문제를 풀 수 있을지 주목된다. 김규원.

않았거나 아주 천천히 일어나고 있다. 노무현의 지역간 균형발전 정책 이후 행정부의 3분의 2가량이 세종시로 옮겨졌으나, 청와대와 국회가 옮기지 않음으로써 그 상징적 효과는 극히 미미하다. 또 노무현 정부 이후 수도권의 인구가 줄어들고 지방 인구가 늘어나고 있으나, 아직 그 규모는 작다.

둘째는 이른바 '정치의 사법화' 현상이 두드러지게 나타났다. 수도 이전은 권력의 공간적 이동, 혁신도시는 자원의 배분이라는 성격이 매우 강한, '정치적' 사안이다. 따라서 수도 이전과 같은 고도로 정치적인 사안은 1차로 정치권에서 합의 과정을 통해 결정하고, 국민투표와 같은 방식으로 주권자인 시민이 최종적으로 결정하는 것이 가장 바람직하다. 그러나 신행정수도 건설(수도 이전)은 이런 적절한 정치 과정을 거쳐 추진되지 못했다. 국회에서 통과됐지만, 합의 과정을 통해 반대자들을 설득하지 못했고, 표결에서 이길 수 없었던 반대자들은 이 사안을 '정치' 영역에서 '사법' 영역으로 끌고들어가 버렸다. 이런 중대한 사안을 결정하는 데 가장 좋은 방법인 국민투표는 생략됐다. 결국 국가와 정부와 시민에게 가장 중대한 사안이 아무런 주권자 대표성이 없는 헌법재판관들에 의해 최종적으로 심판되고 말았다. 노무현 대통령 탄핵과 행정수도 건설 문제가 헌법재판소로 넘겨간 뒤 이런 정치의 사법화 경향은 계속되고 있다. 박근혜 대통령의 탄핵역시 헌법재판소에서 결정됐다. 정치인들이 정치를 법조인들에게 헐값으로 넘겨버린 셈이다.

그렇다면 과연 헌법재판소는 어떤 이유로 신행정수도를 위헌으로 결정한 것일까? 그 결정은 타당성이나 설득력이 있었을까? 그것은 헌재의 결정문에 잘 나와 있다. 그 내용을 직접 살펴보자. 먼저 결정 요지 1~2번은 수도란 국회와 대통령의 소재지이며, 신행정수도 건설은 수도 이전에 해당한다는 내용이다. 결정 요지는 다음과 같다. 번호는 헌재가 붙인 그대로다.

2004년 국회의 노무현 대통령 탄핵 발의에 대해 시민들은 대규모 반대 시위를 벌였다. 환경운동연합.

"1. 국민의 정치적 의사를 결정하는 국회와 행정부를 통할하며 국가를 대표하는 대통령의 소재지는 수도를 결정하는 데 결정적인 요소가 된다. 2. '신행정수도의 건설을 위한 특별조치법'에 의한 신행정수도의 이전은 수도의 이전을 의미한다."

헌법재판소가 결정문 요지의 1~2번에서 신행정수도 건설이 수도 이전이라는 점을 명확히 한 것은 당시 논란과 관련이 있다. 당시 신행정수도 건설에 대해 노무현 정부는 '수도 이전'이나 '천도'와 같은 명확한 표현을 쓰지 않고 '신행정수도 건설'이란 완곡어법을 사용하고 있었다. 이 사안은 '신행정수도의 건설이지 수도 이전이 아니'라는 앞뒤가 맞지 않는 해명이었다. 그러나 통상 행정부와 그 책임자가 있는 곳이 수도이기 때문에 '행정수도'와 '수도'를 마치 다른 것처럼 설명하는 것은 상식에 맞지 않다. 또 입법부는 행정부와 업무 관련성이 매우 높기 때문에 통상 행정부가 있는 곳에 함께 있다. 반면 사법부는 행정부나 입법부와의 업무 관련성이 별로 높지 않다. 따라서 '신행정수도 건설'이라는 표현은 사실상 '수도 이전'과 같은 말이다. 노무현 정부가 이런 완곡어법을 쓴 것은 '수도 이전'이나 '천도'라는 표현이 가져올 폭발성을 의식했기 때문일 것이다.

헌법재판소는 청와대와 국회의 소재지가 수도를 결정하는 결정적 요소라고 결정했다. 청와대 본관(좌)과 국회 본관(우)의 모습. 청와대. 김규원.

그러나 노무현 정부의 이런 전략적 모호성은 오래 갈 수 없었다. 내부에서 터져나오고 말았다. 2004년 6월 9일 신행정수도 건설의 최고 책임자였던 김안제 신행정수도건설추진위원장은 국회에서 열린 한나라당 475세대 의원 모임인 푸른정책연구모임 주최 토론회에 참석해 폭탄 발언을 했다. 김 위원장은 "정부의 신행정수도 건설 계획은 사실상 천도가 아니냐"는 의원들의 질문을 받고 "국회와 사법부가 모두 다 옮기면 그것은 수도 이전이라고 볼 수 있다"고 대답했다. 또 김 위원장은 "나는 원래 (신행정수도 건설 여부에 대해) 국민투표를 주장했다. (대통령이 대선공약으로 내걸고) 당선됐지만 국민투표를 통과하면 힘이 실리고 차기 정부에서 함부로 못하기 때문이다. 국민투표에서 (통과가) 안 되면 백지화해야 한다"고까지 말했다. 나가도 한참 나간 발언이었다. 그러나 그는 "(국민투표는) 신행정수도건설특별법을 통과시키기 이전에 했어야 했는데 이미 늦었다. 다만 국회가 특별법을 만들었고 국민의 대표인만큼 (적절한) 조치를 취할 수 있을 것"이라고 말했다.

이 발언 뒤 그는 〈연합뉴스〉와의 통화에서 "지금 신행정수도 건설을 반대하는 사람들이 할 수 있는 방법은 위헌 소송을 내 헌법재판소의 결론을 기다리는 것"이라고 말하기도 했다. 결과적으로 이 발언은 위헌 소송의 아이디어를 낸 것이나 다름없었다. 실제로 한 달 뒤인 2004년 7월 12일 최상철 전 서울대 교수 등 청구인들은 이석연을 변호사로 해서 위헌 확인 헌법소원 심판을 청구했다. 이 발언은 이 해 9월 김안제 위원장이 사퇴하는 이유가 됐다. 헌법재판소는 '신행정수도 건설'이라는 개념을 둘러싼 논란에 대해 자신들의 의견을 결정문 머리에서 밝힌 것이다.

헌재 결정문의 3~6번까지는 관습헌법이라는 '개념'을 제시하고 이를 논리적으로 뒷받침하기 위한 내용들이다. 당시까지 우리 헌법에 존재하지 않았던 '관습헌법'이란 개념을 이미 존재했던 것처럼 논리적으로 설명했지만, 사실상 그 개념을 창조한 대목이다. 이 대목으로 인해 1948년 정부 수립 뒤

영국은 성문헌법을 가지지 않은 나라로 알려졌으나, 영국에서도 마그나 카르타나 권리청원, 권리장전 등은 헌법에 준하는 것으로 인정된다. 사진은 마그나 카르타 원본. 영국도서관.

부터 일관되게 '성문헌법' 체계를 유지해온 대한민국은 졸지에 '관습헌법' 을 함께 가진 나라가 됐다. 결정 요지는 다음과 같다.

"3. 형식적 헌법에 기재되지 않은 사항이라도 이를 불문헌법이나 관습 헌법으로 인정할 소지가 있다. 4. 국민에 의해 정립된 관습헌법은 입 법권자를 구속하며 헌법으로서의 효력을 가진다. 5. 관습헌법은 국가 의 기본적이고 핵심적인 사항으로서 법률에 의해 규율되는 것이 적합 하지 않은 사항을 대상으로 한다. 6. 관습헌법의 성립 요건은 첫째 관 행, 관례성, 둘째 반복, 계속성, 셋째 항상성, 넷째 명료성, 다섯째 국 민적 합의 등이다."

2004년 헌법재판관들은 서울이 대한민국의 수도라는 관습헌법을 사실상 창조해냈다. 관습헌법을 개정하기 위해서는 성문헌법을 개정해야 한다는 기발한 논리를 만들어냈다. 서울 인왕산에서 바라본 서울 경복궁과 도심의 건물들. 김규원.

결정 요지 7~10번까지는 '서울이 수도'라는 사실이 관습헌법이라는 '주장'이다. 이 대목은 '서울이 수도'라는 사실로부터 '서울이 수도여야 한다'는 헌법적 당위를 억지로 끌어낸 대목이다. 헌재는 이 점이 마음에 걸렸는지 10조에서 "사실로부터 당위를 도출해낸 것이 아니다. 그 규범성이 사실명제의 뒤에 잠재돼 왔다"라는 구차한 변명까지 붙여놓았다. 성문헌법을 가진 국가에서 성문헌법에 규정되지 않았으면 헌법 사안이 아니라고 봐야 하는데도 이것을 헌법 사안으로 끌어올리기 위해 이런 무리한 논리를 갖다 붙였다. 결정 요지는 다음과 같다.

"7. 헌법기관의 소재지, 특히 대통령과 의회의 소재지를 정하는 문제는 국가의 정체성을 표현하는 실질적 헌법 사항의 하나다. 8. 우리 헌법에는 '수도가 서울'이라는 조항이 존재하지 않으나, 서울이 수도인 것은 자명하고 전제된 사실로서 모든 국민이 국가 구성의 강제력 있는 법 규범으로 인식하고 있다. 9. 서울이 수도라는 점은 전통적으로 존재해온 헌법적 관습이며, 관습헌법으로 성립된 불문헌법에 해당한다. 10. '서울이 수도인 사실'은 사실명제로부터 당위명제를 도출해낸 것이 아니라, 그 규범력에 대한 다툼이 없이 이어져 오면서 그 규범성이 사실명제의 뒤에 잠재돼 왔다."

결정 요지 11~14번은 서울이 수도라는 관습헌법을 개정하기 위해서는 성문헌법을 개정해야 하는데, 신행정수도특별법은 성문헌법을 개정하지 않아 위헌이라는 주장이다. 이 논리는 혼인을 신고하지 않고 동거해온 '사실혼' 관계의 남녀가 헤어질 때도 반드시 '이혼 소송'을 해서 법원으로부터 부부가 아님을 확인받아야 한다는 주장과 같다. 그러나 현실에서 혼인을 신고하지 않고 동거하던 부부가 헤어지려면 동거를 해소하면 그만이고, 이혼 소송을 할 이유는 없다. 마찬가지로 관습헌법이 존재한다고 하더라도 그 관습을 바꾸면 사라지는 것이지, 그 관습헌법을 수정하기 위해 성문헌법을 개정해야 한다고 보기는 어렵다. 결정 요지는 다음과 같다.

"11. 관습헌법도 헌법의 일부로서 성문헌법과 동일한 효력을 갖기 때문에 헌법 개정의 방법에 의해 개정될 수 있다. 관습헌법 규범은 헌법에 그에 상반되는 법 규범을 첨가함에 의해 폐지된다. 12. 성문의 경성헌법 체제에서 인정되는 관습헌법 사항은 하위 규범 형식인 법률에 의해 개정될 수 없다. 관습헌법을 법률에 의해 개정할 수 있다고 한다면 이는 결국 관습헌법의 존재를 부정하는 것이 된다. 13. 수도가 서울이라는 관습헌법을 폐지하기 위해서는 헌법이 정한 절차에 따라 헌법 개정이 이뤄져야 한다. 새로운 수도 설정 조항을 헌법에 넣는 것으로 그 폐지가 이뤄진다. 14. 신행정수도건설특별조치법은 재적 의원 3분의 2 이상의 찬성과 국민 과반수 투표와 과반수 찬성이라는 헌법 개정의 절차를 거치지 않았기 때문에 헌법에 위반된다."

헌재는 왜 이런 결정을 했을까? 이 사건에서 청구인들의 청구 요지는 수도 이전은 불문헌법에 속하는 것이므로 헌법 개정에 버금가는 국민투표를 통해 국민적 합의를 도출해야 한다는 것이었다. 한 마디로 수도 이전과 관련해 국민투표를 하게 해달라는 것이었다. 그런데 헌법재판소는 여기에다가 헌법 개정이라는 절차를 추가한 것이다. 국민투표만으로는 안 되고, 국회 재적 의원 3분의 2 이상의 동의를 얻고 국민투표에서 과반수의 동의를 얻어야 한다는 것이었다. 헌법재판관들이 청구인들보다 한 술을 더 뜨는 결정을 한 데는 두어 가지의 이유가 있었던 것으로 추정된다.

첫째, 이 사안을 국민투표 실시 여부에 집중하면 이 사안에 대해 '위헌' 결정을 내리는 것은 법리적으로 불가능했다. 헌법 72조에 따라 '국가안위에 관한 중요 정책'을 국민투표에 붙이는 것은 헌법상 대통령의 재량권 안에 포함돼 있다. 헌법 72조는 '대통령은 필요하다고 인정할 때에는 외교, 국방, 통일, 기타 국가 안위에 관한 중요 정책을 국민투표에 붙일 수 있다'고 돼 있다. 다시 말해 수도 이전을 국민투표에 붙이려면 먼저 대통령이 이를 '필요하다고 인정'해야 하고, '국가 안위에 관한 중요 정책'이라고 판단해야 하며, 최종적으로 '국민투표에 붙이겠다'고 결정해야 한다. 대통령이 수도 이전을 필요하다고 인정하지 않거나 국가 안위에 관한 중요 정책으로 인정하지 않거나 국민투표에 붙이지 않는다고 해서 위헌 행위가 되는 것이 아니다. 따라서 법리상 헌법재판소가 대통령의 이 정당한 재량권 행사에 대해

2004년 6월 18일 노무현 대통령이 긴급 기자회견을 열어 신행정수도 건설에 대해 국민투표를 해야 한다는 논란과 관련해 기자들의 질문에 답변하고 있다. 노무현재단.

위헌 결정을 할 수는 없었다. 이 점에 대해서는 전효숙 재판관이 '위헌 결정에 대한 반대의견'에서 명확히 언급했다.

둘째, 헌법재판소는 서울에서 다른 곳으로 수도를 이전하는 일을 국민투표를 거치는 것보다 더 어렵게 만들고 싶었던 것이다. 헌재의 결정이 나기 전에도 이 사안을 국민투표에 붙여야 한다는 여론은 적지 않았다. 따라서 이 논란이 계속되는 경우, 승부사인 노무현 대통령이 이 사안을 국민투표에 붙일 가능성이 전혀 없었다고 말할 수 없다. 그런데 국민투표에 붙이는 경우, 그 결과를 아무도 장담할 수가 없었다. 당시 여론조사 결과를 보면, 신행정수도 건설에 대한 반대가 찬성보다 더 많았다. 그러나 만약 노무현 대통령이 자신에 대한 국민들의 신임을 묻는 방식으로 국민투표를 실시했다면 결과는 달라질 수도 있었다. 당시 노무현 대통령은 국회의 탄핵에

헌법 개정은 국회에서 3분의 2 이상의 찬성을 얻어야 이뤄질 수 있다. 헌법재판관들은 수도 이전을 어렵게 만들기 위해 수도 이전을 헌법 개정 사안으로 규정한 것으로 추정된다. 서울시 소방재난본부.

서 살아남았고, 총선거에서도 대승을 거둔 상황이었다. 국민 여론이 노무현 대통령에게 상당히 우호적인 국면이었다.

결론적으로 헌법재판소는 국민투표만으로 수도 이전을 결정하는 상황을 막으려 했던 것이다. 국민투표는 선거권자 과반수의 투표와 투표자 과반수의 찬성으로 가결될 수 있지만, 헌법 개정은 절차가 더 복잡하고 까다롭다. 헌법 개정의 발의 자체가 쉽지 않고 만약 발의되더라도 국회 재적 의원 3분의 2의 찬성을 얻고, 국민투표에서 과반수 찬성을 얻어야 한다. 재적의원 3분의 2의 찬성이라는 헌법 개정 절차는 사실상 여야 대다수가 찬성해야 한다는 뜻이다. 그런데 수도 이전은 그 성격상 수도권의 반대 가능성이 높기 때문에 국회에서 3분의 2의 찬성을 얻어내기가 극히 어렵다. 당시의 헌법재판소는 국회의 입법이나 국민투표를 통해 수도가 이전되는 상황을 막고, 나아가 수도 이전을 사실상 장기간 어렵게 만들기 위해 헌법을 개정하라는 결정을 내린 것이다.

헌재의 신행정수도특별법에 대한 위헌 결정은 헌재 역사상 가장 잘못된 결정 가운데 하나일 것이다. 더욱이 헌재는 2005년 11월 신행정수도 위헌 결정에 따른 후속 대책으로 마련된 '행정도시특별법'에 대해서는 논리적으로 모순되게도 합헌으로 결정했다. 두 특별법은 그 내용과 취지에서 매우 유사한데도 헌재는 두 법에 대해 정반대의 판단을 했다. 두 번의 나쁜 결정을 한 셈이다. 이 두 결정으로 인해 신행정수도 건설은 중단됐고, 그 대안인 행정중심복합도시 건설이 다시 추진됐다.

헌재의 이런 모순된 판단으로 인한 악영향은 매우 크고 현재도 계속되고 있다. 먼저 국회와 대통령이 세종시로 이전하지 않게 됨으로써 이 정책의 애초 목적을 달성하기가 어려워졌다. 이 정책의 근본 취지는 중앙 집권과 수도권 집중, 지역간 불균형 사회를 지방 분권과 분산, 지역간 균형 사회로 방향을 바꾸려는 것이었다. 그러나 헌재의 결정으로 한국 사회에서 이

헌법재판소의 결정에 따라 서울과 과천에 18개 중앙행정기관이 남게 됐다. 정부서울청사의 모습. 김규원.

런 전환적 변화는 일어나지 못했고, '새 시대의 맏이'가 되고 싶었던 노무현
의 야망도 실현되지 못했다. 2017년의 시민들도 세종시 건설로 한국 사회의
구조나 흐름이 바뀌었다는 사실을 거의 인식하지 못하고 있다. 한국 사회
의 질적인 변화를 추구하는 관점에서는 뼈아픈 대목이다.

　또 중앙행정기관의 이전 규모도 크게 줄어들었다. 2005년 행정도시 건
설에 대한 헌재의 합헌 결정에 딸린 자료를 보면, 신행정수도 건설 당시의
이전 대상 행정기관 39개 가운데 21개만 세종시로 이전하고, 18개가 그대로
서울에 남게 됐다. 절반은 서울에 남고, 절반은 세종시로 이전하게 된 것이
다. 당시 세종시로 이전하도록 결정된 21개 기관*은 대체로 내정과 관련된

*　국무총리실, 재정경제부, 교육인적자원부, 과학기술부, 문화관광부, 농림부, 산업자원부, 정보통신부,

기관들이었다. 그러나 박근혜 정부는 이 가운데 과학기술부와 정보통신부의 후신인 미래창조과학부를 이전하지 않았다. 정부가 불법 행위를 한 것이다. 2017년 집권한 문재인 대통령과 김부겸 행정안전부 장관은 2018년께까지 과학기술정보통신부(옛 미래창조과학부)와 행정안전부(옛 행정자치부)를 세종시로 옮기겠다고 발표했다.

2004년 헌재의 위헌 결정에 따라 세종시로 이전되지 않게 된 18개 행정기관*은 주로 청와대와 통일, 외교, 안보기관들이었다. 국무회의에 참석하는 행정기관은 6개에 불과했지만, 실질적으로는 이렇게 많았다. 이전 부처와 이전하지 않는 부처들의 숫자나 이름은 이명박, 박근혜 정부를 거치면서 부처들의 통합과 분할, 개명이 이뤄졌기 때문에 원래 계획과는 조금 차이가 있다.

마지막으로 언론 매체들과 한국 주재 외국 공관들이 이전하지 않게 됐다. 애초 노 대통령이 시도했던 신행정수도가 건설됐다면, 언론 매체 가운데 상당수는 본사에 버금가는 지사를 세종시에 만들었을 것이다. 일부는 본사를 세종으로 옮겼을 가능성도 있다. 언론사의 부서로 치면 정치부 전체, 경제부 절반, 사회부 절반가량이 세종시로 옮겨야 했다. 그러나 헌재의 위헌 결정으로 인해 정치부는 이전할 필요가 전혀 없어졌고, 경제부와 사회부에서 언론사별로 3~5명 정도의 소수 기자만 세종시에 상주한다. 언론 매체가 가진 사회적 영향력과 파급력을 고려할 때 세종시 건설의 효과가 작아지는 것은 당연한 일이었다. 또 대통령과 통일, 외교, 군사 분야 행정기관들이 이전하지 않음에 따라 한국 주재 외국 공관들도 세종시로 이전할 필요

보건복지부, 환경부, 노동부, 건설교통부, 해양수산부, 기획예산처, 법제처, 국가보훈처, 중앙인사위원회, 공정거래위원회, 국정홍보처, 국세청, 소방방재청 등이다.
* 대통령비서실, 대통령경호실, 국가안전보장회의, 국가정보원, 민주평화통일자문회의, 국민경제자문회의, 감사원, 통일부, 외교통상부, 법무부, 국방부, 행정자치부, 여성가족부, 경찰청, 기상청, 방송위원회, 국가인권위원회, 부패방지위원회 등이다.

세월호 참사나 중동호흡기증후군 확산 등 중요 사건에 대해 정부의 대응이 제대로 이뤄지지 못한 이유 가운데는 행정부의 서울–세종 분리도 한 이유가 됐다. 세종청사에 있는 해양수산부와 보건복지부의 모습. 김규원.

가 없어졌다. 한국의 수도 이전이 다른 나라에 알려질 기회도 사라졌다.

행정부가 서울과 과천, 세종, 대전 등 4곳, 크게 봐도 서울과 과천, 세종과 대전 등 2곳으로 나뉨에 따라 행정부 운영의 비효율성은 극단적으로 커졌다. 2014년 세월호 침몰 사건, 2015년 메르스(중동호흡기증후군) 확산 사건에 정부가 제대로 대응하지 못한 데는 여러 이유가 있으나, 행정부의 분리도 한 이유가 됐다. 행정부 자체, 행정부와 입법부가 여러 도시에 분산, 배치된 것은 이해하기 어려운 일이다. 정부 업무의 파트너인 행정부와 입법부는 걸어서 이동할 수 있을 정도의 거리에 있는 것이 바람직하다. 하루 빨리 행정부와 입법부를 한 도시 안의, 가까운 거리에 두는 방안을 마련해야 할 것이다.

당시 노무현 정부가 헌재의 위헌 결정을 막으려 했다면 어떻게 해야 했을까? 당연히 신행정수도 건설에 대해 '국민투표'를 실시해야 했다. 성문헌법에서 규정하지 않은 내용을 관습헌법이라는 이름으로 사실상 헌법에 포함시킨 헌법재판관들의 행위는 성문헌법 체제를 부정하고 민주주의를 부정한 일이다. 그러나 수도를 서울에서 다른 곳으로 옮기는 일은 국가적으로 매우 중요한 일이고, 국민 다수의 공감과 합의 위에서 추진했어야 하는 일임에는 틀림이 없다. 따라서 상당히 높은 수준의 의사 결정 과정을 거쳤어야 했다. 하나의 방법은 다수 국민의 지지를 받으면서 국회에서 재적 의석 3분의 2(66.7%) 이상의 압도적 찬성으로 통과시키는 것이다. 다른 방법은 국민투표를 통해 결정하는 것이다.

그런데 당시 신행정수도특별법은 국회의원 194명이 투표에 참가해 167명의 찬성으로 통과됐고, 78명이 투표에 불참했다. 당시 국회 의석은 272석이었다. 더욱이 투표에 참여하지 않은 의원들은 대부분 반대쪽이었다. 결국 국회의원 61.4%의 찬성으로 통과된 것이었다. 이렇게 이 법에 대한 국회에서의 합의가 충분하지 않았기 때문에 국회 통과 뒤에도 논란이 그치지 않았다. 김안제 위원장의 '국민투표' 발언이 나온 것도 그 즈음이었다. 당시로서 이런 끝없는 논란을 끝낼 수 있는 가장 바람직한 해법은 '국민투표'였다. 그러나 당시 여론은 신행정수도 건설에 반대하는 쪽이 좀더 우세한 상황이었다. 이명박 서울시장과 한나라당 등 보수 세력이 '수도권 공동화, 집값 폭락'이라는 구호를 내세워 강력한 반대 운동을 펼쳤고, 이것이 먹힌 것이다. 따라서 노무현 대통령은 부결될 위험성이 있는 국민투표로 가져가는 '정치적 모험'을 하지 않고 그대로 추진하려고 했다.

그러나 이것이 잘못이었다고 생각한다. 노 대통령은 이것을 국민투표로 가져갔어야 했고, 최선을 다해 국민들을 이해시킴으로써 가결되도록 노력했어야 했다. 그것이 사회에서 가장 중요한 사안들, 예를 들어 대통령 선출, 국회의원 선출, 헌법 개정 등을 국민의 직접 투표로 결정하게 하는 민주주의 원리에 부합하는 것이었다. 또 이 사안이 노무현 정부 이후에도 흔들림 없이 추진될 수 있는 강력한 동력을 불어넣는 길이었다. 국민투표를 거쳤더라면 헌법재판소로 갈 필요도 없었고, 이명박 정부가 이를 백지화하는 계획을 추진할 수도 없었을 것이다.

또 국민투표에 부쳤어야 이렇게 중대한 사안을 국민 대표성이 전혀 없는 헌법재판관들이 결정하는 나쁜 선례도 남기지 않았을 것이다. 2004년 대통령 탄핵 기각 결정과 신행정수도 건설 위헌 결정, 2017년 대통령 탄핵 결정은 헌재를 정치기관으로 만들었고, 정치 문제를 사법부에 맡기는 나쁜 선례를 만들었다. 물론 노 대통령이 신행정수도 건설을 국민투표에 부쳤을 경우, 불행하게도 부결됐을 수도 있다. 그랬다면 그 결과를 그대로 받아들이고, 다른 방법으로 지역간 균형발전을 추구했어야 한다고 생각한다.

이런 문제와 관련해 2018년 헌법 개정 때 헌법재판관의 구성 방법을 개선해야 한다. 헌재가 신행정수도 건설에 대해 위헌 결정을 한 이유 가운데 하나는 이들이 서울에 기반을 둔 '권력층'이었기 때문이다. 당시 헌법재판관 대부분이 지방 출신이었지만, 동시에 대부분이 서울에서 명문대학을 나오고 법조인이 돼서 서울에 사는 부유한 사람들이었다. 헌재의 이런 치우친 구성이 이런 치우친 결정을 낳았다. 더욱이 이들은 민주주의의 대표 선출 방식인 선거로 뽑힌 것이 아니라, 입법부, 행정부, 사법부의 대표가 3명씩 임명한 사람들이었다.

그런데 실상은 대통령이 사법부의 장인 대법원장을 임명하고, 통상 대통령 소속 정당이 의회의 1~2당이기 때문에 사실상 대통령이 헌법재판관 9명 가운데 7명까지 직접 임명하거나 임명에 영향을 줄 수 있다. 따라서 헌법재판관은 직전과 현직 대통령의 의견에 매우 가까운 결정을 할 가능성이 크다. 이 문제를 해결하는 한 방법은 당시 국민 의사의 분포를 가장 잘 보여주는 국회에서 의석 비례에 따라 헌법재판관을 임명하도록 하는 것이다. 이렇게 헌법재판관의 구성에 당시 국민 의사를 반영하는 것이 대통령의 전횡을 통제하는 한 방법이라고 생각한다.

4 신도시로 지어야 했나

2002년 당시 노무현 새천년민주당 후보가 '신행정수도 건설'을 주요 공약으로 내세우고 당선된 뒤 이를 추진한 것은 대한민국 역사상 획기적인 일이었다. 이는 철권 독재자였던 박정희 대통령도 하지 못한 일이었다.

그러나 노무현 정부가 이 정책을 수행하는 방법으로 옛 충남 연기군 지역에 '세종시'라는 신도시를 건설한 것은 매우 아쉬운 결정이었다. 신도시 방식으로 건설되는 바람에 세종시 지역의 공동체와 역사, 문화, 환경, 지형 등 특성들이 일시에 사라졌거나 급변했다. 22조 5천억원에 이르는 엄청난 비용을 투자해야 했고, 대전과 청주, 공주 등 주변 도시의 인구 유출과 활력 감소라는 부작용도 커졌다. 또 도시 건설에 많은 시간이 걸렸기 때문에 그 사이에 불필요한 정치적, 사회적 논란도 계속됐다. 신도시 건설 방식으로 인해 세종시는 지속가능성이 낮고, 독립적이지 못한 도시가 됐다. 세종시에 가장 나쁜 시나리오는 멀지 않은 시기에 남북이 통일되는 일이다. 통일 시기에 수도가 다시 결정된다면, 세종시는 말할 수 없이 큰 타격을 입

세종시를 신도시 방식으로 추진한 일은 건설 초기의 결정 가운데 아쉬운 일 중 하나다. 세종청사 쪽에서 본 세종시의 전경. 행정중심복합도시건설청.

을 것이다.

노무현 정부 당시 세종시를 신도시 방식, 신시가 방식, 도시 재생 방식 가운데 무엇으로 할지에 대해서는 충분한 연구와 토론이 이뤄지지 못했다. 당시 노무현 정부는 하루 빨리 이 사업을 본궤도에 올려놓으려 했고, 이명박 서울시장을 중심으로 한 반대 세력은 끊임없이 이 사업을 좌절시키려 했다. 세종시는 하루도 편안한 날이 없었다. 결국 신행정수도는 헌법재판소에서 '위헌 결정'을 받았고, 이명박 정부 시절엔 '백지화'할 위기에까지 몰렸다. 이런 극심한 논란 때문에 노무현 정부는 임기 안에 이 사업에 '대못'을 박기 위해 서둘렀다. 신행정수도의 도시 건설 방식을 연구하거나 토론한다는 것은 한가한 소리였다. 신행정수도나 행정도시의 건설 방식에 대해서도 많은 연구와 토론이 필요했으나, 당시 대한민국의 사정은 여의치 못했다. 결국 세종시의 건설 방식은 사실상 이춘희 현 세종시장(초대 행정중심복합도시건설청장)과 같은 핵심 실무자들의 판단에 따라 신도시 방식으로 결정됐다.

그러나 당시 신도시 방식으로 세종시를 만들 것이 아니라, 이미 정부청사가 자리잡은 대전으로 옮기는 것이 훨씬 바람직했다. 대전은 여러 측면에서 행정수도나 행정도시가 되기에 적합했기 때문이다. 대전에는 1998년 관세, 산림, 중소기업, 특허, 조달, 문화재, 병무, 통계 등 8개 청이 이전했고, 국가기록원과 특허심판원, 특허법원도 있다. 또 제2국립현충원(국립묘지)도 있고, 육군, 해군, 공군 등 3군 본부가 대전 바로 옆 계룡시에 자리잡고 있다. 대전시는 오랫동안 수도가 되기 위해 준비해온 도시나 다름없었다.

행정부의 통합 차원에서도 대전이 바람직했다. 2017년 현재 대한민국의 중앙정부는 4실, 2원, 18부, 5처, 17청, 5위 등 모두 51개 기관으로 이뤄져 있다. 이 가운데 서울에 2실, 1처, 2원, 5부, 2위, 4청 등 16개 기관*이 있다. 과

---

* 대통령비서실, 국가안보실, 대통령경호처, 국가정보원, 감사원, 외교부, 통일부, 국방부, 행정안전부.

정부대전청사엔 1개 부와 7개 청이 있으며, 주변에 3군 본부와 제2국립현충원도 있다. 대전은 수도가 되기 위해 준비해온 도시나 다름없다. 대전시.

천에는 법무부, 과학기술정보통신부, 방송통신위원회 등 2부, 1위가 있다. 서울과 과천에 남은 중앙정부기관은 모두 19개다.

세종에는 2실, 10부, 2위, 3처, 5청 등 22개 기관*이 있다. 대전에는 문재인 정부 들어 중소기업청에서 승격된 중소벤처기업부, 관세청, 산림청, 특허청, 조달청, 문화재청, 병무청, 통계청 등 1부, 7청 등 8개 기관이 있다. 이밖에 식품의약품안전처가 청주, 농촌진흥청이 전주에 있다. 만약 대전에 정부청사를 이전했다면 중앙정부기관은 4개 도시가 아닌 3개 도시에 배치됐

여성가족부, 금융위원회, 원자력안전위원회, 검찰청, 경찰청, 기상청, 방위사업청 등이다.
* 국무조정실, 국무총리비서실, 기획재정부, 교육부, 문화체육관광부, 농림축산식품부, 산업통상자원부, 보건복지부, 환경부, 고용노동부, 국토교통부, 해양수산부, 공정거래위원회, 국민권익위원회, 인사혁신처, 법제처, 국가보훈처, 국세청, 행정중심복합도시건설청, 새만금건설청, 소방청, 해양경찰청 등이다.

을 것이고, 30개 기관이 대전 한 곳에 집중돼 훨씬 더 통합적인 정부 운영이 가능했을 것이다.

대전에 행정도시를 건설하는 것은 비용 측면에서도 매우 유리하다. 현재 세종시의 땅을 매입하는 데는 정부가 29만9천평에 1조3500억원, 한국토지공사가 2200여만평에 4조9천억원으로, 합해서 6조2500억원을 투자했다. 그러나 대전에 중앙행정기관들을 옮겼다면 땅값이 전혀 들지 않았을 것이다. 대전에는 정부가 보유한 땅이 많기 때문이다. 세종시에서 정부청사 터로 사용된 땅의 넓이는 18만평가량이다. 그런데 정부대전청사가 보유한 터가 15만7천평(51만8338제곱미터)가량이고, 이 가운데 절반인 8만평가량이 비어 공원과 주차장으로 활용되고 있다. 그리고 그 동쪽 옆 한밭수목원(옛 엑스포주차장)이 11만9천평(39만4천제곱미터), 또 북쪽 갑천 건너에 엑스포과학공원이 17만8천평(59만제곱미터)에 이른다. 이 땅만 더해도 40만평가량 돼

엑스포 과학공원의 터만 18만평에 이르러 세종시로 이전하는 정부청사를 다 지을 수 있을 정도였다. 대전시.

서 세종시에 옮긴 58개 중앙행정기관, 산하기관, 연구기관을 다 짓고도 남는다. 사실 정부청사 터를 녹지를 포함해 넉넉히 잡아서 그렇지 실용적으로 잡으면 10~20만평에도 다 들어갈 것이다. 결국 땅을 사는 데 들인 6조원을 아낄 수 있었다.

이보다 더 규모가 큰 것은 기반시설(인프라스트럭처) 비용이다. 행정도시 건설에 드는 22조원의 비용 가운데 땅값 6조원을 제외한 나머지 16조원은 대부분 도시 기반시설을 마련하는 데 드는 비용이다. 대전에 중앙정부기관들을 이전했다면 정부 청사 건설비 외의 기반시설 비용은 거의 들지 않았을 것이다. 대전에는 이미 주택, 도로, 철도, 도시철도, 상하수도, 가스, 전기, 통신, 문화, 체육 등 거의 모든 시설이 갖춰져 있기 때문이다. 물론 공무원 1만8천명이 이주하고 그에 따른 추가 인구 유입이 있기 때문에 주택과 기반시설을 추가해야 한다. 그러나 주택은 대부분 민간에서 짓는 것이고, 추가

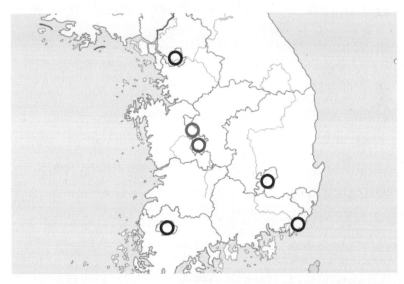

대전(빨간 원)은 국토의 중심에 더 가깝고, 세종(파란 원)은 서울에 좀더 가깝다. 서울, 광주, 대구, 부산 등 주요 도시와 대전, 세종의 위치.

되는 기반시설 비용도 세종시에 비하면 얼마 되지 않았을 것이다. 더욱이 기반시설이 갖춰지지 않아 현재까지 세종시 주민들이 겪는 만성적인 불편도 대부분 해소됐을 것이다.

국토상의 위치에서도 대전이 세종보다 균형발전을 추구하는 데 더 유리하다. 대전과 세종시에서 주요 도시까지의 거리를 살펴보자. 시청을 기준으로 대전에서 서울까지는 160킬로미터, 대구까지는 150킬로미터, 광주까지는 170킬로미터, 부산까지는 260킬로미터다. 이것은 대전이 부산을 제외한 대한민국의 주요 도시와 150~170킬로미터 안팎의 거리에 놓여 있다는 뜻이다. 그런데 시청을 기준으로 해서 세종시에서 서울까지는 140킬로미터로 대전에서보다 좀더 가깝지만, 대구까지는 170킬로미터, 광주까지는 180킬로미터, 부산까지는 280킬로미터로 더 멀다. 다시 말해 서울과 대구, 광주, 부산 사이에서 대전은 거의 한가운데 있지만, 세종은 좀 더 서울 쪽으로 치우쳐 있다. 더욱이 세종시의 바로 북쪽에 있는 천안까지는 수도권 전철이 놓여 있다. 지난 2004년 수도권 전철이 천안까지 연장 개통된 뒤 천안은 사실상 수도권에 포함된 형국이다. 따라서 수도권과 지방 사이에 균형을 잡으려면 수도는 되도록 더 남쪽으로 가야 한다. 대전과 비교할 때 세종시는 수도권과 지방 사이에서 수도권에 더 기울어 있다. 이것은 행정도시의 본래 취지인 지역간 균형발전을 추구하는 데는 상대적으로 불리한 조건이다.

대전은 20세기 이후 대한민국의 교통 중심지이기 때문에 교통 문제에서 세종시는 대전과 전혀 비교가 될 수 없다. 애초 세종시는 1번 국도 외에는 이렇다 할 도로가 지나지 않는 한적한 시골, 교통 오지였다. 따라서 주변의 대전, 청주, 공주, 천안 등과 빠르게 연결하기 위한 18개의 새 도로를 놓는데 모두 2조7763억원을 투자해야 한다. 특히 배후 대도시인 대전과 고속철도 역이 있는 청주 사이에는 9754억원을 들여 빠른버스 도로를 놓았다. 이미 전국과 사통팔달로 연결되는 대전으로 중앙행정기관을 옮겼으면 들지 않았을 비용이었다.

　세종시의 입지는 고속철도 노선에도 악영향을 줬다. 2015년 4월 개통된 호남고속철도의 갈림역(분기역)은 청주 오송역이다. 청주 오송역이 2005년 6월 갈림역으로 결정된 중요한 이유는 바로 행정도시 건설 예정지에서 가깝다는 점이었다. 당시 운행 시간과 거리로는 천안아산, 건설 비용과 수요에서는 대전이 유리했는데, 엉뚱하게도 청주 오송이 갈림역으로 결정된 것은 세종시 때문이었다. 다시 말해 전국에서 한 번에 행정도시로 올 수 있어야 하는데, 당시 유력한 갈림역 후보지였던 천안아산역에서 호남고속철

오송역을 지난 뒤 경부선(오른쪽)과 호남선(왼쪽)으로 갈라지는 고속철도. 세종시의 입지는 고속철도 노선의 나뉨에도 큰 영향을 줬다. 철도시설공단.

도가 나뉘면 호남에서는 세종시를 한 번에 올 수가 없었다. 따라서 천안아
산역은 호남고속철도의 갈림역에서 탈락했다. 대전에 갈림역이 설치됐다
면 서울과 광주, 대구 모두에서 세종시를 한 번에 올 수 있었다. 그러나 거
리와 시간을 단축하려는 호남과 고속철도 갈림역을 유치하려는 충북의 반
대로 대전은 갈림역이 되지 못했다. 이것은 수요나 비용 측면에서 매우 불
합리한 결정이었다.

만약 대전이 행정도시로 결정됐다면 호남고속철도의 갈림역은 말할 것
도 없이 대전으로 결정됐을 것이다. 서울에서나 광주에서나 호남고속철도
를 이용해 행정도시를 지나지 못하는 것은 상상하기 어렵기 때문이다. 특히
서울에서 행정도시 사이의 이동이 잦을 것이기 때문에 경부고속철도뿐 아
니라, 당연히 호남고속철도도 행정도시인 대전을 지나도록 계획됐을 것이
다. 따라서 청주 오송역이 갈림역이 되는 일은 일어나지 않았을 것이다.

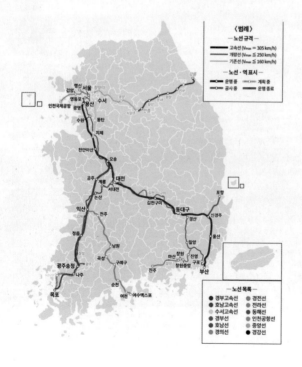

2017년 고속철도 노선도.

대전역이 호남고속철도의 갈림역이 됐다면 천안아산이나 청주 오송보다 전체 노선 운행 시간이 5~10분 정도 더 늘어났을 것이다. 그러나 그보다 훨씬 더 많은 장점이 있었다. 먼저 대전이 천안아산이나 청주 오송보다 남쪽이기 때문에 호남고속철도의 건설 비용이 줄었을 것이다. 경부고속철도를 이용하는 구간이 더 길어지기 때문이다. 또 호남고속철도에 대전이라는 대도시가 포함돼 이용 승객의 수요는 훨씬 더 많았을 것이다. 승객 수요로 보면, 호남고속철도는 서울~대전~전주~광주로 이어지는 것이 최선이었으나, 합리적이지 못한 판단으로 서울~광주만을 연결하게 됐다. 대전에 호남고속철도 갈림역이 설치됐다면 기존 경부선, 호남선 철도와의 환승도 훨씬 더 편리했을 것이다. 청주 오송역은 사실상 고속철도 전용역이며, 기존 철도는 청주 오송역에서 5킬로미터 떨어진 조치원역으로 주로 다닌다.

인구 유입에도 심각한 문제가 있다. 세종시의 인구는 2016년 말 기준으로 행정도시 14만6009명, 세종시 전체는 24만3028명이다. 2030년 목표 인구는 행정도시 50만명, 세종시 전체 70만명이다. 그런데 이런 인구 목표가 실제로 달성되더라도 지역간 균형발전에 도움이 될 가능성은 낮아 보인다. 균형발전에 도움이 되려면 수도권에서 인구를 끌어들여야 하는데, 수도권보다는 대전과 충청권에서 훨씬 더 많은 인구를 끌어들이고 있기 때문이다. 2012~2016년 사이 세종시가 전국에서 순유입한 인구는 14만2505명이었는데, 이 가운데 59.7%인 8만5018명이 대전과 충남, 충북 등 충청권에서 왔다. 수도권에서는 30.3%인 4만3118명밖에 오지 않았다. 세종시가 수도권의 인구가 아니라, 이웃 충청권의 인구를 끌어들이는 것이다. 이것은 세종시의 애초 취지인 수도권과 지방 사이의 균형발전과는 거리가 먼 것이다. 오히려 충청권 안에서의 인구 제로섬 싸움을 일으키는 것이다.

대전이 행정도시였다면 세종시보다 더 많이, 더 빠른 속도로 수도권의 인구를 끌어들였을 가능성이 있다. 왜냐하면 대전은 모든 기반시설을 갖춘

대전 둔산의 신도심 일대 모습. 대전시.

도시이고, 정부청사 외에 대덕연구단지, 계룡대 3군 참모본부, 유성관광특구, 과학기술연구원(카이스트) 등 다양한 공공, 상업, 업무, 문화, 예술, 교육 시설들을 갖추고 있기 때문이다. 따라서 여러 분야의 많은 인재들이 살고 있고, 기반시설이 잘 갖춰져 있다. 또 살기 좋은 도시 평가에서도 여러 차례 국내 최고 도시로 선정됐다. 따라서 허허벌판에 신도시로 만든 세종시보다는 서울과 과천의 인구를 더 효율적으로 끌어들일 수 있었다. 이것은 현재까지도 세종시로의 이주를 꺼리는 많은 공무원과 그 가족들에게 상당한 동기를 제공할 수 있었다.

더욱이 대전에 행정도시를 건설했다면, 충남이나 충북 등 충청권보다는 수도권으로부터 더 많은 인구를 끌어들였을 가능성이 크다. 왜냐하면 이미 대전은 이웃 충청권의 인구를 충분히 흡수한 중심 도시이기 때문에 행정도

대전엔 국내 최대 규모의 연구 단지가 있다. 대전시.

시가 대전으로 온다고 해서 추가로 대전에 흡수될 주변 인구는 그리 많지 않을 것이다. 이것은 서울에 세종시의 정부 청사가 옮겨간다고 해서 경기도와 인천의 인구가 서울로 몰리기 어려운 이치와 같다. 특히 대전은 서울과 마찬가지로 세종과 충남북 등 주변 지역보다 집값이 더 비싸다. 현재 세종시 주변 지역의 주민들이 집값이 싸면서 주거 환경이 좋은 세종시로 몰려들 듯 대전으로 몰려들 가능성은 작은 편이다. 현재 세종시에 대전의 인구가 몰리는 것은 대전의 주택들이 낡았으면서도 비싸기 때문이다.

사업 기간도 대전이 세종보다 훨씬 더 유리했을 것이다. 세종시는 2007년 착공해서 2012~2014년 중앙행정기관이 들어섰지만, 대전이 행정도시였다면 이르면 노무현 정부 임기 안인 2008년 초까지, 늦어도 2010년 전후로 정부청사가 완공돼 입주가 가능했을 것이다. 대전에 정부청사를 이전했다면 토지를 수용해서 기반시설을 건설하는 시간이 거의 필요하지 않았기 때문이다. 정부청사를 짓는 기간인 2~3년 정도면 충분했을 것이다. 아마도 이명박 정부가 들어설 무렵엔 정부청사의 건설과 이전이 상당 부분 진행돼 이명박이 행정도시 건설을 백지화하려는 시도 자체를 할 수 없었을 것이다. 신도시 세종시가 완성되는 데는 2005년에서 2030년까지 무려 25년이 걸리지만, 기존 도시인 대전으로 옮겼더라면 정부 청사를 짓고 공무원들이 이주하는 것으로 사업이 거의 마무리됐을 것이다.

중앙정부기관이 대한민국의 지리적 중심이자 주요 대도시인 대전으로 옮겨졌다면 혁신도시 건설을 비롯한 전국의 균형발전 정책에도 불이 붙었을 것이다. 대전은 인구도 많고 다른 도시와의 교류도 많은 교통의 요지이니 균형발전의 효과가 더 빨리, 더 쉽게 다른 도시로 전파될 수 있었기 때문이다. 또 혁신도시 건설은 행정도시 건설보다 뒤처진 상황인데, 혁신도시 건설에도 힘이 붙었을 것이다. 아직 이전하지 않은 정부기관들, 나아가 국회와 청와대의 이전을 요구하는 운동이나 움직임도 더 강력했을 것이다. 세종시는 마치 과천처럼 서울의 위성 도시, 공무원 도시일 뿐이지만, 대전은 공무원과 그 가족 외에 150만명이나 사는 대도시이기 때문이다. 대전에 행정도시를 건설했다면, 이명박 정부가 백지화 시도 자체를 하기 어려웠을 것이다. 150만명의 시민들이 반대하고 나섰을 것이기 때문이다. 반면 수용된 세종시 지역의 기존 인구는 1만명에 불과했다.

마지막으로 대전으로 중앙행정기관을 이전하는 것은 통일에 대비해서도 세종시보다 더 유리하다. 노무현 정부는 행정도시 건설을 추진하면서 통일 수도에 대해 명확한 입장을 밝히지 못했다. 이른 시일 안에 통일이 된다면 세종시로의 수도 이전은 설득력을 갖기 어렵기 때문이다. 만약 앞으로 한반도가 통일된다면 그것은 세종시에 엄청난 재앙이 될 것이다. 통일이 되면 수도를 서울이나 평양, 개성 같은 곳으로 옮겨야 한다는 여론이 강해질 것이기 때문이다. 과천과 마찬가지로 세종시는 정부청사에 전적으로 의지한 도시이기 때문에 중앙행정기관이 빠져나간다면 세종시는 생존에 심각한 위기를 맞을 수도 있다. 현재 세종시 발전의 동력은 중앙행정기관과 산하기관, 연구소뿐이다.

대전 역시 통일이 되는 경우 수도나 행정도시로서의 위상에 심각한 타격을 받게 될 것이다. 그러나 세종시와 달리 대전은 정부청사가 이전하더라도 도시가 존폐의 위기에 놓이지는 않을 것이다. 150만명이나 되는 인구가 있고, 다양한 기능과 일자리가 있기 때문이다. 대전에 행정수도(행정도시)를 옮기기로 결정했다면 통일 때까지의 임시 수도로 결정할 수도 있었다. 세종시처럼 도시 하나를 새로 만드는 것이 아니기 때문에 임시 수도로 만드는 데 부담이 적었을 것이다. 그러면 한나라당과 수구 세력의 반대도 조금은 누그러졌을 것이다. 어쩌면 헌재까지 가지 않을 수도 있었다. 행정수도를 한반도 통일 때까지의 임시 수도로 계획했다면 훨씬 더 부드럽게 추진할 수 있었다.

근본적으로 세종시는 대전과의 관계에서 위성도시에 가깝다. 정도의 차이가 있지만, 과천과 서울과의 관계와 비슷하다. 그런데 한 나라의 행정수도를 주변 대도시의 위성도시로 건설하는 것은 위상에 걸맞지 않은 일이다. 대전이라는 주변 대도시가 없이 존재하기 어려운 도시를 국가의 수도로 삼는 것은 합리적이라고 보기 어렵다. 지역간 균형발전이라는 관점에서 봐도 이런 신도시 사업에 22조원을 투자하는 것은 자원의 합리적인 배분이라고 보기 어렵다. 대전이라는 기존 도시를 충분히 활용하는 방향으로 이 정책을 추진했다면 행정도시 건설과 지역간 균형발전은 훨씬 원만하고 효율적으로 수행될 수 있었다. 이미 흘러가버린 일이지만, 앞으로도 지역간 균형발전을 위한 정책을 추진할 때 참고할 일이다.

5 가지 않은 길, 송복섭 설계안

세종시의 건설 과정에서 몇 가지 결정적인 실패가 있었다. 첫째는 2004년 헌법재판소에서 행정수도 건설을 '관습헌법'을 근거로 위헌으로 결정한 일이다. 이 때문에 세종시는 수도 이전도 아니고, 수도 이전이 아닌 것도 아닌 어정쩡한 일이 돼버렸다. 둘째는 행정수도를 기존 도시인 대전에 짓지 않고 연기군에 신도시로 지은 일이다. 신도시 건설로 인해 훨씬 더 많은 시간과 비용이 들었고, 연기군 원주민과 행정도시 이주민들은 많은 어려움을 겪어야 했다. 셋째는 세종시 도시계획에서 '송복섭 안'이 채택되지 못한 것이다. 송복섭 안은 2005년 '행정중심복합도시 도시개념 국제공모'의 5개 당선작 가운데 하나였다. 가장 진보적이고 매력적인 도시계획이었으나, 실제 사업에서는 거의 채택되지 못했다. 이 세 가지 실패 가운데 첫째는 얼마든지 되돌릴 수 있다. 그러나 둘째는 되돌리는 것이 불가능하며, 셋째도 되돌리기가 매우 어렵다.

도시개념 국제공모는 2005년 5월부터 11월까지 6개월 동안 이뤄졌다. 국내 59개 팀, 국외 25개국 62개 팀 등 모두 121개 팀이 참가해 5개 작품이 당선됐고, 5개 작품이 장려상을 받았다. 공동 심사위원장은 유명한 사회학자인 미국의 데이비드 하비와 미국의 건축학자 나데르 테라니였고, 심사위

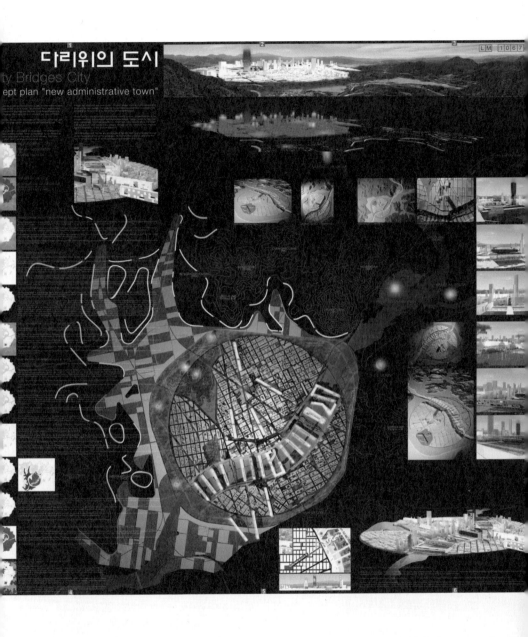

다리위의 도시

ty Bridges City

ept plan "new administrative town"

LM 1067

송복섭의 '서른 개 다리의 도시(다리 위의 도시)'는 '콤팩트 시티'의 개념을 적용한 가장 진보적이고 혁신적인 도시계획이었다. 행정중심복합도시건설청.

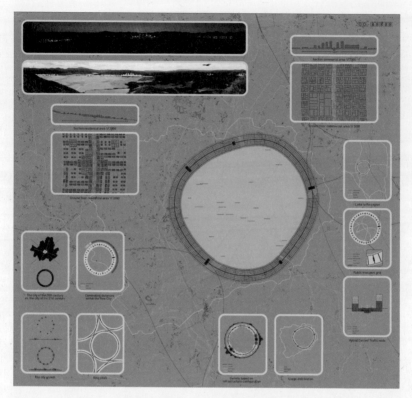

세종시에 실제로 반영된 도시 개념은 오르테가의 안과 뒤리그의 안이었다. 뒤리그의 안. 행정중심복합도시건설청.

원은 민현식(건축가), 박삼옥(지리학자), 온영태(건축학자), 유걸(건축가, 서울시청 설계), 일본의 아라타 이소자키(건축가), 네덜란드의 비니 마스(건축가)였다. 5개 당선작은 안드레스 페레아 오르테가(에스파냐)의 '천개 도시의 도시', 장 피에르 뒤리그(스위스)의 '궤도의 길', 송복섭(한국)의 '서른 개 다리의 도시', 김영준(한국)의 '이분법의 도시', 피에르 비토리오 아우렐리(이탈리아)의 '도시를 위한 문법'이었다.

그런데 현재 실제로 건설된 세종시의 모습을 보면, 오르테가와 뒤리그의 안이 주로 반영됐고, 특히 오르테가의 안이 압도적으로 반영됐음을 알 수

송복섭 안은 세종시 전체 터에서 금강을 낀 291만평만 먼저 집중적으로 개발하는 안이었다. 초기에 강을 낀 남쪽 지역(원형)을 먼저 개발하고, 추가적 개발 수요가 있으면 이를 북서쪽으로 확대하는 것으로 계획했다. 행정중심복합도시건설청.

있다. 반면 송복섭과 김영준, 아우렐리의 안은 거의 반영되지 않았다. 오르테가와 뒤리그의 안은 어떤 것인가? 그것은 세종시 터의 한가운데를 비우고, 그 둘레에 고리형(환상형)의 도시를 만드는 것이었다. 반대로 송복섭 안은 터의 중심부에 원형의 '콤팩트 시티(압축 도시)'를 만들고 주변부를 비우는 안이었다. 김영준 안은 자연 지형을 최대한 살려 탄력적이고 불규칙한 개발을 하는 안이었고, 아우렐리의 안은 극단적인 격자 구조의 건물로 도시를 구성하는 안이었다.

송복섭 한밭대 교수의 안은 '서른 개 다리의 도시'인데, 현재 호수공원과 중앙공원으로 돼 있는 지역을 우선 개발하는 것이다. 그 밖의 주변 지역은 일단 녹지로 유지했다가 인구가 늘고 수요가 생기면 단계적으로 개발하는 안이었다. 이 안은 많은 장점을 가졌다. 초기의 도시 건설이 지름 3.5킬로미터, 291만평에 불과한 도시 중심부에서 집중적으로 이뤄지기 때문에 도시의 성장 속도가 빠르고 초기 이주자들이 자리잡기도 훨씬 쉽다. 좁은 공간 안에 모든 기능과 시설이 형성되기 때문에 교통을 걷기와 자전거, 공공교통으로 대부분 해결할 수 있다. 또 도시가 복합성과 시너지를 갖추는 데도 절대적으로 유리하다. 불필요하게 개발 지역을 확대하지 않기 때문에 토지 이용이 효율적이고 도시의 녹지를 가장 덜 훼손한다. 개발지가 세종시의 한가운데이고 금강 주변이기 때문에 금강이라는 가장 중요한 자연 환경도 충분히 활용할 수 있었다. 금강 위에 놓인 30개의 다리가 도시 전체에서 중심적 위치를 차지하고 핵심적 노릇을 하는 것도 인상적인 대목이다.

송복섭 안은 기본적으로 최근 각광받는 이른바 '콤팩트 시티' 개념에 바탕을 두고 있다. 콤팩트 시티란 도시의 무분별한 확장과 주변 녹지의 훼손을 막기 위해 기존 도시 지역을 높은 밀도로 짜임새 있게 개발하는 도시계획을 말한다. 이것은 도시를 효율적이고 지속가능하게 만들려는 것이다. 또 송복섭 안은 오르테가 안의 안팎을 완전히 뒤집은 것이다. 오르테가 안은 세종시의 중심부 700~800만평을 비우고 그 둘레 781만평을 개발하는 안인데, 송복섭 안은 세종시의 중심부 291만평만 도시로 개발하고 그 주변의 1900만평을 녹지로 비워두는 안이다. 따라서 송복섭 안은 개발 면적이 오르테가 안보다 훨씬 작다. 세종시가 계란 프라이라면 송복섭 안은 노른자를 개발하는 안이고, 오르테가 안은 흰자를 개발하는 안이다.

송복섭 안에서 중심부 개발 지역의 지름은 3.5킬로미터이며, 오르테가 안의 고리형 개발 지역의 지름은 6~9킬로미터다. 도시의 지름에서도 오르테가 안이 송복섭 안보다 2~3배나 더 크다. 더욱이 송복섭 안은 지름 3.5킬로미터의 도시 지역을 격자 도로로 조밀하게 연결하지만, 오르테가 안은 도시 중심부가 산과 들이기 때문에 반대편으로 가려면 직선으로 6~9킬로미터가 아니라 11~14킬로미터가량 돌아가야 한다. 도시 안에서의 이동 거리가 2~4배로 늘어나는 것이다. 시간과 비용, 자원, 에너지, 환경의 차원에서 오르테가 안은 송복섭 안보다 2~4배가량 더 비효율적이고 반환경적인 도시계획이다.

무엇보다 송복섭 안은 세종시 예정 지역 2200만평에서 중심부의 원형 지역 291만평만 우선 사용하는 안이다. 개발의 측면에서 보면, 도시 내부의

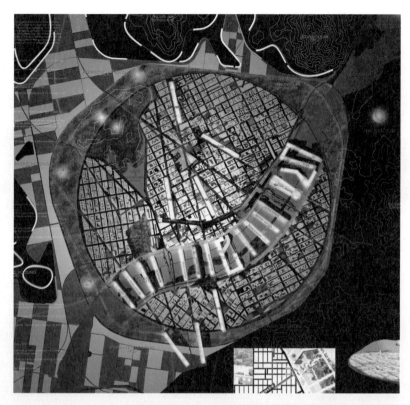

송복섭 안에서 도시개발 지역의 조감도. 평지만 격자형으로 개발하고, 금강엔 건물형의 다리가 놓여 강남 북을 연결한다. 행정중심복합도시건설청.

밀도를 일정한 수준으로 높임으로써 토지의 이용과 교통을 효율화한다. 환경의 측면에서 보면, 개발 지역을 최소화함으로써 녹지와 생물들을 보호한다. 291만평 외에 주변 지역 1900만평은 유보지, 녹지로 남겨두도록 했다. 도시 지역의 바깥 전체가 커다란 '고리형 녹지(에코 링)'가 되는 것이다. 도시 지역의 규모가 지름 3.5킬로미터로 매우 작기 때문에 시민들은 자신의 일터나 집에서 쉽게 강가나 도시 밖의 녹지로 나갈 수 있다. 물론 강가나 도시 밖의 녹지 외에 도시 여기저기에 적절한 규모의 공원들도 필요할 것이다.

송복섭 안에서는 도시 교통으로 경전철을 제안했는데, 노면전차(사진)나 빠른버스가 더 나았을 것이다. 사진은 스페인 빌바오의 노면전차. 김규원.

송복섭 안에 나오는 건물형 다리의 원형은 피렌체의 베키오 다리와 영국 배스의 펄트니 다리다. 사진은 펄트니 다리. 김규원.

도시 지역 밖의 녹지 일부는 장래에 인구가 늘어나면 주거지로 개발하도록 했다. 주변 녹지 가운데 평지가 많은 서쪽을 장래에 새 주거지로 개발할 수 있었다. 여기저기 불필요한 주거지를 계속 개발하기보다 인구 증가와 주택 수요가 있을 때 개발하는 것은 매우 바람직한 일이다.

도시 지역의 지름이 3.5킬로미터에 불과하기 때문에 공공교통은 매우 효율적이고, 도시 교통의 상당 부분을 보행과 자전거로 해결할 수 있다. 이런 도시라면 도심의 상당 부분을 보행자나 자전거, 공공교통 전용 구역으로 지정함으로써 시민들의 편리와 안전을 도모할 수 있다. 또 승용차 이용을 과감히 규제함으로써 교통 소통이나 환경, 쾌적성, 건강에도 긍정적 영향을 줄 수 있다. 또 금강 남쪽 대평리 쪽에 고속철도 역을 만들고 도시의 주요 지점을 고가형 경전철로 연결하도록 했다. 현재 세종시는 기차역이 없고 20킬로미터가량 떨어진 청주 오송역을 사용하고 있는데, 이것은 도시계획상 중대한 실수였다. 기차역은 도시 교통에서 심장과도 같은 곳인데, 말하자면 세종시는 심장이 없는 셈이다. 송복섭 안은 도시 대중교통 수단으로 고가 경전철을 제안했는데, 현재 세종시는 빠른버스를 도입해 이용하고 있다. 이용자의 편리나 도시의 경관, 도시의 작은 규모를 고려한다면 고가 경전철보다는 노면전차(트램)나 빠른버스가 훨씬 낫다.

송복섭 안은 세종시의 가장 중요한 자연환경인 금강을 충분히 활용하는 안이다. 송복섭 안은 강가를 레저와 체육, 휴식 공간으로 계획했다. 그러나 한발 더 나아가 강가에 정부청사와 시청 등 행정 시설, 박물관, 미술관, 도서관, 공연장 등 문화 시설들을 짓는 것도 얼마든지 가능하다. 강을 도시의 중심으로 만드는 일은 한 번 시도해볼 만한 매력적인 일이다. '물가(워터프론트) 도시'는 유럽에서는 쉽게 찾아볼 수 있지만, 한국에서는 거의 시도되지 못한 도시계획이다. 전통적으로 한국은 여름철에 큰비와 홍수가 집중돼 물가에 도시를 만드는 것이 불가능했기 때문이다. 홍수 위험을 극복한 21세기에 짓는 신도시를 강가 도시로 짓는 아이디어는 신선하다. 특히 송복섭 안의 이름에도 포함된 30개의 다리는 세종시의 남북을 연결할 뿐 아니라, 그 자체가 공공 시설이나 대학 건물로 지어져 활용된다. 이탈리아 피렌체의 베키오 다리에서 얻었을 이 아이디어는 국내에서 이제껏 시도되지 못한 일이다. 다만 세종시의 금강에 30개의 다리를 짓는 일이나 모든 다리를 건축물로 만드는 것은 지나치다고 평가받을 수 있다.

송복섭 안은 세종시를 복합 용도로 개발하려 했다. 따라서 주거와 상업, 업무 용도는 지역별로 구분되지 않고 한 지역 안에서 공존할 수 있다. 심지어 같은 건물 안에서도 주거와 상업, 업무가 공존할 수 있다. 모든 지역에 주거와 상업뿐 아니라, 공공, 문화 시설이 적절히 공급됨으로써 도시가 거리를 따라 다양하고 활기 있는 모습을 띨 수 있다. 도시가 활기 있게 돌아가려면 용도의 복합은 필수적이다. 용도의 복합은 낮에는 상업, 업무 지역, 밤에는 주거 지역에 몰리는 시민들을 조화롭게 배분할 수 있다. 전통적 도시들은 모두 용도가 복합된 도시였다. 상업과 업무, 주택, 생산 시설이 뒤섞여 있었다. 그러나 20세기 이후 쾌적한 주택을 위해 상업, 업무, 생산 지역을 주거 지역과 분리했다. 그러자 주거 지역은 쾌적해졌지만, 도시는 단절됐고 활력을 잃었다. 따라서 20세기 후반부터는 과거처럼 상업과 사무, 주택, 생산이 복합된 도시 건설이 필요하다는 의견이 다시 나왔다. 송복섭 안은 용도에 따라 분리된 도시가 아니라, 다양한 용도가 복합된 도시를 추구했다.

송복섭 안에서는 대학과 연구 시설도 도시 외곽으로 나가지 않고 다른 공공, 문화, 주거, 상업, 업무 시설과 공존한다. 전통적 도시에서는 대학이 도심의 주요 시설 가운데 하나였고, 대학은 도심에 활력과 매력을 공급하는 원천이었다. 이것은 서울의 성균관이나 유럽의 역사적 도시에서 쉽게 찾아볼 수 있다. 그러나 20세기 후반 미국의 영향으로 한국 도시에서는 대학이 외곽의 대규모 캠퍼스로 옮겨가기 시작했다. 낙산 아래 대학로에 있던

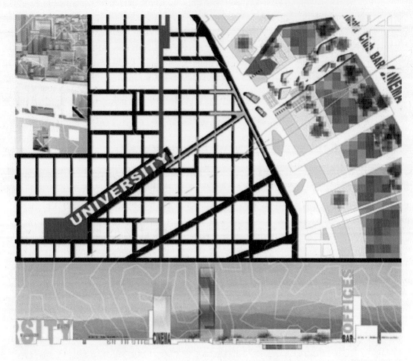

송복섭 안은 기존처럼 대학을 도시 변두리에 두지 않고, 도심 한복판에 두는 안이었다. 행정중심복합도시 건설청.

서울대가 관악산 기슭으로 옮겨간 일이 대표적이었다. 도심에서 대학이 떠나면서 도심의 활력과 매력도 줄어들었다. 이런 문제점을 극복하기 위해 어떤 대학은 대학로 등 도심 지역에 일부 캠퍼스를 다시 이전하기도 했다. 대학은 도심에 활력과 매력을 불어넣을 뿐 아니라, 연구개발, 생산, 출판, 컨설팅 등 산업도 활성화한다.

건물의 높이와 관련해 송복섭 안은 중심업무지구(CBD)만 고층으로 하고, 주거 지역 등 나머지 대부분은 저층으로 개발할 것을 제안했다. 용적률이 높은 중심업무지구에서 고층 건물을 짓는 것은 당연한 일이지만, 용적률이 낮은 주거 지역에서 고층 건물을 짓는 일은 사실 불필요하고 기이한 일이다. 고층 건물을 지을 특별한 이유가 없는데 주거 지역에서 고층 건물을 지으려 한다면 이를 허용해서는 안 된다. 주거 지역에서 고층 건물은 도시 경관이나 편안한 분위기, 주변 산세와의 조화 등을 훼손되기 때문이다. 중심 업무지구를 제외한 도시 지역의 높이를 제한하는 방안은 세종시뿐 아니라 국내의 다른 도시에서도 모두 필요하고 바람직한 일이다. 한국은 산지가 많아서 경관에서 산이 차지하는 비중이 압도적이다. 그러나 그동안 무분별한 고층 아파트의 건설로 대부분의 도시에서 산 경관은 망가지고 제대로 볼 수 없게 됐다. 신도시인 세종시를 저층 도시로 개발하는 방안은 적극 도입할 필요가 있었으나, 이젠 늦었다.

개발 지역의 입체적 조감도. 도심과 강가는 고층, 주거지는 저층으로 계획됐으며, 용도 분리보다는 용도 복합으로 계획됐다.(상) 행정중심복합도시건설청.
송복섭 안으로 개발했더라면 291만평 외에는 녹지로 유지됐다.(하) 행정중심복합도시건설청.

풍수는 좋을까

세종시에 살면서 가끔 세종시의 풍수에 관한 이야기를 들었다. 예를 들어 "세종시는 안개가 많이 끼어 사람들이 우울해지고 긍정적인 생각을 하기 어렵다. 한 나라의 수도로서는 적절하지 않다"는 이야기도 있었다. 좀더 풍수 차원에서 논리적인 주장으로는 "세종시는 주변에 산이 별로 없고, 들만

세종시의 3산 2수. 빨간 원은 위에서부터 원수산, 전월산, 괴화산, 파란 선의 위쪽은 미호천, 아래쪽은 금강. 다음지도.

넓어서 풍수적으로 좋지 않다"는 이야기가 있었다. 또 "세종시는 풍수로 볼 때 1천만명 나라의 수도는 될 수 있으나, 인구 5천만명 나라의 수도가 되기엔 부족하다"는 허무맹랑한 주장도 있었다.

이런 주장들처럼 풍수의 관점에서 보면, 세종시는 그다지 높은 평가를 받기 어려운 산수를 갖고 있다. 풍수라는 것은 '장풍득수'의 준말로 산이 둘러싸 바람을 막아주고 하천이 흘러 물을 쉽게 얻을 수 있어야 한다. 이 기준에서 보면, 세종시는 '득수'는 갖췄지만, '장풍'을 제대로 갖추지 못했다. 득수는 세종시의 남쪽을 흐르는 금강과 서북쪽에서 흘러오는 제천, 방축천, 동북쪽에서 흘러오는 미호천 등 풍부한 편이다. 제천은 정부세종청사 부근에서 방축천과 만난 뒤 금강으로 흘러들어가는 내명당수이고, 금강은 세종시를 남쪽으로 에두르는 외명당수다. 이것은 서울 4대문 안의 청계천이 중랑천과 만나 한강으로 흘러들어가는 것과 비슷한 형세다. 미호천은 동북쪽에서 흘러와 세종시의 동쪽 끝에서 금강과 만난다.

세종시 주변엔 대략 6개의 산(빨간 원)과 4개의 하천(파란 선)이 있다. 다음지도.

문제는 산이다. 세종시 일대는 높은 산이 발달하지 않았고 평지와 언덕, 야산으로 이뤄진 지형이다. 세종시를 소개할 때 3산2수라는 표현을 쓰는데, 이 역시 명당을 뜻한다고 한다. 3산이란 원수산, 전월산, 괴화산이다. 2수는 금강과 미호천이다. 그런데 원수산은 251m, 전월산은 260m, 괴화산은 200m 정도의 낮은 산이다. 주산(북쪽 산)인 원수산 뒤에는 이렇다 할 조산(할아비산, 주산 뒤의 산)도 없고, 전월산을 좌청룡(동쪽 산)이라고 우길 수 있으나, 우백호(서쪽 산)와 안산(앞산, 남쪽 산)은 아예 없다. 3산의 하나인 괴화산은 강 건너에 있는데, 좌청룡도 아니고 외사산도 아니어서 풍수상 별 의미가 없어 보인다. 좀더 범위를 넓히면 세종시의 남쪽에 비학산이 있고, 북서쪽에 국사봉, 남서쪽에 장군산이 있다. 그러면 산은 6개가 되고, 하천은 금강, 미호천, 제천, 방축천 등 4개가 된다.

풍수상 명당이 되려면 서울처럼 내사산과 외사산을 갖춰야 하는데, 세종시는 그런 조건에는 잘 들어맞지 않는다. 세종시는 북쪽과 동쪽, 서쪽으로만 낮은 산지가 있고, 남쪽으로는 금강을 향해 확 트인 개방적인 지형을 갖고 있다. 결국 풍수상으로는 세종시가 별로 좋은 터가 아니라는 결론에 이르게 된다. 더욱이 정부세종청사는 원수산을 주산으로 정남쪽에 들어선 것도 아니고, 원수산의 남서쪽으로 삐딱하게 들어서 있다. 원수산 정남쪽은 호수공원과 중앙공원 일대다. 이 때문에 일부 풍수 전문가들은 정부청사를 원수산 정남쪽으로 하고 장남평야 일대에 시가지를 만들었어야 한다고 주장하기도 했다.

역사와 경험으로 증명되는 풍수 관련 주장은 일종의 경험 과학이라고 할 수 있다. 예를 들어 북쪽에 산을 두고 남쪽을 향해 집이나 도시를 지어야 한다는 것은 겨울에 북쪽에서 내려오는 추운 공기를 견뎌야 하는 한국의 기후에서는 충분히 합리적인 주장이다. 또 물을 가까이 둬야 한다는 주장도 용수나 교통, 여름 냉방 차원에서 충분히 이해할 수 있다.

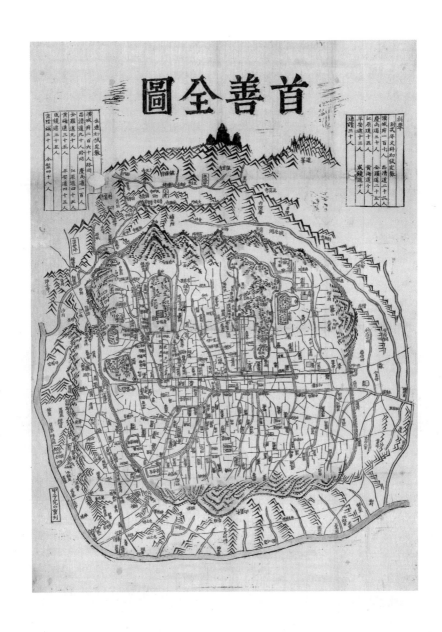

김정호의 지도 '수선전도'에는 내사산인 북악산, 인왕산, 낙산, 남산, 내명당수인 백운동천, 삼청동천, 청계천(개천), 외명당수인 한강이 잘 표시돼 있다.

그러나 도시의 동서남북 전체에 산이 있어야 하고(내사산), 내사산 밖에도 또 동서남북에 산이 있어야 한다(외사산)는 주장에는 동의하기 어렵다. 서울에서 볼 수 있는, 내사산과 외사산으로 겹겹이 둘러싸인 도시는 평지가 부족해 많은 사람이 살기 힘들고, 도시를 건설하기도 힘들며, 이동하기도 힘들다. 또 산으로 둘러싸여 답답한 느낌도 많이 든다. 또 서울처럼 평지가 적고 산이 많은 도시는 한국에서도 드물고 세계에서도 찾아보기 어렵다. 통상 그런 곳에는 큰 도시를 짓지 않기 때문이다. 예를 들어 한반도의 대도시인 대전, 대구, 광주, 평양 같은 도시들은 서울보다 큰 분지들이다. 세계적으로도 뉴욕이나 런던, 베이징 등은 거대한 평지이며, 파리도 커다란 분지다. 산으로 겹겹이 둘러싸여 생활하기 힘든 서울 같은 곳에 수도를 둔 것이나, 이를 풍수상 명당으로 꼽는 한국의 풍수 사상은 참으로 기이한 것이다. 군사 방어상의 이유가 아니라면 이해하기 힘든 주장이다.

역사와 경험으로 증명되지 않은 풍수 관련 주장은 대부분 '미신'이라고 봐야 한다. 더욱이 어떤 도시와 나라의 미래를 성장, 발전시키는 힘은 풍수 같은 것에서 나오지 않고 대부분 정치, 경제적 역량이나 사람의 아이디어와 의지 등 인위적인 요소에서 나온다. 예를 들어 세종시에 안개가 많이 끼어 수도가 될 수 없다는 이야기에 대한 가장 강력한 반박은 런던과 영국의 도시들일 것이다. 영국은 섬나라이고 대서양의 영향을 강하게 받는 서안 해양성 기후이기 때문에 가을겨울에 습도가 높고 안개가 많이 낀다. 특히 런던처럼 큰 강을 끼고 있는 경우는 안개가 더 많이 낀다. 추운 겨울에 낮 서너시부터 어두워지면서 비가 오거나 안개가 끼었을 때의 그 스산함이란 이루 말할 수가 없다.

그런데 영국은 앵글로색슨의 정복, 노르만의 정복 이후로 수많은 전쟁을 겪었고, 대부분의 전쟁에서 승리했다. 또 의회 민주주의와 자본주의, 산업혁명을 만들거나 발전시켜 모두가 아는 것처럼 근대 세계를 100년 이상

안개가 많이 끼고 날씨가 춥지만 영국은 한때 세계 최고, 최대의 나라였다. 김규원.

주도했다. 영국의 도시들엔 안개가 많이 끼고 이 때문에 사람들이 조금 우울해질 수 있지만, 그 때문에 그 사회가 발전하지 못하는 것은 전혀 아니라는 것이다.

세종시가 1천만명 나라의 수도는 될 수 있지만, 서울처럼 5천만명 나라의 수도는 될 수 없다는 주장 역시 황당한 이야기다. 세종시가 5천만명 나라의 수도가 되지 못한 것은 서울의 부동산 가격이 떨어질 것을 우려한 수도권의 민심에 따라 헌법재판관들(대부분 서울에 사는 부자들이었다)이 '관습헌

서울은 북한산과 한강으로 둘러싸인 천혜의 군사상 요새로 여겨졌지만, 전쟁 때는 아무런 쓸모가 없었다.
neothinker, 퍼블릭 도메인.

법'이라는 말도 안 되는 논리를 만들어냈기 때문이다. 풍수적으로 세종시의 터가 5천만명의 나라를 감당할 수 없기 때문이 아니었다.

통상 많은 사람들이 서울의 풍수가 한반도에서 가장 좋다고 하는데, 그런 평가는 조선 건국 이후에야 확립됐다. 그 전에 고려 중기 때 묘청 세력은 평양이 가장 좋다며 천도를 시도했고, 고려 후기엔 한양(현재의 4대문 안), 조선 초기엔 계룡(신도안)이 가장 좋다고 평가됐다. 조선 초기 태조와 태종, 세종이 쟁쟁한 학자들, 풍수가들과 함께 새 수도의 위치를 고민할 때 개성과 계룡, 한양, 무악, 인왕, 응봉(창덕궁 뒷산) 등은 저마다의 장점을 갖고 경쟁했다. 광해군은 경기 파주의 교하, 정조는 수원으로 천도를 꿈꾸기도 했다. 조선 후기의 실학자 이중환은 〈택리지〉(마을 고르기)에서 평양과 대전(갑천)을 조선에서 가장 살기 좋은 곳으로 손꼽았다. 결론적으로 보면, 서울의 풍수가 가장 좋다는 주장은 지금 이대로가 좋다는 보수적인 주장일 뿐이다.

어떤 곳이 수도로 적절한가 하는 것도 일정한 조건이 갖춰진 도시들 가운데서는 아주 주관적으로 판단하는 것이다. 통상 '일정한 조건'이란 과거엔 교통과 물류, 군사 방어에 유리한 큰 강, 수도에 사는 많은 사람들을 먹여 살릴 너른 들, 배후(주로 북쪽)에 군사적 방어에 유리한 산이 있어야 한다는 것이다. 한반도에서 이런 '일정한 조건'을 갖춘 곳은 서쪽의 평야 지대에서 큰 강을 끼고 있는 지역들이다.

예를 들어 압록강가의 국내성(고구려), 대동강가의 평양(고조선, 고구려, 북한), 임진강가의 개성(고려), 한강가의 서울(백제, 조선, 대한민국), 금강가의 부여(백제), 공주(백제), 세종(대한민국), 대전(대한민국) 등이다. 한국 역사상 수도 가운데 이 '일정한 조건'에서 벗어난 곳은 경주(신라)와 철원(후고구려) 정도다. 평양과 개성, 서울, 세종 가운데 과연 어느 곳의 풍수가 가장 나은가? 아마도 고구려 사람이나 북한 사람에게는 평양, 고려 사람한테는 개성, 조선 사람에게는 서울, 대한민국 사람한테는 역시 서울일 것이다.

자연 환경의 관점에서 보면, 세종시의 입지가 서울보다 낫다고 볼 수도 있다. 세종시는 '남한'이라는 국토의 중심에 위치해서 각 지역으로부터의 접근성이 좋다. 서울처럼 큰 강이 흐르면서도 서울보다 들이 더 넓고, 주변의 산들이 높지 않아서 사람들이 살기에 좋다. 또 서울보다 남쪽에 있어서 더 따뜻하고, 높은 산으로 둘러싸이지 않아서 대기의 순환이 잘 된다. 서울시가 세종시보다 나은 점은 대부분 정치 권력, 경제 권력, 인구, 역사, 문화 등 인위적인 것이지, 풍수나 날씨와 같은 자연적인 것이 아니다.

서울의 역사를 보면, 풍수가 얼마나 허망한 것인지 잘 알 수 있다. 서울이 풍수적으로 우수한 이유 중의 하나는 사방이 내사산, 외사산 등 많은 산으로 둘러싸였고, 한강이 남쪽을 두르고 있어 천연의 군사 요새라는 점이다. 이성계가 처음에 수도를 정할 때 이 점은 매우 중요한 요소로 고려됐을 것이다. 그러나 막상 임진왜란, 병자호란, 6.25 전쟁이 터졌을 때 서울의 지형은 이 천하 명당을 지키는 데 아무런 도움이 되지 못했다. 전쟁이 나자, 선조와 인조, 이승만은 천혜의 군사 요새라는 서울을 즉시 버리고 도망가 버렸다. 나라를 지키는 것은 지도력, 군사력, 경제력, 시민들의 단결된 힘 등이지, 풍수가 아니기 때문이다. 풍수로는 결코 나라를 지킬 수는 없다.

이것은 풍수의 발상지인 중국의 역사를 보면 금방 증명된다. 2200년의 중국 역사 속에서 대표적인 수도는 단 두 곳, 시안(장안)과 베이징이었다. 시안과 베이징의 수도 역사를 합해서 1천년쯤 된다. 그런데 시안과 베이징은 중국의 서북방, 동북방의 평야 지대에 위치해 있다. 평야 지대이기 때문에 당연히 풍수적으로 좋지 않고(풍수가 좋으려면 산과 강으로 둘러싸여야 한다), 북방 민족과의 경계 주변에 놓여 있기 때문에 언제나 군사적으로 위험에 노출돼 있었다. 그런데 역설적인 것은 중국의 역사에서 시안(한, 수, 당)과 베이징(원, 청, 명, 중화인민공화국)에 수도를 둔 왕조만이 중국의 통일을 이뤘고, 그 통일을 오래 유지할 수 있었다는 것이다. 기름지고 따뜻하고 안전한 남쪽에 수도를 둔 왕조들은 대부분 통일 국가를 이루지 못했고, 짧은 기간에 무너졌다.

　결국 정치, 경제적 힘, 사람들의 의지, 사람들의 단결된 힘이 그 사회와 국가를 발전시키고 지키는 것이다. 풍수나 날씨 따위가 그 나라의 흥망성쇠를 결정하는 것이 아니다. 서울이 풍수가 좋아서 600년 수도가 됐고, 세종시가 풍수가 좋지 않아 수도가 되기 어렵다는 것은 현실 합리화에 불과한 궤변이다.

7 사라진 지명, 사라진 역사

2014년부터 정부가 기존의 동 주소 대신 '도로명 주소'를 도입해 쓰고 있다. 나는 이 도로명 주소를 하루 빨리 폐지해야 한다고 생각하는데, 그 이유는 이것이 우리 역사를 파괴하기 때문이다. 도로명 주소가 도입되면서 역사를 담은 우리 지명이 상당 부분 사라지고 있다. 도로명 주소의 도입은 일제가 조선을 강점한 뒤 1914년 행정구역 이름을 전면적으로 바꾼 일, 해방 뒤 이를 바로잡지 못하고 답습한 일에 이어 우리 지명에 대한 세번째 학살이라고 생각한다.

예를 들어 서울 종로구에는 청운동(맑은 구름골)이라는 지역이 있는데, 이것은 일제가 엉터리로 붙인 이름이다. 과거에 이곳은 '청풍계'와 '백운동'이라는 지역이 있었는데, 청운동은 이 두 지명을 멋대로 섞어놓은 이름이다. '바람 맑은 골'과 '흰 구름골'이 졸지에 '맑은 구름골'이 되고 말았다. 청풍계(바람 맑은 골)라는 것은 이곳이 청계천의 상류인 백운동천의 최상류여서 물도 맑고 바람도 맑았기에 붙은 이름이다. 또 청풍계는 청계천이라는 이름의 유래가 된 곳이기도 하다. '청계천'도 조선 때 통상 '개천(하수도 기능의 인공하천)'이라고 불렸는데, 일제 때 청풍계의 이름을 인용해 고친 것으로 추정된다.

정선의 '인왕제색도'. 오른쪽 끝이 백운동과 청풍계다.

백운동(흰 구름골) 역시 유래가 분명한 이름이다. 백운동은 과거에 한양에 비가 내린 뒤 개면 인왕산에 구름이 내려앉아 이 백운동 일대에 걸린 모습이 아름다웠기 때문에 붙은 이름이다. 아마도 주세붕이 세운 백운동 서원의 '백운동'도 서울 종로구의 백운동과 같이 산기슭의 마을일 것이다. 백운동의 모습은 유명한 그림에서도 볼 수 있는데, 한국 역사상 최고의 그림 가운데 하나인 정선의 '인왕제색도'에 그 모습이 나온다. '인왕제색'이란 '인왕산의 비갠 모습'이라는 뜻이며, 이 그림에서 오른쪽이 백운동이다.

결국 청풍계, 백운동과 같은 아름답고 유래가 분명한 이름을 일제가 제멋대로 '청운동'으로 바꿔버린 것이다. 만약 해방 직후나 이번 도로명 주소 개편 때 정부가 조금이라도 역사에 대해 생각했다면 이런 점들을 반영했을 것이다. 역사적으로 잘못된 옛 지명은 바로잡고, 이 시대의 역사를 반영할 것은 반영해서 새 지명을 붙였을 것이다. 그러나 역사에 무지한 행정부 관료들은 하루 아침에 한국의 주소 전통과는 관계가 없는 미국과 유럽식 도로명 주소를 갖다 붙였다. 그리고 시민들에게 '이것이 좋은 것이니 무조건

연기군 시절 종촌리가 있던 현재의 세종시 어진동 일대. 가운데 파란 유리 건물(국토교통부)과 그 앞쪽이 종촌리였다. 김규원.

따르라'고 요구하고 있다.

이런 일은 세종시에서도 똑같이 벌어졌다. 세종시는 예전에 연기군이라고 부르던 지역인데, 노무현 대통령의 '행정수도' 건설 공약에 따라 세종시가 들어섰다. 그런데 세종시를 건설하면서 기존에 사용하던 행정 지명이나 마을 이름을 거의 다 없애버리고 새 지명을 붙였다. 이 새 지명을 붙인 방식은 행정안전부가 옛 지명을 싹 쓸어버리고 '도로명 주소'를 붙인 방식과 매우 비슷하게 무지하고 거칠었다. 무엇보다 '세종시'라는 이름 자체가 연기군이라는 옛 이름을 밀어내고 들어선 것이다.

세종시 안의 지명도 대부분 바뀌었다. 예를 들어 현재 정부세종청사가 들어선 곳은 연기군 시절에도 중심이었던 종촌리다. 그런데 '종촌'이라는 이름이 '촌스럽다'고 생각했는지 이 이름을 쓰지 않고 '어진동'이라는 새 이름을 갖다붙였다. 다행스럽게도 '종촌'이라는 이름은 완전히 사라지지

연기군 종촌리의 민마루(낮은 언덕) 추정지. 이 언덕 너머 국토교통부 자리와 그 남쪽이 예전 종촌(민마루)이었다. 김규원.

는 않고 어진동의 서쪽에 옛 종촌리의 서쪽 일부와 공주시 장기면 제천리, 연기군 남면 고정리를 합친 지역에 '종촌동'이라는 지명으로 살아남았다. 그러나 옛 '종촌리'의 대부분 지역은 '어진동'으로 바뀌었고, 새 '종촌동'의 절반 이상은 옛 '종촌리'가 아니라 공주시 장기면 제천리, 연기군 남면 고정리다.

특히 옛 연기군 종촌리는 아주 분명한 역사적 유래가 있는데, 이를 살리지 못했다. 이 마을의 이름인 '종촌(마루 종, 마을 촌)'은 행정도시청에서 발간한 〈행정중심복합도시 지명〉이라는 책을 보면, 이 마을의 중심에 있던 '민마루(또는 밀마루)'라는 지형에서 비롯했다. 민마루는 밋밋한 언덕, 낮은 언덕이라는 뜻이다. 민마루는 현재 국토교통부 건물 북쪽의 작은 언덕을 말하는 것 같고, 종촌이라는 마을은 그 언덕 아래에 형성돼 있었던 것으로 보인다. 따라서 현재의 세종시 어진동은 '종촌동'이나 '민마루동'라는 이름을 사용하는 것이 가장 적절했던 것이다. 종촌이나 민마루라는 지명엔 중심, 꼭대기라는 뜻이 있기 때문에 정부청사 지역의 이름으로 매우 적절하기도 했다.

그러나 실제로 '종촌'과 '민마루'라는 이름은 별 관계 없는 방축천 서쪽 지역에 붙여졌다. 물론 이 지역도 종촌리의 일부였고 많은 지명이 있었는데 가장 널리 알려진 이름은 '도림(이)'이었다. 따라서 이 마을은 종촌동이 아니라 '도림동' 정도로 했으면 어땠을까 하는 생각이 든다. 이 주변에는 꽤 높은 언덕 위에 '밀마루(민마루)' 전망대도 있어서 마치 이곳이 밀마루(민마루, 종촌)인 것처럼 착각하게 만든다. 그러나 민마루, 종촌은 방축천 건너편의 지명이다. 민마루(종촌)에는 어진동, 도림(이)에는 종촌동이라는 모두 잘못된 지명을 붙인 것이 아쉽다.

또 지금 기획재정부와 공정거래위원회, 국무총리실이 들어선 지역의 옛 이름은 백호나리, 옥동구레(옥동들, 옥동말), 서판날이었다. 백호나리는 100가구가 들어설 마을, 옥동구레는 물이 많고 기름진 논, 서판날은 글씨판처럼 평평한 언덕이라는 뜻이라고 한다. '날(망)'이라는 말은 충청도 사투리로 '언덕마루', '산마루'라는 뜻이다. 이밖에도 큰뽕나무고개, 작은뽕나무고개, 뽕나무골, 서낭고개, 방죽(철방이), 이사막골, 상현, 장등길, 서당골, 옥샘, 중뜸, 모정고개, 태룡고치, 도잠, 함지고개, 큰말, 상지마을, 비뜰배기, 공수마루 등 아주 다양한 지명이 있었다. 도로명 주소에 반대하지만, 굳이 도로명 주소를 도입하려 했다면 얼마든지 살려 쓸 수 있는 이름들이었다. 그러나 갈매로니 도움로, 다솜로, 두레로와 같은 뜬금없는 길이름들을 갖다 붙였다.

또 법정동의 이름도 대부분 새로 붙였다. 고운동, 아름동, 도담동, 어진동, 다정동, 새롬동, 가람동, 한솔동, 소담동, 보람동 등이다. 유치원 반 이름 같은 이들 지명은 세종시 일대에서 아무런 근거도, 유래도 없는 이름들

총리실 일대의 옛 지명은 '서판날'이었다. 글씨판처럼 평평한 언덕이라는 뜻이다. 김규원.

이다. 법정동 가운데서는 종촌동, 나성동, 대평동, 반곡동만 옛 지명을 살렸
다. 다만 세종시에서 아파트 단지 이름은 옛 지명을 살려서 이름을 붙인 경
우가 많다. 예를 들어 가락마을, 범지기마을, 가재마을, 도램마을, 새뜸마
을, 머래마을, 나릿재마을, 호려울마을, 수루배마을 등 대부분을 해당 지역
의 옛 지명을 활용해서 이름을 붙였다. 아파트 단지 이름 가운데는 새로 붙
인 경우는 한뜰마을과 첫마을뿐이다. 이런 옛 이름을 아파트 단지가 아니
라, 법정동의 이름으로 붙였으면 더 좋았을 것 같다.

  세종시의 지명과 관련해서 가장 이해할 수 없는 일은 같은 지역을 표시
하는 법정동과 아파트 단지, 개발 지구의 이름을 각각 따로 붙인 점이다.
예를 들어 법정동 고운동의 아파트 단지 이름은 가락마을이고, 개발 지구
의 이름은 1-1이다. 따라서 일반 주민들은 주로 가락마을이라는 아파트 단
지 이름을 쓰고, 행정적으로는 고운동을 사용하며, 행정도시청이나 건설

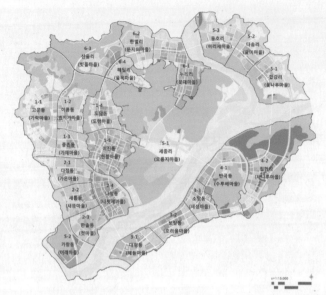

세종시 신도시의 각 지역은 법정동(리), 아파트 단지, 개발 지구 등 세 가지로 표시돼 혼란을 일으킨다. 행정중심복합도시건설청.

사 등은 1-1이라는 표현을 주로 사용한다. 고운동과 가락마을, 1-1 가운데 하나만 써도 될 것을 굳이 세 가지로 나눠 복잡하게 쓰는 것이다. 이것은 아름동 범지기마을 1-2, 종촌동 가재마을 1-3, 도담동 도램마을 1-4, 어진동 한뜰마을 1-5, 다정동 가온마을 2-1, 새롬동 새뜸마을 2-2, 한솔동 첫마을 2-3, 나성동 나릿재마을 2-4, 가람동 머래마을 S-2, 대평동 해들마을 3-1, 보람동 호려울마을 3-2, 소담동 새샘마을 3-3, 반곡동 수루배마을 4-1, 집현리 새나루마을 4-2 등이 모두 마찬가지다.

내가 살던 곳의 주소는 세종시 어진동 한뜰마을인데, 주소를 적을 때 세종시 어진동 ○동 ○호나 세종시 한뜰마을 ○동 ○호라고 해도 아무런 문제가 없었다. 이렇게 내용상 같은 지명을 반복해서 쓰는 것은 정말 바보 같은 일이다. 또 하나 문제는 기존의 동 주소, 아파트 단지 이름, 도로명 주소가 뒤섞이면서 주소가 아주 복잡하게 됐다는 점이다. 예를 들어 내가 살던 아파트에 붙은 주소를 모두 더하면 세종시 어진동 갈매로 ○○○ 한뜰마을 더샵 포스코아파트 ○동 ○호가 된다. 앞서 말한 대로 이곳 주소는 세종시 어진동 ○동 ○호, 또는 세종시 한뜰마을 ○동 ○호만 써도 충분하다. 그런데 쓸데없는 지명을 남발해서 이런 혼란을 자초하는 것이다. 차라리 도로명 주소와 뜬금없는 법정동 이름을 없애고 옛 지명을 살린 아파트 단지 이름을 법정동으로 바꿔서 쓰면 어떨까 한다. 그러면 내가 살던 곳은 세종시 한뜰동(민마루동) ○동 ○호로 쓰면 충분하다.

아파트 단지의 이름을 옛 지명을 활용해 붙인 것은 잘한 일로 평가할 수 있다. 그런데 여기에도 옥에 티가 있다. 예를 들어 새롬동을 새뜸마을이라고 이름 붙였는데, '뜸'은 '마을'이라는 뜻이어서 자연스럽지가 않다. 반면, 범지기마을, 도램마을, 가락마을, 가재마을, 머래마을, 호려울마을, 새샘마을, 수루배마을 등은 자연스럽다.

어진동 정부청사와 한뜰마을 아파트. 이곳을 뜬금없는 어진동이나 한뜰마을이 아니라, 옛 지명을 따라 민마루동(종촌동)이라고 했으면 과거과 현재가 좀더 부드럽게 연결되지 않았을까? 김규원.

8 균형발전 효과는 있었나

노무현 정부의 애초 계획으로는 2012~2014년 사이에 이전 대상 중앙행정기관과 산하기관들이 모두 세종시와 10개 혁신도시로 옮겨질 예정이었다. 그러나 이명박 정부가 2009년 세종시 수정안(행정도시 백지화안)을 추진하면서 세종시와 혁신도시로의 이전은 1~4년가량 늦어졌다. 세종시의 경

2012~2016년 58개 국가기관의 공무원과 연구원 1만8천여명이 이주하면서 세종시에는 고층 아파트들이 비온 뒤 대나무처럼 들어섰다. 행정중심복합도시건설청.

우 2016년 말까지 58개의 중앙행정기관과 소속기관, 국책연구기관이 옮겨졌다. 혁신도시에도 101개의 중앙행정기관의 소속기관과 산하기관 등이 옮겨졌다. 2016년 말 기준으로 아직 세종시와 혁신도시로 이전하지 않은 대상 기관은 중앙행정기관 1곳, 소속기관 1곳, 산하기관 14곳 등 16곳뿐이다.

세종시와 혁신도시로의 국가기관 이전은 얼마나 많은 인구를 지방으로 옮겼을까? 먼저 세종시에는 2012~2016년 사이 20개 중앙행정기관의 1만3040명, 20개 소속기관의 1660명, 15개 국책연구기관의 3550명, 기타 3개 공공기관의 220명 등 58개 기관의 1만8470명이 옮겼다.* 이전 대상 공무원과 공공기관 임직원들이 실제로 얼마나 이주했는지에 대한 정확한 조사는 없다.

중앙행정기관과 소속기관, 연구기관의 이전에 따라 세종시의 인구는 폭발적으로 늘어나고 있다. 세종시는 중앙행정기관이 이전하기 전인 2011년까지 인구가 8만명 정도였다. 그러나 정부기관 이전이 시작된 2012년 7월 10만3천명이던 인구가 2016년 말 24만3천명으로 4년 6개월 만에 14만명 급증했다.** 정부가 토지를 매입해 개발한 세종시 신도시(중심지역)의 인구도 2012년 상반기 0명에서 2016년 14만6000명으로 급속히 늘어났다.*** 4년 반 동안 세종시에서 늘어난 인구 14만명 대부분이 신도시 지역에서 늘어난 것이다. 세종시의 2030년 계획 인구는 신도시가 50만명, 전체가 70만명이므로, 2030년 계획 인구 대비 2016년 말 신도시 인구 달성률은 29.2%, 전체 인구 달성률은 34.7%에 이르렀다.

---

* 새만금개발청은 2013년 세종시에 자리잡았으나, 2016년 말까지 세종시로 이전한 20개 중앙행정기관에는 포함되지 않는다. 또 국민안전처는 2017년 7월 정부조직 개편에 따라 소방청과 해양경찰청으로 분리됐다. 따라서 2017년 7월 기준으로 세종시에 있는 중앙행정기관의 수는 22개다. 그러나 새만금개발청과 해양경찰청은 다른 지역으로 이전할 가능성이 큰 상황이다.
** 2012년 12월 11만3천명, 2013년 말 12만2천명, 2014년 말 15만6천명, 2015년 말 21만명.
*** 2013년 2만5000명, 2014년 6만명, 2015년 11만5000명

혁신도시와 세종시, 그밖의 도시로 옮긴 공공기관은 2012~2017년 10월 사이 153개 기관 가운데 146개(95.4%), 이전 인원은 5만1106명 가운데 4만 9222명(96.3%)이었다. 혁신도시에는 115개 기관의 4만1548명 가운데 108개 기관의 3만9664명이 옮겼다. 세종시와 다른 도시로는 38개 기관의 9558명 이 옮겼다. 나머지 7개 기관은 2017년 말까지 3곳, 2018년 말까지 3곳, 2019 년 말까지 1곳이 옮긴다. 2016년 말 혁신도시 10곳에 이주한 3만2074명만을 대상으로 조사한 결과, 가족 동반 이주율은 52.7%였으며, 높은 곳은 부산 70.2%, 제주 66.1%, 울산 60.1%이었다. 그러나 충북은 31.2%, 경북은 42.5%, 경남은 48.6%로 50%에도 이르지 못했다. 동반 가족을 포함한 전체 이주 인 구 규모는 정확히 집계된 것이 없다.

10개 혁신도시는 2012~2016년 사이 인구가 0명에서 14만9천명으로 늘 어났다. 혁신도시의 2030년 계획 인구는 26만7천명이므로 계획 인구 대비 56%에 이르렀다. 계획 인구 달성률이 높은 곳은 부산 110%, 울산 99.6%, 전

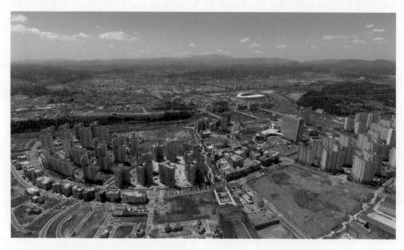

혁신도시와 세종시 등으로의 이전 규모는 2017년 10월까지 146개 기관 4만9천여명에 이르렀다. 경남 진주 의 혁신도시. 토지주택공사.

북 86.8%였고, 낮은 곳은 충북 30%, 경남 35.4%, 광주전남 43.7%였다. 부산은 제주 다음으로 수도권에서 멀고, 혁신도시가 기존 도시 안에 건설돼 조기에 효과를 본 것으로 분석된다. 충북은 수도권에서 가장 가까운 지역이어서 인구 유입에 어려움을 겪는 것으로 보인다. 혁신도시의 지방세 수입은 2012년 244억원에서 2016년 4349억원으로 18배로 늘어났다. 지역 인재 채용률도 2013년 5%에서 2014년 10.2%, 2015년 12.4%, 2016년 13.3%로 늘어났다.

세종시와 혁신도시가 건설되면서 수도권과 지방 사이의 불균형은 개선되고 있을까? 인구 측면에서는 작지만 역사적인 변화를 보여주고 있다. 해방 이후 한국의 수도권-지방 사이 인구 이동은 언제나 지방에서 수도권으로의 순이동이었다. 순이동이란 유입 인구수에서 유출 인구를 뺀 것이다. 1975년 한 해에 63만명이 지방에서 수도권으로 순이동한 것이 정점이었다. 그 뒤에도 1980년 30만명, 1985년 30만명, 1990년 27만명, 1995년 6만명, 2000년 15만명, 2001년 13만명, 2002년 20만명이 지방에서 수도권으로 꾸준히 순이동했다. 그러나 지방에서 수도권으로의 인구 이동 규모는 지역 간 균형발전을 전면에 내세운 노무현 정부가 들어선 뒤인 2004년 14만명을 기록한 뒤 꺾이기 시작했다. 이후 지방에서 수도권으로의 인구 순이동은 2005년 12만명, 2007년 8만명, 2008년 5만명, 2009년 4만명, 2010년 3만명으로 꾸준히 줄어들었다.

그리고 세종시와 혁신도시 입주 직전인 2011년에 혁명적인 일이 일어났다. 6.25전쟁이 끝난 뒤 처음으로 수도권에서 지방으로 인구가 순이동한 것이다. 그 숫자는 8450명에 불과했지만, 역사적 전환점이었다. 비록 그 다음 해인 2012년 다시 6900명이 수도권으로 순이동했으나, 한번 터진 봇물을 막지는 못했다. 2013년부터 수도권에서 지방으로의 인구 이동이 재개돼 2016년까지 계속되고 있다. 2013년 4384명, 2014년 2만1111명, 2015년 3만2364명,

세종시는 2012~2016년 사이 블랙홀처럼 전국에서 14만명의 인구를 끌어들였다. 정부세종청사의 야경. 행정중심복합도시건설청.

2016년 863명 등 2011~2016년 6만272명이 수도권에서 지방으로 순이동했다. 그 규모도 초기인 2011년과 2013년엔 1만명이 안 됐으나, 2014년과 2015년엔 각각 2만명과 3만명을 넘어섰다. 다만 2016년 이 규모가 1천명 이하로 급감해 좀더 흐름을 지켜볼 필요가 있다. 수도권에서 지방으로 인구 이동이 계속된다면 노무현 대통령의 지역간 균형발전 정책은 느리지만, 성공한 것으로 평가할 수 있다.

이것을 지역별로 살펴보면, 2012~2016년 수도권의 인구가 가장 많이 순이동한 지역은 충청권으로 11만2118명이었다. 충청권의 광역 시, 도별로는 충남이 4만6098명으로 가장 많았고, 세종이 4만3118명, 충북이 2만5158명이었다. 대전은 오히려 수도권으로 2256명이 순이동했다. 이 기간 수도권의 인구를 둘째로 많이 순유입한 지역은 제주로 3만6130명, 셋째는 강원으로

1만8841명이었다. 영남권과 호남권은 이 기간에도 인구가 계속 수도권으로 순이동했다. 영남권은 9만6128명, 호남권은 1만9139명이었다.

　그러나 가장 인구 순이동 효과가 컸던 세종시에선 문제점도 나타났다. 세종시는 2012~2016년 사이 수도권을 포함한 전국에서 14만2505명의 인구를 끌어들였다. 이 가운데 지역간 균형발전의 취지에 맞는 수도권에서는 4만3118명이 순이동해 전체 순유입 인구의 30.3%를 차지했다. 광역별로는 경기가 2만2755명으로 가장 많았고, 서울이 1만7176명, 인천이 3187명이었다. 서울에서보다 경기에서의 순이동이 많았던 것은 경제, 사회 분야 중앙행정기관의 다수가 정부과천청사에 있었던 점과 관련이 있어 보인다.

　그러나 세종시에 가장 많은 인구가 순이동한 지역은 수도권이 아닌 충청권이었다. 충청권은 2012~2016년 사이 세종시로 8만5018명이 순이동해 세종시 전체 순유입 인구의 59.7%를 차지했다. 특히 대전에서 세종시로의 인구 순이동 규모는 5만4624명으로 전체 순유입 인구의 38.3%를 차지했다. 이 인구 규모는 같은 기간 수도권 전체에서 순유입한 인구 4만3118명의 1.3배, 수도권과 충청권 외의 지역에서 순유입한 1만4369명의 3.8배에 이르는 것이다. 이 때문에 수십 년 동안 성장해온 대전시의 인구는 세종시의 성장과 함께 감소하고 있다. 2012년 152만명에서 2013년 153만2천명으로 정점을 찍은 뒤 2014년 153만1천명, 2015년 152만명, 2016년 151만명으로 꾸준히 줄고 있다. 세종시로의 인구 유출이 아니었다면 적어도 157만명으로 늘어났을 것이었다. 이는 세종시 건설이 애초 목표한 수도권과 지방 사이의 '큰' 균형발전이 아니라, 충청권 안에서의 '작은' 균형발전이 될 수도 있음을 보여준다.

　애초 노무현 정부의 지역 균형발전 정책은 2012년부터 2030년까지 수도권에서 170만명의 인구를 충청과 호남, 영남에 분산하려는 목표를 갖고 추진됐다. 충청에 65만명, 호남에 34만명, 영남에 72만명을 옮기려는 계획이

대전시 원도심의 중앙로에서 열린 행사에 모여든 사람들. 대전시.

었다. 이 인구 이전 규모가 어떻게 산정된 것인지는 확인되지 않는다. 또 무슨 이유인지 강원과 제주로의 수도권 인구 분산 목표는 제시되지 않았다. 그러나 2012~2016년 사이 수도권에서 지방으로 순이동한 인구는 5만1822명으로 170만명의 3.0%에 그쳤다. 특히 충청, 영남, 호남 등 한국 인구의 대부분을 차지하는 삼남으로 이전한 인구는 −3149명으로 오히려 수도권으로 더 많이 순이동했다. 예상치 않게 제주와 강원이 수도권에서 5만4971명의 인구를 순유입함으로써 지방으로의 인구 이동 규모를 플러스로 만들었다. 그러나 수도권과 지방 사이 인구 이동이 수십 년 만에 그 방향을 바꾼 것은 역사적 변화라고 할 만하다. 이런 흐름이 계속된다면 노무현 정부의 정책은 결국 열매를 거둘 수도 있을 것 같다.

이 정책의 성과와 관련해 긍정적인 대목은 아직 이 정책이 초기 단계에 있다는 점이다. 세종시와 혁신도시 건설 사업이 시작된 것은 2003년이며,

세종시 호수공원에서 열린 음악 공연을 보기 위한 모여든 사람들. 행정중심복합도시건설청.

2007년 착공했고, 2012년부터 입주가 시작됐다. 입주가 시작된 지는 아직 5년밖에 되지 않았고 이들 도시 건설의 완성은 2030년을 목표로 하고 있다. 특히 기반시설 부족이나 배우자 직장, 아이들 교육 등 문제로 이주하지 못한 정부 공무원, 공공기관 임직원들이 적지 않다. 시간의 흐름에 따라 이들 가운데 일부는 세종시나 혁신도시로 이주할 것이고, 신입 공무원이나 신입 사원들은 대부분 세종시나 혁신도시로 이주할 것이다. 결국 시간이 지나면 대부분의 공무원과 공공기관 임직원들이 해당 지역으로 이주할 것이다. 이 밖에 중앙행정기관과 공공기관의 이전에 따라 민간 기업이나 대학, 연구소 등의 추가 이전 가능성도 있다.

물론 아직까지 중앙행정기관 공무원들의 이전에는 한계가 있다. 헌법재판소의 위헌 결정에 따라 청와대와 국회가 옮기지 못하게 됨으로써 국장급 이상의 고위 공무원들은 거의 세종시로 이주하지 않고 있다. 고위 공무원

대부분이 주로 서울에 머물면서 필요에 따라 세종시에 들르는 일이 일반적이다. 또 수도 이전을 통한 '방아쇠 효과'를 내지 못하는 것도 큰 아쉬움이다. 아직 균형발전의 효과가 작은 것이나 다른 부문으로 파급되지 못하는 원인은 청와대와 국회가 이전하지 않은 것과 관련이 깊다. 그러나 2018년 6월 개헌에 청와대와 국회의 이전을 핵심으로 하는 수도 이전이 포함된다면, 다시 큰 변화가 일어날 수 있다.

균형발전 정책이 아직 큰 효과를 거두지 못한 데는 후임 정부의 부정적, 소극적 태도도 이유가 됐다. 이명박 정부는 '행정도시' 세종시를 백지화하려고 했고, 이것 때문에 세종시와 혁신도시의 건설은 적어도 1년 이상 늦어졌다. 당시 박근혜 의원과 그의 계파가 세종시 수정안을 반대하지 않았다

고 노무현 대통령의 후임자인 이명박 전 대통령은 서울시장 때부터 행정도시 건설을 반대했고, 대통령이 된 뒤엔 세종시를 폐지하려고 시도했다. 2005년 청계천 복원 공사 현장에서 발언하는 이명박 당시 서울시장. 퍼블릭 도메인.

면 행정도시 건설 자체가 무산됐을 것이다. 그러나 박근혜 대통령은 집권 뒤 미래창조과학부(현 과학기술정보통신부)와 인사혁신처, 국민안전처(현재 해체됨) 등의 이전을 미루는 등 소극적 태도를 보였다. 대통령이 주재하는 국무회의도 세종시에서 거의 열지 않아 세종시의 위상을 높이지 못했다.

마지막으로 균형발전 정책이 큰 효과를 거두지 못한 데는 이 정책을 입안해 추진한 노무현 정부의 잘못도 있다. 세종시와 10개 혁신도시를 모두 신도시 방식으로 건설한 것은 대표적 실책이다. 신도시 방식은 기반시설을 갖추는 데 시간과 비용이 많이 든다. 이것은 단기적으로 세종시와 혁신도시로의 수도권 인구 이전에 걸림돌이 되고 있다. 다른 문제점은 세종시와 혁신도시가 수도권 인구보다는 주변 도시의 인구를 끌어들인다는 점이다. 수도권의 인구와 역량을 분산해 지방을 강화하려 했던 이 정책이 오히려 기존 지방 도시를 약화시키고 있는 것이다. 이것은 앞으로 세종시와 혁신도시 정책을 추진하면서 해결해나가야 할 문제점들이다.

9 통일 수도는 어디로

친구나 동료들에게 "하루 빨리 국회와 청와대를 옮겨서 세종시를 제대로 된 수도로 만들어야 한다"고 말하면 가끔 이런 질문이 나온다. "그럼 통일 된 뒤에는 수도를 어디로 할 것인가? 그때 또 서울이나 제3의 장소로 옮길 것인가?" 사실 한반도의 통일은 그 상황을 예상하기 극히 어렵지만, 그래 도 통일이 세종시를 만드는 데 결정적 변수 가운데 하나이니 생각해볼 필 요가 있다.

결론부터 이야기하면 통일 전에는 서울에서 세종시로 수도를 옮겨야 한 다고 생각하지만, 통일 뒤에는 세종과 서울보다는 북한 쪽으로 수도를 옮기 는 것이 낫다고 생각한다. 왜냐하면 현재 대한민국에서는 중심을 서울보다 남쪽으로 옮기는 것이 지역간 균형발전을 위해 적절하지만, 통일된 한반도 에서는 중심을 서울보다 북쪽으로 옮기는 것이 균형발전에 더 부합하기 때 문이다. 노무현 정부에서 추진한 '지역간 균형발전' 정책의 핵심은 기운 쪽 으로 중심을 옮겨서 중심(수도권)과 주변(지방) 사이에 균형을 추구하려는 것 이었다. 물론 이 결론은 현재 상황에서 대한민국 주도로 통일이 이뤄진다 고 가정했을 때의 이야기다.

만약 통일되는 시점에 대한민국의 1인당 소득이 3만달러 정도 되고, 북

한반도 지도에서 서울(파랑), 평양, 세종의 위치.

한이 2만달러 정도 된다고 하면 굳이 북한으로 수도를 옮길 필요는 없을 것이다. 남북한 시민들이 서로 잘 협의해서 적절한 곳으로 정하면 될 것이다. 그러나 현재처럼 대한민국의 1인당 국민소득이 3만달러, 북한이 2천달러 정도 되는 상황에서 통일이 된다면 한반도 전체의 균형발전 차원에서 수도 이전을 검토해야 한다고 생각한다. 따라서 만약 오늘 당장 통일이 된다면 나는 국회와 청와대를 세종시로 옮기는 것에 반대하고, 수도를 북쪽으로 옮기는 방안을 주장할 것이다. 그것이 한반도 전체의 균형발전에 도움이 된다고 생각하기 때문이다. 현재와 같은 남북간의 극심한 불균형발전 상태에서 대한민국 주도로 통일이 된다면 수도를 북한의 수도인 평양으로 옮기는 것이 가장 적절하다고 생각한다.

그러나 현실적으로는 통일 뒤에 서울이 수도가 될 가능성이 작지 않다. 노무현 정부 시절에 서울에서 충청도로 수도를 옮기는 것에도 극렬히 반대

평양 도심의 모습. Marcelo Druck.

인왕산에서 본 서울 도심의 모습. 김규원.

해 결국 좌절시킨 수도권의 기득권 세력이 통일 수도를 북한으로, 그것도 적의 수도였던 평양으로 옮기는 것에 찬성할 가능성이 별로 없기 때문이다. 대한민국의 대체적인 세력 구도나 이념 구도가 합리화하지 않는 한, 한반도 전 지역의 균형발전을 위해서 수도를 평양으로 옮긴다는 것은 수구보수층으로서는 상상하기 어려운 일이다.

물론 서울은 이밖에도 통일된 한반도 국가의 수도로서 적절한 많은 이유를 갖고 있다. 먼저 서울은 조선 500년 동안 수도였고, 일제 강점기나 해방 직후에도 계속 수도였다. 심지어 북한조차 1972년 헌법을 개정해 수도를 평양으로 바꾸기 전까지는 조선민주주의인민공화국의 수도를 서울로 정해놓았을 정도로 한반도 전체에서 서울의 상징성은 막강하다. 서울은 분단 이전에 한반도의 수도였고, 분단 시대에도 남한의 수도였기 때문에 남한 주도의 통일 상황에서 서울을 다시 수도로 결정하는 것은 남북한의 사람들 모두에게 받아들여질 수 있을 것이다.

또 서울의 지리적 위치는 조선의 태조 이성계가 서울을 수도로 정한 이유에 포함될 정도로 매우 좋다. 서울은 한반도 전 국토의 중심부에 가까이 위치해 있고, 한반도에서 둘째로 큰 강인 한강이 흐르며, 주변에 산과 들이 적절히 분포돼 있다. 특히 지리적으로 중부 지방의 중심부에 있다는 점은 북부에 있는 평양이나 남부에 있는 세종과는 비교가 되지 않는다. 평양이나 세종을 수도로 하는 것과 달리 북부나 남부 지방 사람들의 반대가 적을 것이다. 이를테면 수도가 평양으로 간다면 서울 사람뿐 아니라, 충청, 전라, 경상의 삼남 사람들이 반대하기 쉬울 것이고, 세종으로 간다면 평안도와 함경도 등 서북 지방 사람들이 받아들이기 어려울 것이다. 한반도 전체에서 서울의 지리적 위치는 이렇게 뛰어나다.

또 다른 장점으로는 서울이 지난 600년 동안 줄곧 수도로서 기능했기 때문에 수도가 갖춰야 할 거의 모든 것을 갖추고 있다는 점이다. 정치, 경제,

사회, 문화 등 거의 모든 점에서 서울은 나무랄 데가 없다. 예를 들어 정부의 3개 분야인 입법부와 행정부, 사법부와 관련해서 서울은 행정부의 절반가량을 제외한 모든 시설과 인력을 보유하고 있다. 물론 통일이 되면 인력과 시설을 더 늘려야 하겠지만, 현재 서울이 가진 역량으로는 충분히 감당할 수 있다. 이것은 민간이 주도하는 기업 분야도 마찬가지다. 서울의 기업들은 이미 한반도를 넘어 세계를 상대로 활동하고 있다. 노무현 정부에서 수도를 서울에서 충청권으로 옮기려 한 것은 서울이 뭔가 부족해서가 아니라, 서울이 지나치게 많은 것을 갖고 있었기 때문이다.

반면, 서울이 가진 문제점도 상당히 많은데, 가장 핵심적인 것은 과밀하다는 것이다. 서울의 인구는 2016년 말 993만명이고, 경기, 인천 등 수도권까지 다 더하면 2558만명으로 남한 전체 인구의 50%에 가깝다. 그러나 서울의 면적은 전국의 0.6%이고, 수도권 전체 면적도 12%밖에 되지 않는다. 따라서 수도권은 살인적인 인구 밀도를 갖고 있고, 이 때문에 주택, 교통, 환경 등 거의 모든 분야에서 비효율이 발생하고 있다. 또 주요 민간 대기업의 본사 대부분, 주요 명문 대학의 대부분, 중앙 입법부와 사법부 전체, 중앙 행정부의 절반 정도를 갖고 있다. 이런 불균형 문제 탓에 노무현 정부의 균형발전 정책이 나온 것이다. 서울이 통일 국가의 수도가 된다면 과밀과 불균형 문제는 이루 말할 수 없이 악화할 것이다.

특히 통일 이후에 북한에서 남한으로의 대규모 인구 유출이 일어난다면 서울과 수도권의 과밀은 재앙이 될 것이다. 독일의 경우 통일 초기 몇 년 동안 10% 정도의 동독 인구가 서독으로 순유출됐다. 만약 한반도 통일 뒤 그런 일이 벌어진다면 몇 년 사이에 250만명이 남한으로 옮겨오는 것이고, 그 인구의 상당수가 서울과 수도권에 자리잡을 것이다. 이것은 감당할 수 없는 수준이다. 더욱이 독일은 통일 수도가 동독의 베를린이었고, 통일 당시 동서독 간의 경제 규모 차이가 크지 않았다. 만약 한국에서 비슷한 상

독일 통일의 상징인 브란덴부르크문(상)과 독일 통일의 또다른 상징인 독일 연방의회(하). 김규원.

황이 벌어진다면 북한에서 남한으로의 순유출 인구나 수도권으로의 집중도는 훨씬 더 커질 것이다. 서울을 통일 수도로 정하는 것은 이런 재앙을 훨씬 가중시킬 것이다.

통일된 한반도의 수도는 서울이 아니라 평양으로 하는 것이 바람직하다고 생각한다. 여러 가지 이유가 있는데, 첫째 인구와 자원이 과소한 지역인 북한의 평양에 새 국가의 중심을 둬야 한반도 전체의 균형발전을 효율적으로 추구할 수 있다. 현재 대한민국은 북한보다 국내총생산(GDP)에서 30~40배가량, 1인당 국내총생산에서 15~20배가량 더 크다. 이 큰 격차로 인해 통일 뒤 많은 북한 주민이 남한으로 이주할 것으로 우려된다. 이를 완화할 수 있는 가장 좋은 방안이 평양에 수도를 두는 것이다. 평양에 수도를 두고 북한 지역에 집중적인 투자를 한다면 남쪽으로 이주하려는 북한 주민들을 상당수 잡아둘 수 있을 것이다. 이렇게 평양을 수도로 해서 북한 지역을 효율적으로 발전시킬 수 있다면 남한 주도의 통일로 북한 주민들이 갖게 될 열등감이나 피해 의식을 완화하는 데도 도움이 될 것이다.

통일 수도를 서울과 함께 한반도의 중심이자 북한의 접경 도시인 개성에 두자는 의견도 있다. 그러나 통일 수도를 개성으로 옮기는 것은 서울과 수도권의 과밀을 완화하지 못할 것이다. 개성 자체가 과거 경기도에 속했으며, 서울에서의 거리도 70킬로미터에 불과하다. 이런 곳에 수도를 두는 것은 서울을 확장하는 것으로 결국 서울과 수도권으로의 인구 유입을 부채질할 것이다. 개성은 남북한의 접경이어서 북한 인구가 서울, 수도권으로 유출되는 것을 막는 데도 도움이 되지 않는다. 또 개성이 수도가 된다면 수도에서 일해야 하는 사람들의 상당수가 서울에서 이주하지 않고 그대로 살게 될 것이다. 140킬로미터가 떨어진 세종시에도 이주하지 않는 사람들이 70킬로미터 떨어진 개성으로 이주할 가능성이 있겠는가. 개성은 균형발전과 인구 이전 효과가 별로 없을 것이다.

서울은 이미 만원이다. 서울 명동의 한 거리. 김규원.

　평양을 통일 수도로 하는 또 다른 장점은 서울과 마찬가지로 기반시설 건설에 드는 비용을 상당 부분 줄일 수 있다는 것이다. 평양은 이미 북한의 수도였기 때문에 수도가 가져야 할 기반시설을 대부분 갖고 있다. 기반시설을 확대하거나 개선하면 수도로서 필요한 시설들을 갖출 수 있다. 더욱이 평양은 서울보다 4배 이상 넓고 평지와 녹지가 많아 시민들에게 좋은 환경을 제공할 수 있고 개발에도 유리하다. 대동강과 모란봉으로 대표되는 아름다운 자연도 수도로서는 좋은 조건이다. 또 평양은 한반도에서 가장 오래된 도시이며 고조선, 고구려, 북한의 수도였기 때문에 역사와 문화가 풍부히 남아 있다. 아무 것도 없던 논밭에 지은 세종시 같은 신도시와는 비교할 수 없다.

　또 평양은 그동안 대한민국에서 끊어져 있던 만주나 시베리아 등 유라시아 대륙으로의 발전을 추구하는 데도 유리한 위치에 있다. 사실 지난 2000

북한 개성의 한 거리. 배런 레즈닉.

년 동안 한국은 해양보다는 대륙 국가였는데, 일제와 분단 시대를 거치면서 해양 일변도의 국제 관계를 가져왔다. 이미 남한은 1990년대 이후 중국과 러시아와의 수교를 통해 대륙 국가로서의 위상도 회복하고 있다. 나아가 통일은 대한민국을 해양과 대륙을 아우른 새로운 국가로 출발시킬 것이다. 그때 평양은 대륙 국가로서의 발전에 지렛대가 될 수 있다. 그러나 통일 뒤 평양에 수도를 두는 것이 많은 장점이 있다고 해도 남한 주도의 통일 때는 서울 기득권 세력의 영향력 때문에 수도가 되기는 쉽지 않을 것이다.

그렇다면 통일 수도로서 세종시의 입지는 어떨까? 앞서 말했던 것처럼 세종시의 위치는 한반도의 남부 지방(삼남)이기 때문에 통일 뒤 북한 사람들에게 환영받지 못할 가능성이 있다. 북한 사람들에게 서울은 지리적으로 가깝고 분단 전 수도라는 점에서 비교적 받아들이기 쉬울 것이다. 그러나 세종은 북부에서 너무 멀고, 역사적 대표성 측면에서도 취약하다. 북한 사람들이 볼 때는 분단된 두 국가의 수도였던 서울이나 평양 가운데 하나를 통일 수도로 하는 것이 좋을 것이다. 특히 자신들의 수도였던 평양으로 정한다면 가장 받아들이기 쉬울 것이다.

　이런 점 때문에 노무현 정부 시절 세종시 건설에 찬성하던 전문가들은 고려 시대에 활용된 '3경'이나 '4경' 제도를 모델로 제시하기도 했다. 고려 때 개경(개성), 서경(평양), 남경(서울), 동경(경주) 등 서너개의 수도를 두고 국가를 운영한 것을 도입하자는 것이었다. 구체적으로는 사법부, 입법부, 행정부를 나눠서 평양과 서울, 세종에 배치하자는 의견이 있었고, 서울을 국가의 수도로 하되, 평양과 세종은 북부와 남부의 행정 중심지로 운영하자는 의견도 있었다. 후자는 통일 국가를 연방제로 운영하자는 아이디어다.

평양의 대동강가. 배런 레즈닉.

그러나 이런 아이디어들은 그리 현실적이지 못하다. 고려 시대의 3~4경 제도는 평양과 서울, 경주를 국가의 중요한 도시로 여겼다는 뜻이지 실제로 개성과 함께 평양, 서울, 경주를 수도로 운영한 것은 아니었다. 이 도시들이 개성과 동등한 수도였다면 묘청의 서경 천도 시도나 고려 말의 남경 천도 시도는 일어날 이유가 없었다. 더욱이 통일 뒤에 입법부와 행정부, 사법부를 3개의 도시로 나누자는 의견은 아주 잘못된 것이다. 세종시에서 경험하듯 국가의 입법부와 행정부를 서로 다른 도시에 두고 운영하는 것은 잘못된 일이다. 오히려 그 둘은 샴쌍둥이처럼 붙어 있어야 한다. 다만 사법부는 비교적 업무가 독립적이어서 입법부나 행정부와 떨어져 있어도 큰 문제가 생기지는 않는다. 서울을 국가 전체의 수도로 하고 평양과 세종을 북부와 남부의 행정 중심으로 하자는 의견도 난망이다. 역사적 경험으로 볼 때 한반도가 통일되면 연방제로 운영하기는 어려울 것이다. 한반도의 남북은 동질성이 매우 강하기 때문이다. 연방제는 통일되기 전에나 가능할 것이다.

통일 수도에 대한 논의와 결정은 통일이 무르익는 시기에 시작하는 것이 맞을 것이다. 통일이 이뤄지는 시기의 상황을 예상하기는 매우 어렵기 때문이다. 남한 주도로 될 때와 남북한의 합의로 될 때, (생각하기 어렵지만) 북한 주도로 될 때 사이엔 천양지차가 있다. 예를 들어 남북한의 합의로 통일이 된다면 서울이나 평양 등 기존 수도 가운데 한 곳으로 결정하기는 어려울 것이다. 또 통일되는 시기의 남북한 상황이 어떨지도 예상하기가 어렵다. 두 나라의 역량이 대등할 때와 차이가 클 때, 북한이 독재 체제일 때와 민주 체제일 때의 차이도 클 것이다. 어쩌면 두 나라가 장기간 통일되지 않을 수도 있다. 따라서 통일의 변수를 이유로 대한민국에서의 지역간 균형발전이나 세종시로의 수도 이전을 무작정 미루는 것은 결코 합리적이라고 보기 어렵다.

10 링컨 기념관, 노무현 기념관

세종시에는 이 도시의 이상과 목표를 드러내는 상징적 시설이 없다. 세종시가 가진 목표인 국가 전체의 균형적인 발전을 실감할 수 있는 그런 공간이 이 도시엔 없다. 그래서 이곳에서 일하는 사람들이 이 도시의 가치에 대해 자부심을 갖기 어렵고, 이곳을 찾아온 사람들이 이 도시가 이런 곳이라고 느끼기가 쉽지 않다. 이 도시엔 노무현 전 대통령이 세종시 건설을 공약했을 때의 그 당당한 패기 같은 것이 없다. 아직 세종시는 서자처럼 저기 구석에 엉거주춤하게 서 있다.

비교적 최근에 국가와 수도를 건설한 미국은 수도인 워싱턴디시(디스트릭트 오브 컬럼비아, 컬럼비아 구역)에 아주 강력한 국가 상징 축을 만들어놓았다. 바로 의회와 백악관, 워싱턴 기념비, 링컨 기념관으로 이뤄진 ㄱ자 모양의 상징 거리+공원+기념물+문화시설이다. 이 ㄱ자 모양의 오른쪽 끝은 의회이며, 위쪽 끝은 백악관, 왼쪽 끝은 링컨 기념관, ㅣ자와 ㅡ자가 만나는 곳엔 워싱턴 기념비가 있다. 수직 축을 아래로 내리면 작은 호수인 타이들 베이슨 너머의 제퍼슨 기념관으로 연결되는데, 그렇게 보면 상징축은 十자가 된다.

이 워싱턴디시의 상징 축에서 가장 유명한 곳은 링컨 기념관과 의회 사

미국의 상징 공간인 워싱턴디시의 내셔널 몰(상). 1963년 워싱턴디시 내
셔널 몰에서 연설하는 마틴 루서 킹(하). 미국 해군. 퍼블릭 도메인.

이의 내셔널 몰이다. 내셔널 몰 가운데 링컨 기념관과 워싱턴 기념비 사이의 서쪽 구간은 마틴 루서 킹 목사가 "내겐 꿈이 있다"는 명연설을 한 곳이다. 킹이 "내겐 꿈이 있다. 언젠가 조지아의 붉은 언덕 위에서 노예의 후손들과 노예 주인의 후손들이 형제처럼 손을 잡고 식탁 앞에 함께 앉을 수 있다는. 내겐 꿈이 있다. 내 어린 네 아이들이 그들의 피부색이 아니라 그들의 인격에 의해 평가받는 나라에서 살 수 있다는"이라고 말한 바로 그곳이다. 흑인 노예를 해방한 링컨의 기념관 앞에서 흑인 인권 운동을 한 마틴 루서 킹이 명연설을 했다는 것은 의미심장하다. 그 이후 이곳은 흑인 운동, 인권 운동, 시민권 운동의 성지가 됐다.

워싱턴 기념비와 의회 사이의 내셔널 몰의 동쪽 역시 유명하다. 워싱턴 기념비와 의회 사이에 형성된 동쪽 내셔널 몰은 장대한 공원이자 15개의 국립 문화 시설이 들어선 곳이다. 이곳에 들어선 국립 문화 시설을 보면, 워싱턴 기념비, 국립 아메리카 역사 박물관, 국립 자연사 박물관, 국립 미술관 조각 공원, 국립 미술관 서관, 국립 미술관 동관, 국립 아메리카 원주민 박물관, 국립 항공우주 박물관, 허시혼 박물관과 조각 정원, 예술과 산업 건물, 스미소니언 연구소, 더 자유로운 미술관, 아서 새클러 미술관, 국립 아프리카 미술관, 식물원 등이다. 입장료는 없었던 것 같다.

이 내셔널 몰은 장대하다. 마치 중국 베이징의 천안문 광장이나 자금성처럼 크고 과장된 스케일(잣대)을 사용하고 있다. 링컨 기념관에서 워싱턴 기념비까지는 1.2킬로미터, 워싱턴 기념비에서 의회까지는 1.8킬로미터, 따라서 링컨 기념관에서 의회까지 동서의 길이는 3킬로미터에 이른다. 또 남북의 길이는 500미터 정도 된다. 국립 문화 시설 사이의 거리는 100미터 안팎, 마주보는 국립 문화 시설 사이의 거리는 250미터 정도 된다. 실제로 가보면 건물들이 아주 띄엄띄엄 자리잡고 있어 다니기에 상당히 불편하다. 인간적인 스케일을 적용했다면 이보다 훨씬 작은 규모로도 조성할 수 있었을

워싱턴디시 내셔널 몰의 의회와 국립 문화 시설들(상)과 미국 워싱턴디시 내셔널 몰의 링컨 기념관(하). 캐럴 하이스미스. 퍼블릭 도메인.

것이다. 그러나 피에르 샤를 랑팡 등 설계자들은 그렇게 하지 않았다. 아마도 미국이란 나라의 꿈을 더 크게 그리고 싶었던 모양이다. 이런 주문이 통했는지 워싱턴디시가 조성된 지 100년쯤 지나서 미국은 세계에서 가장 강력하고 부유한 나라가 됐다.

사실 이렇게 '장대하게' 국가 상징 거리를 만드는 것에 별로 동의하지 않는다. 다만 수도라면 그 나라가 지향하는 가치나 이념을 드러낼 간소하지만 상징적인 공간이나 건축물은 필요하다고 생각한다. 예를 들어 워싱턴디시에서 내게 가장 인상적인 상징 공간은 백악관도, 의회도, 워싱턴 기념비도 아니었다. 바로 링컨 기념관이었다. 링컨 기념관 앞 계단에 앉았을 때 이탈리아 로마의 스페인 계단에 앉았을 때보다 훨씬 더 감동적이었다. 내게 그 다음으로 감동적인 공간은 제퍼슨 기념관이었다. 왜냐하면 링컨과 제퍼슨의 삶이 미국이라는 나라가 지향한 가치를 잘 보여주기 때문일 것이다. 그

영국 런던의 상징 거리인 화이트홀. 김규원.

것은 링컨과 제퍼슨의 기념관이 워싱턴시의 상징축에 자리잡은 이유일
것이다. 링컨 기념관은 의회와 마주 보고 있고, 제퍼슨 기념관은 백악관과
마주보고 있다. 마치 그들이 의회와 백악관을 감시하는 것 같기도 하다.

영국의 국가 상징 거리는 런던의 화이트홀이다. 화이트홀에는 14개의 영
국 중앙정부기관들이 빼곡히 들어서 있고, 화이트홀의 북쪽 끝은 트라팔
가 광장과 국립 미술관이며, 남쪽 끝은 의회와 웨스트민스터 사원이다. 화
이트홀의 건물들은 매우 실용적이고 과시적이지 않다. 그러나 그 거리의
의회와 정부기관들이 수백년 동안 의회 민주주의를 만들어냈고, 산업혁
명을 주도하고 세계를 지배했다고 생각하면 감회가 남다르다. 또 이 거리
의 한 골목에 영국 수상의 집무실과 관저가 있다고 생각하면 역시 감동적
이다. 미국처럼 폼을 잡지는 않지만, 영국 화이트홀에는 예스럽고 깊은 맛
이 있다. 영국의 화이트홀에서 가장 인상적인 건물은 두 말할 것 없이 영

대한민국 서울의 상징 공간인 세종대로 광화문 광장. 김규원.

국 의회다. 의회 민주주의를 만들어내고 꽃피운 바로 그 현장이다. 그 의회의 앞 '의회 광장'에는 영국을 이끌어온 지도자들의 동상이 있는데, 그 면면 역시 볼 만하다.

물론 한국에도 미국의 내셔널 몰이나 영국의 화이트홀 같은 국가 상징 거리가 있다. 바로 경복궁 광화문 앞 세종로다. 예전에는 육조 앞, 육조 거리라고 불렀다. 이곳에는 조선의 6개 중앙정부기관인 이조, 호조, 예조, 병조, 형조, 공조가 있었고, 역시 핵심 권력기관이었던 의정부, 삼군부, 중추부, 사헌부, 한성부, 장예원도 자리 잡고 있었다. 이런 입지는 조선이 건국된 뒤부터 19세기 말까지 거의 일관되게 유지되고 있었다. 그러나 조선의 급격한 멸망으로 인해 500년 동안의 입지 전통은 불과 수십년 만에 무너졌고 광화문 뒤엔 일제의 조선총독부, 세종로엔 미국 대사관이 들어섰다. 이 두 건물은 대한민국의 20세기 역사를 상징한다. 총독부 건물이 1995~1996년 철거됐고, 미국 대사관이 2018년께 용산으로 옮겨지는 것은 다행스런 일이다. 외세에 의해 좌우되던 한반도의 불행한 한 시대가 저물고 있는 것이다.

물론 해방 뒤에도 광화문 앞 세종로는 대한민국을 상징하는 거리였다. 일제가 조선총독부로 쓰던 건물에 정부기관들이 들어섰고, 그 주변에 정부청사 본관과 별관이 들어서 정부 거리로서 위상을 유지했다. 그러나 그것은 정도전 등 조선의 건국자들이 설계한 옛 세종로와는 비교할 수 없을 정도로 무질서하고 조악한 것이었다. 대한민국의 탄생이 질서와 조화가 없었듯 광화문 앞 세종로의 정부 거리도 질서와 조화가 없었다. 일제 청사와 새 청사, 미국 대사관, 문화 시설(세종문화회관), 빈터가 뒤섞인 기이한 풍경이었다. 지금도 정부서울청사 앞과 미국 대사관 앞 거리는 삭막하고, 외교부 앞 빈터와 열린시민마당 등 2개의 빈터는 썰렁하다. 독재를 미화하는 대한민국역사박물관은 수치스럽다. 세종로의 공공건물 가운데는 세종문화회관이 그나마 낫다.

광화문 앞의 정부서울청사 본관과 별관은 조화가 없다(왼쪽). 이명박 정부는 졸속으로 옛 문화부 건물을 대한민국역사박물관으로 바꿨다(오른쪽). 김규원.

1980년대부터 과천청사, 대전청사, 세종청사가 차례로 지어지면서 세종로 전체를 하나의 커다란 문화 지구로 조성하자는 의견들이 여러 차례 제안됐다. 그러나 아직도 오세훈 서울시장은 중앙광장을 만들고, 이명박 대통령은 대한민국역사박물관을 만들고, 박원순 서울시장은 서울시 교향악단 전용 공연장을 만드는 식으로 일이 진행된다. 큰 그림이 없이 당시 사정에 따라 필요한 시설을 그때 그때 만드는 것이다. 그러다 보니 건물들과 거리, 광장, 빈 공간들이 서로 어울리지 못하고 따로 논다. 심지어 일부 역사학자나 문화재 전문가들은 세종로에 육조 거리를 복원하자는 의견을 내놓기도 한다.

노무현의 원대한 꿈에서 시작한 세종시도 헌법재판소의 위헌 결정, 이명박의 백지화 시도, 박근혜의 무관심 등으로 누더기가 됐다. 한 마디로 국가를 상징하는 수도는 전혀 아니고, 그렇다고 수도가 아닌 것도 아닌 엉거주춤한 상황이다. 그 때문에 수도라면 마땅히 갖춰야 할 국가 상징 공간을 갖추지 못하고 정부 청사만 덩그러니 세워놓았다. 국립 문화시설이라고는 작은 국립도서관과 대통령기록관이 전부다. 대통령기록관은 그나마 상징성이 있으나, 국립도서관은 납본 도서관도 아니고 장서 수도 아주 적다. 국가 상징 공간을 마련하려면 국회와 청와대가 옮겨져 세종시가 명실상부한 수도가 돼야 할 것 같다.

언젠가 국회와 청와대, 나머지 중앙행정기관들이 모두 세종시로 옮겨진다면 그에 맞춰 세종시가 지향하는 가치를 보여줄 만한 공간이나 국립 문화시설을 함께 마련하면 좋을 것이다. 현재 제천가에 5개 박물관과 공연장의 터를 정해 짓고 있으나, 그보다는 시민들이 접근하기 쉬운 국립도서관과 대통령기록관 일대가 상징 공간으로는 더 나을 것이다. 사실 이 일대도 그렇게 접근성이 좋은 것은 아니고, 이미 컨벤션센터까지 들어서 활용할 부지가 넉넉지는 않은 상황이다. 국립도서관 일대가 어렵다면 83만평에 이르는 중앙공원을 활용하는 방안도 있다. 현재 중앙공원의 접근성이 나쁘고 이렇다 할 시설이 없는데, 중앙공원과 금강이 만나는 곳에 상징 공간이나 국립 문화시설을 집중적으로 마련하는 것도 생각해볼 수 있다. 그게 아니라면 호수공원 북쪽의 유보지를 활용하는 방안도 있는데, 그곳도 접근성이 그렇게 좋지는 않다. 세종시에서는 빠른버스가 다니는 한누리대로 일대가 가장 접근성이 좋다. 그러나 한누리대로 주변 터는 이미 행정도시청과 한국토지주택공사가 상업업무용지나 주택용지로 대부분 매각해 활용하기 어렵다. 국회와 청와대가 옮겨지는 결정이 내려진다면 이들 후보지나 다른 터에 적절한 국가 상징 시설, 국립 문화 시설을 마련하면 좋을 것이다.

개인적으로는 세종시에 국가 상징 공간을 마련한다면 '노무현 기념관'이 어떨까 싶다. 물론 이미 경남 김해시 진영읍 봉하마을에 '노무현 기념관'이 지어지고 있으니 '노무현 균형발전 기념관'이라고 해도 좋겠다. '지역간 균형발전'이라는 높은 이상을 제시하고 중앙행정기관과 산하기관 150여곳을 세종시와 지방의 10개 도시로 옮기는 과감한 발상을 했던 노무현 대통령을 기념하는 시설이다. 비록 그가 세력이 약하고 준비가 부족해서 여러 어려움을 겪었지만, 그가 제시한 가치와 방향은 앞으로도 높은 평가를 받을 것이

세종시 호수공원 주변의 국립도서관(사진 왼쪽), 컨벤션센터(가운데), 대통령기록관(오른쪽). 이 공간은 국립 문화 단지로 만들 수 있는 좋은 후보지다. 행정중심복합도시건설청.

다. 또 노무현이 제시했던 더 높은 민주주의의 이상 역시 다시 평가받을 것

이다. 세종시에 기념관을 짓는다면 노무현만큼 적절한 인물이 어디 있겠는

가. 언젠가 노무현 기념관이 세종시에 지어진다면 나는 그 기념관 앞 계단

에 앉아 세종시를 바라보며 시원한 맥주 한 잔을 마시고 싶다.

11 과연 수도가 될 수 있을까

2017년 말까지 세종시로 옮기지 않은 주요 국가기관은 국회와 청와대, 나머지 7개 중앙행정기관이다. 7개 기관은 애초의 행정도시특별법에 따라 이전하지 않기로 한 통일, 외교, 국방, 법무, 행정안전, 여성가족 등 6개 중앙행정기관과 이전 대상이지만 아직 옮기지 않은 과학기술정보통신부다. 이 가운데 국회와 청와대를 세종시로 옮기려면 2004년 헌법재판소의 위헌 결정에 따라 헌법을 개정해야 한다. 7개 부처 가운데 행안부는 2017년 9월 행정도시특별법 개정에 따라 비이전 기관에서 제외돼 2018년께 과기정통부와 함께 세종시로 옮겨질 예정이다. 나머지 5개 중앙행정기관의 이전은 국회, 청와대 이전과 연동될 것으로 예상된다.

국회와 청와대, 5개 부처 가운데 가장 먼저 세종시로 옮겨야 할 기관은 국회다. 나라를 운영하는 데 가장 핵심적인 기관인 의회(입법)와 행정부(집행)를 140킬로미터나 떨어뜨려 놓은 결정은 큰 잘못이다. 국회와 행정부는 상시로 만나서 입법, 정책, 예산 등에 대해 협의해야 하는데, 지금은 한 번 만나려면 적어도 2시간 이상 걸리게 돼 있다. 국회 때문에 세종시 공무원들은 출장을 다니느라 일을 제대로 할 수 없을 정도다. 2014년 6월 국무총리실의 조사 결과를 보면, 직전 한 달 동안 정부세종청사 공무원들의 73.4%가 출

청와대 본관. 청와대.

장을 다녀왔는데, 출장자 가운데 46.8%가 국회를 다녀왔다. 세종시 공무원의 출장 가운데 절반가량이 국회 관련인 것이다. 국회와 행정부 사이에서는 국회가 갑이기 때문에 언제나 공무원들이 국회로 가야 한다. 국회의원이나 보좌관이 세종시로 출장가는 일은 거의 없다. 세종시에는 국회 관계자를 위한 회의실까지 마련해놓았으나, 무용지물이다.

또 청와대의 이전도 필수적이다. 청와대는 국장급 이상의 고위직 공무원들을 서울에서 상주하게 만드는 주요 원인이다. 예를 들어 내가 국토교통부를 출입하던 시절, 장관, 차관, 실국장 등 고위직 공무원들은 세종시의 국토교통부가 아니라, 서울 반포의 한강홍수통제소에서 상주했다. 세종시의 국토교통부에는 과장급 이하의 공무원들이 주로 근무하고 있다. 고위

국회의원회관. 여기에 있는 이들이 세종시로 가지 않아 정부세종청사의 고위 공무원들은 서울에 상주하다 시피 한다. 김규원.

직 공무원들이 이렇게 서울에 상주하는 것은 국회와 청와대에 대응하기 위한 목적이 가장 크다. 이렇게 고위직 공무원들이 서울에 상주하니 세종시로 이전한 부처들의 회의도 세종이 아니라, 서울에서 열린다. 2016년 국감에서 이운룡 새누리당 의원이 공개한 자료를 보면, 정부 주요 회의의 78.3%가 서울에서 열렸다. 국무총리가 주재하는 국가정책조정회의는 79.4%가 서울에서, 경제부총리가 주재하는 경제관계장관회의는 79.5%, 사회부총리가 주재하는 사회관계장관회의는 63.6%가 서울에서 열렸다. 총리실과 경제부처 전체, 사회부처 전체가 세종시에 있는데도 현실은 이 모양이다. 이에 따라 세종시 공무원들의 출장비는 매년 200억원에 이른다.

이런 문제점 때문에 정치권에서는 국회와 청와대를 세종시로 옮겨야 한다는 목소리가 계속 나왔다. 국회와 청와대 이전과 관련해 가장 적극적인

문재인 대통령은 후보 시절 "정치, 행정 수도의 세종시 이전도 국민의 찬성이 높으면 개헌에 포함시키겠다"고 말했다. 문 대통령의 취임식 모습. 대한민국 정부.

의견을 처음 제시한 사람은 새누리당의 남경필 경기지사다. 남 지사는 2016년 6월 〈한겨레〉와의 인터뷰에서 "청와대와 국회까지 세종시로 이전하자. 개헌 논의에 수도 이전 문제도 포함시키자"고 말했다. 남 지사는 정치, 행정을 세종시로 보내고, 서울은 경제와 문화, 관광의 중심으로 키우자고 제안했다. 또 청와대와 국회를 세종시로 옮기면서 더 개방적이고 실용적인 구조로 바꾸자고도 제안했다. 남 지사의 제안은 개헌을 통해 청와대와 국회를 완전히 세종시로 옮긴다는 측면에서 혁신적이다. 그때까지 이해찬 의원이나 이춘희 세종시장은 국회 분원, 청와대 제2집무실을 주장했는데, 이보다 훨씬 근본적인 처방이다. 청와대와 국회를 옮기면서 기득권과 특권을 깨고 정치 구조도 개혁하자는 남 지사의 의견은 노무현 전 대통령의 아이디어와 비슷한 것이다.

남 지사가 이런 제안을 하고 19대 대통령 선거 경선에서도 이를 주요 공약으로 내세우자 여야의 많은 후보자들이 이를 받아들였다. 민주당 경선 후보로 나섰던 안희정 충남지사와 박원순 서울시장, 안철수 국민의당 대통령 후보도 같은 내용을 그대로 공약했다. 문재인 대통령도 후보 시절인 2017년 4월 "정치·행정 수도의 세종시 이전도 개헌 과정에서 국민의 의사를 물어 찬성이 높으면 개헌 내용에 포함시키겠다"고 밝혔다. 문 대통령은 당선 뒤인 5월에도 "개헌을 통해 세종시로 수도를 이전하기를 바란다"고 말했다. 자유한국당의 홍준표 후보와 유승민 바른정당 후보는 국회의 세종시 이전을 공약했다.

결국 국회와 청와대의 세종시 이전은 2018년 6월 헌법 개정 때 결판이 날 것으로 예상된다. 헌법 개정 때 수도 이전이 포함되면 국회와 청와대는 세종시로 옮겨질 것이고, 포함되지 않으면 옮겨지지 못할 것이다. 2018년 헌법 개정에 수도 이전이 포함되려면 적어도 국민과 국회의원 3분의 2 이상의 동의를 얻어야 할 것으로 예상된다. 국회에서 헌법 개정안이 통과되는 의석수가 재적 의석수의 3분의 2 이상이기 때문이다. 3분의 2 이상의 국민, 국회의원 지지를 받는 사안만 개헌안에 포함될 가능성이 크다. 이것에 비춰보면 수도 이전이 포함될 가능성은 높다고 할 수는 없다. 지난 7월 국회의장실에서 조사한 여론조사 결과를 보면, 국민의 49.9%가 수도 이전에 찬성했고, 44.8%가 반대해 찬반이 팽팽했다. 전문가 조사에서만 찬성 64.9%, 반대 35.1%로 개헌안 포함 수준에 근접했다. 수도 이전은 수도권에서 반대 의견이 높기 때문에 국민 3분의 2 이상의 동의를 얻으려면 지방에서 압도적 지지를 받아야 하는데, 지방의 찬성률은 대체로 50~60% 수준이다. 이런 어려움 때문에 이춘희 세종시장은 차선책으로 국회 분원(제2국회)과 대통령의 제2집무실의 세종시 설치를 제안하기도 했다.

만약 국회와 청와대의 세종시 이전이 결정된다면 국회와 청와대는 세종

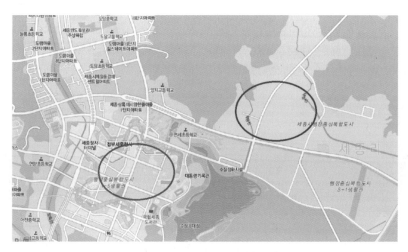

국회와 청와대 터는 현재 2개의 후보지가 있다. 하나는 정부세종청사 본관의 한가운데(빨간 원)이고, 다른 것은 현재 국무총리 공관이 있는 유보지(파란 원)다. 다음지도.

시의 어느 곳으로 옮기게 될까? 먼저 세종시에는 원수산과 전월산 사이에 국무총리 공관이 있고, 그 주변에 14만평 정도의 유보지가 지정돼 있다. 초대 행정도시청장을 지낸 이춘희 세종시장은 이 유보지가 나중에 국회와 청와대를 짓기 위해 마련해놓은 터라고 말했다. 또 그 주변에도 19만여평의 미개발지가 남아 있어 이 일대의 빈터는 33만평에 이른다. 그러나 33만평이나 되는 유보지와 미개발지에 다시 거대한 국회와 청와대를 짓는다면 우리의 정치와 정부는 결코 권위주의 시대에서 벗어나지 못할 것이다.

권위주의적인 입지의 이 유보지와 미개발지보다는 정부세종청사 지구에 남아 있는 7만여평을 활용하는 것이 더 바람직하다. 민주주의 시대의 흐름에 맞게 세종청사 지구의 빈터를 활용해 소박하고 개방적인 새 국회와 청와대를 마련하면 좋겠다. 행정중심복합도시건설청에 따르면, 2016년 말 기준으로 세종청사 지구에 23만644제곱미터(6만9892평)의 터가 비어 있다. 이

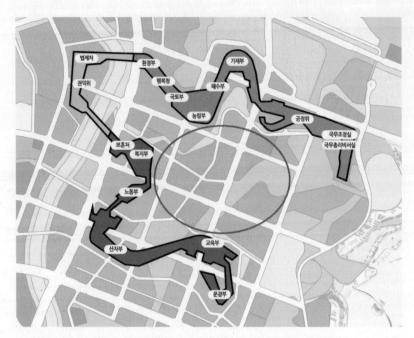

정부세종청사 본관의 한가운데 국회를 짓는다면 입법부와 행정부의 공무원들은 걸어서 5분 안에 만나 일을 협의할 수 있을 것이다. 행정중심복합도시건설청.

빈터의 57%는 상업용지이며, 나머지는 공원용지, 하천용지 등이다. 애초 행정도시청은 공동화를 막고 활력을 불어넣기 위해 세종청사 지구에 넓은 상업용지를 지정해놓았고, 이를 적절한 시기에 사업자에게 매각할 계획이었다. 그러나 세종청사가 2012년부터 2014년까지 완공되자 세종청사 지구의 빈터에 대한 행정도시청의 생각은 완전히 달라졌다. 이 내부의 터가 세종시나 세종청사 지구에서 가장 핵심적인 위치이기 때문에 섣불리 사업자들에게 팔아서는 안 된다고 판단한 것이다. 따라서 2014년 8월 세종청사 지구의 상업용지 매각은 전면 보류됐다. 이들 터는 현재 주차장과 녹지 등으로 유지되고 있다.

예를 들어 국회를 간소하게 지으면 세종청사 지구에 있는 빈터(23만644제곱미터)에 모두 지을 수 있다. 특히 세종청사 중심의 2개 정사각형 블록 넓이는 9만7322제곱미터(2만9491평)에 이르러 국회의 본관과 의원회관 정도는 충분히 들어갈 수 있다. 국회 전체의 넓이는 33만제곱미터(10만평)에 이르지만, 주요 시설인 본관, 의원회관, 도서관 등의 터는 모두 더해서 10만제곱미터(3만평)도 안 된다. 따라서 중심부의 2개 블록에 국회 전체가 들어갈 수 있다. 또 세종청사 지구 바로 옆에는 국립도서관이 있기 때문에 국회도서관을 새로 짓지 않는다면 10만제곱미터 이하로도 충분히 지을 수 있다.

국회가 세종청사의 한가운데의 빈터에 들어선다면 국회와 행정부와의 소통과 협력은 아주 쉽게 이뤄질 것이다. 걸어서 5~10분 정도면 행정부에서 국회로, 국회에서 행정부로 이동할 수 있기 때문이다. 급한 일이 터져도 금세 만나서 협의하고 잘 대처할 수 있을 것이다. 국회와 행정부가 만나기 위해 2시간 이상 길에 시간을 버리는 바보 같은 일도 끝날 것이다. 의회가 세종청사 지구의 중심을 차지하고 그 주변에 행정부가 들어선 모습도 아주 보기 좋다. 의회가 중심이 돼서 각 부처와 협의, 협력한다는 모양새이기 때문이다. 국회의 각 상임위 회의실을 각 부처와 가까운 곳에 배치하는 것도 생각해볼 수 있다. 세종시에 만드는 국회는 여의도 국회와 같은 권위적 모습이 아니라, 정치 선진국 의회처럼 소박하고 실용적이면 좋겠다.

어떤 사람들은 현재 국회의 터가 10만평인데, 7만평의 땅에 넣기 어려운 것이 아니냐고 생각할 수 있다. 그러나 현재 대한민국 국회의 터는 지나치게 크다. 본관과 의원회관, 도서관 등 필수 시설의 터는 3만평도 안 되고, 나머지 7만평은 잔디밭, 운동장, 의정관, 헌정기념관, 의원동산 등 사실상 의회 활동에 별 필요가 없는 시설들이다. 국회의원들이 초등학생들도 아닌데 국회에 무슨 운동장이 필요한가? 그리고 각각 1만평에 이르는 거대한 잔디밭과 의원동산은 누구를 위한 것인가. 현재 이들 장소에서는 시위나 집회도 전연 할 수가 없다.

한국의 국회 본회의장는 지나치게 규모가 크고 펼쳐져 있다. 민주주의의 크기는 의회 본회의장의 규모와는 비례하지 않는다. 대한민국 국회.

영국 평민의회(하원)의 본회의장. 의회 민주주의를 만들어낸 의회의 모습은 소박하다. 영국 의회.

텅 빈 대한민국 국회 앞 잔디밭. 누구를 위한 잔디밭? 김규원.

영국의 의회 광장은 의회 바로 앞에 있어 시민들이 자유롭게 이용할 수 있다. 2017년 8월 수리를 위해 2021년까지 종소리를 멈추는 빅벤 앞에 모여든 런던 시민들. 영국 의회.

청와대는 북악산 기슭의 숲 속에 있다. 김규원.

세종시에 국회를 새로 짓는다면 좀 더 개방적으로 운영해야 한다. 여의도 국회는 국회의 전체 터에 담장을 둘렀는데, '민의의 전당'에 왜 담장이 필요한지 모르겠다. 국회는 정보기관이나 군 부대도 아닌데 말이다. 국회가 '민의의 전당'이라면 누구나 자유롭게 찾아와서 지켜보고 의견을 전달할 수 있어야 하는 것 아닌가. 또 집회시위법에서 국회와 청와대로부터 100미터 안에서는 집회시위를 금지했는데, 이 역시 법을 개정해 국회 본관 바로 앞에서 시위를 할 수 있게 해야 한다. '민의의 전당' 앞에서 시위를 하지 않으면 대체 어디서 시위를 하란 말인가. 이밖에 출입구나 주차장 등 의원 전용 시설도 모두 폐지해야 한다. 국회의원이 국민의 대리인, 하인이지 상전이 아니지 않는가.

의회 민주주의가 발달한 나라들에 가보면 대부분의 의회가 담장 없이 거리에 나와 있다. 그들만을 위한 운동장이나 동산 같은 것은 상상할 수 없다. 미국 의회는 의회 앞에 거대한 잔디밭이 있으나 자유롭게 개방돼 있다. 의회 뒤쪽으로는 '내셔널 몰'이라는 공원+문화 시설이 있다. 보안 때문에 일부 담장이 있는 영국 의회도 거리에 나와 있고, '의회 광장'이란 이름의 잔디밭은 의회의 길 건너편에 있어 주로 시민들이 이용한다. 프랑스 의회도 거리에 나와 있고, 독일 의회도 완전히 개방된 잔디밭이 앞에 펼쳐져 있다. 이 의회들에 딸린 잔디밭이나 광장은 국회의원들을 위한 것이 아니라, 시민들을 위한 것이다. 이들 의회 건물은 모두 보안 검색을 거치면 쉽게 들어갈 수 있다.

현재의 청와대 역시 전체 넓이가 25만3505제곱미터(7만6819평)인데, 간소하게 지으면 이보다 훨씬 작게 지을 수 있다. 예를 들어 미국 백악관의 면적은 7만2천제곱미터(2만1818평) 정도로 청와대의 3분의 1도 되지 않는다. 세종시에 국회와 청와대를 새로 짓는다면 세종청사 한가운데 좋은 터는 국회에 넘겨주고, 청와대는 그 주변에 역시 실용적이고 소박하게 마련하기를 바란다. 가운데 2개 블록의 빈터 외에도 세종청사 지구 안에는 빈터가 아주 많다. 또 빈터가 넓은 국무총리실을 확장해서 대통령 집무실로 쓸 수도 있고, 국무총리실 옆 컨벤션센터 터를 활용하는 방안도 생각해볼 수 있다. 세종시에 새로운 국회와 청와대가 지어진다면 그 터의 규모와 건물의 디자인에서도 새로운 민주주의의 시대, 시민의 시대를 보여줄 수 있으면 좋겠다.

제

2

부

세종시에 터를 잡다

12 도심이 없는 도시, 오르테가 설계안

요새 국토교통부나 각 도시에서 내는 자료를 보면 '복합 용도'라는 용어를 가끔 사용한다. 어떤 한 지역의 토지 용도를 한 가지로 하지 않고 두 가지 이상으로 한다는 뜻이다. 대표적인 것은 주거와 상업업무를 섞는 것이다. 이것을 섞어서 짓는 건물을 '주상복합 건물'이라고 부른다. 그런데 과거 도시에선 '복합 용도'라는 말을 굳이 쓸 필요가 없었다. 오래된 도시 지역이나 도시 건물의 용도는 모두 복합적이었고, 단일 용도만으로 지어진 도시 지역이나 건물은 찾아보기 어려웠다. 대규모 왕궁 정도가 단일 용도라고 해야 할까? 그러나 20세기 이후 '용도 지역제'라는 것이 널리 보급됐다. 그러면서 과거엔 자연스럽게 복합적이었던 도시 지역의 용도를 복합적으로 만드는 일도 일부러 해야 하는 일이 됐다.

세종시는 이 용도 지역제의 끝물에 건설된 도시다. 그러나 안타깝고 시대낙오적이게도 '용도 지역제'를 전면적으로, 극단적으로 채택했다. 그 결과는 도심(도시중심), 또는 중심업무지구의 실종이라는 치명적인 문제점을 낳았다. 세종시는 계획도, 건설도 모두 21세기에 이뤄졌는데, 이상하게도 20세기 도시계획의 유물인 '용도 지역제'를 채택하고 있고, 그것도 더 극단적인 방식으로 적용했다.

'용도 지역제'는 지역에 따라 땅의 용도를 달리하는 것이다. 대표적인 것으로는 공공용지, 공원용지, 주거용지, 상업업무(사무)용지, 공장용지 등을 꼽을 수 있다. 물론 이런 용도 지역 분류는 대분류라고 볼 수 있고, 이 아래에는 더 세분된 용도 지역이 있다. 이것은 다시 말하면 주거용지에는 집만, 상업업무용지에는 상업업무 시설만, 공공용지에는 공공 시설만, 공원용지에는 공원 녹지만, 공장용지에는 공장만 들어서게 하는 것이다.

용도 지역제는 과거에 자연스럽게 형성된 도시 지역에 여러 용도의 시설들이 뒤섞여 있어 생활 환경이 나빠진 것에 대한 반성으로 나온 것이다. 예를 들어 주거와 상업, 주거와 공업이 섞인 지역이 있다면, 상업, 공업 시설로 인해 주거 지역이 시끄럽거나 더럽거나 위험하게 되는 상황이 일어날 수 있다. 이를 개선하기 위해 주거용지에서 상업용지를 배제한 것이 20세기의 용도 지역 제도다. 용도 지역제는 한국에서 두드러지게 나타나는데, 전형이라고 할 수 있는 것이 바로 아파트 단지다. 아파트 단지는 상업 업무 시설을 완전히 제거한 배타적인 주거용지다.

용도 지역제는 얼핏 보면 합리적인 것 같지만, 실제로는 도시에 재앙적인 결과를 가져왔다. 도시라는 공간은 본질적으로 다양한 기능이 한 공간에 집중되고 복합됐기 때문에 효율적이고 매력적이다. 용도 지역제는 다양한 기능을 지역별로 분리함으로써 오히려 도시의 힘을 약화시켰다. 용도 지역제는 주거 지역에서 3D(힘듦, 더러움, 위험함)를 상당 부분 제거했지만, 그와 동시에 도시의 공동체성과 활력, 매력, 시너지, 효율성 등 무수한 장점들도 함께 제거했다. 따라서 20세기 후반부터는 제인 제이콥스를 필두로 용도 지역제를 완화하거나 해소하는 것이 더 바람직하다는 의견이 무수히 제출됐다.

따라서 21세기에 새로운 도시를 건설한다면 당연히 용도 지역제에 대한 반성과 개선을 도시계획의 내용에 포함했어야 한다. 다시 말해 도시의 다

과거의 건물들은 아래층은 상가, 위층은 주거지가 들어선 전형적인 용도 복합 건물이었다. 영국의 리젠트 거리의 주상복합 건물. 김규원.

용도 지역제를 잘 보여주는 대전 둔산 신시가지. 가운데 녹지가 많은 라인이 공공용지, 그 오른쪽은 상업업무용지, 맨 오른쪽은 주거용지다. 대전시.

양성, 복합성을 가장 잘 구현하는 방식으로 도시를 계획하고 건설했어야 한다. 그러나 세종시는 오히려 거꾸로 갔고, 더 극단적인 방식으로 용도 지역제를 밀어붙였다. 세종시의 6가지 핵심 기능으로 계획된 중앙행정, 문화국제교류, 도시행정, 대학연구, 의료복지, 첨단지식기반(산업)을 세종시의 사방에 다 흩어놓은 것이다.

2017년까지 위의 6가지 가운데 완성된 것은 중심부에 있는 중앙행정 하나다. 세종시의 동남쪽에 있는 대학연구 지역에는 국립 연구소들만 15개 정도 들어왔고, 대학은 전혀 들어오지 않았다. 강 남쪽에는 도시행정 지구에 시청과 교육청이 들어섰지만, 경찰서, 세무서 등은 2021년 정도 돼야 들어설 예정이다. 도시 중심부의 문화국제교류 지역에는 문화, 상업 시설이 들어설 예정이지만, 2017년까지도 거의 들어서지 않았다. 동북쪽의 의료복지와 북동쪽의 첨단지식기반은 전혀 들어서지 않았고, 언제 들어설지도 불

세종시는 도시의 주요 6개 기능을 지역별로 분산한 극단적인 용도 지역제를 채택했다. 세종시에 도심을 조성했어야 하는 곳은 중앙행정과 문화국제교류, 중앙공원이 위치한 지역이다. 행정중심복합도시건설청.

투명하다. 특히 국제교류나 첨단지식기반 지구는 무엇을 말하는지도 불확실하다. 세종시의 첫 종합병원인 세종충남대병원은 정부청사 바로 옆 도담동에 착공했는데, 동북쪽의 의료복지 지구는 무엇에 쓰려는 것인지 알 수가 없다. 거꾸로 도시 동쪽 끝의 의료복지 지구에 종합병원 등 의료와 관련된 시설을 설치한다면 사건사고 때 중환자들이 이른바 '골든 타임'을 놓치게 되지 않을까 우려된다.

세종시의 활력과 매력, 효율성, 복합성, 시너지를 높이려고 했다면 당연히 중앙행정과 도시행정, 대학, 연구소, 문화, 국제행사, 의료, 복지, 지식산업뿐 아니라, 주요 상업, 업무(사무)시설까지도 도심에 모았어야 한다. 그것이 바로 도심(도시중심)이기 때문이다. 도심은 이런 다양한 용도의 시설들을 모두 갖추기 때문에 도심이 되고, 도시에서 가장 공공성이 높은 지역이 되는 것이다. 도심 거리를 걸으면서 자연스럽게 정부기관과 대학, 연구소, 문화시설, 컨벤션센터, 의료기관, 복지시설, 첨단산업시설, 상가, 기업의 사무실을 만나는 일은 단지 효율적인 것이 아니라, 즐거운 일이다. 이 모든 주요 도시 기능을 사방팔방에 다 흩뜨려놓고 황량한 그 사이를 차를 타고 돌아다녀야 하는 것이 현재 세종시의 우울한 현실이다.

세종시에도 이런 기능과 시설들이 모두 모여있을 수 있는 도심을 계획하고 조성했어야 한다. 세종시에서 도심을 조성했다면 그 위치는 어디가 좋았을까? 그것은 세종시 신도시(중심 지역)의 지도를 펼쳐 보면 누구나 쉽게 판단할 수 있다. 바로 중앙행정과 문화국제교류, 호수공원과 중앙공원이 위치한 지역이다. 특별한 이유가 있는 것이 아니라, 그곳이 세종시의 한복판이어서 세종시의 모든 지역과 쉽게 연결될 수 있기 때문이다. 이 세 지역에 도심이 형성됐다면 그 안팎으로 자연스럽게 주거 지역들이 형성됐을 것이다. 주거 지역을 고리형으로 미리 계획해놓을 필요도 없었다. 도심에도 도심 밖에도 자연스럽게 주거 지역이 형성되도록 각 지역과 건물에 복합 용도를 허용해놓으면 될 일이었다. 정말 안타까운 일은 세종시 계획 초기에 이런 매력적인 도시를 계획, 건설할 기회가 있었다는 점이다. 2006년 '행정중심복합도시 도시개념 국제공모'에서 당선된 5개 설계안 가운데 하나인 송복섭 한밭대 교수의 '서른 개 다리의 도시'가 바로 이런 내용이다.(5. '가지 않은 길, 송복섭 설계안' 참고) 그러나 이 안은 전연 반영되지 못했고, 세종시는 이 반대쪽으로 갔다.

세종시의 실제 도시 설계는 5개 당선작 가운데 다른 하나인 안드레스 페레아 오르테가의 '천개 도시의 도시'를 바탕으로 이뤄졌다. 오르테가의 설계안은 송복섭 안의 완벽한 반대였다. 세종시에서 금강을 끼고 있는 널찍한 평지인 호수공원과 중앙공원 일대의 100만평 이상과 산지 300만평 이상을 모두 비우고, 그 비워놓은 지역 바깥 둘레에 주거, 상업, 업무 등 주요 도시 기능을 고리 형태로 배치한 안이었다.

오르테가 안의 가장 큰 특징은 심사평에도 나오듯 "산지와 농경지를 공공용지로 활용할 수 있도록 도시의 중심부를 비워둔 것"이었다. 세종시 중심부인 금강 북쪽의 장남평야와 원수산, 전월산이 모두 이 중심에 포함된다. 이 산과 들을 비워둠으로써 이 도시의 역사와 자연을 보존하고 기억하게 한다는 개념을 갖고 있다. 실질적인 도시 공간은 공원과 산으로 이뤄진 중심부를 둘러싼 25개의 구역들이다. 이 구역들은 각각 2만명 정도의 인구를 수용하는 독립적이고 평등한 도시들이며, 고리형 간선도로와 공공교통, 자전거 타기, 걷기로 연결할 계획이었다. 그러면서 사회적 교류와 물, 에너지, 자원, 쓰레기 등 차원에서 지속가능한 도시를 만들겠다고 제안했다.

그러나 실제로 오르테가의 설계안은 지속가능한 발전을 추구하기에 극히 부적절한 안이다. 예를 들어 오르테가는 이 안에서 공공교통을 중심으로 하고 보행자와 자전거를 우선시하는 고리형 도로를 계획했다. 실제 세종시에서도 내부순환도로 22.9킬로미터, 외곽순환도로 28.1킬로미터 등

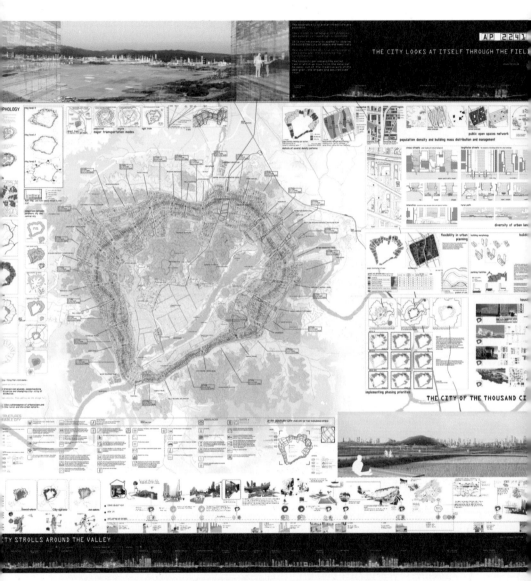

세종시의 도시 설계는 5개 당선작 가운데 오르테가의 '천개 도시의 도시'에 바탕을 두고 있다. 오르테가의 안은 송복섭 안과는 정반대로 도시의 중심을 비우고 고리를 따라 도시를 형성하는 안이다. 행정중심복합도시건설청.

2개의 고리형 순환 도로가 놓였다. 따라서 이 2개 순환 도로의 한쪽 끝에서 다른 쪽 끝까지의 거리는 11~14킬로미터 정도 된다. 이 정도 거리는 공공교통을 운영하기엔 적절하지만, 자전거나 걷기로 이동하기엔 적절하지 않다. 자전거로 이동하기에도 상당히 먼 거리이고, 보행으로 이동하기는 거의 불가능하다. 이 정도 거리는 차량으로만 이동할 수 있다. 도시의 도로를 이런 구조와 스케일로 만들어놓고 보행자와 자전거를 우선시하겠다는 것은 앞뒤가 맞지 않는다.

오르테가의 안은 23~28킬로미터의 커다란 고리를 따라 도시의 규모를 불필요하게 넓혀놓아 시민들이 이동하는 데 시간과 비용, 자원을 낭비하게 만들어놓았다. 오르테가 안에서 고리 모양의 도시 지역으로 계획한 넓이는 2585헥타르(781만평)인데, 그 고리형 도시 안에 그만한 크기의 산과 들이 포함돼 있기 때문에 실제로는 그 2배가량의 땅이 필요하다. 이것은 세종시 신도시 지역의 전체 땅 2200만평을 상당 부분 사용하는 것이다. 만약 오르테가 안을 뒤집어서 도시 중심부를 개발하고 그 주변을 자연 상태로 뒀다면 써야 하는 이동 시간과 비용, 자원은 절반 이하로 줄었을 것이다. 또 중심부를 적절한 밀도로 개발했다면 훨씬 더 작은 땅으로도 같은 규모의 도시

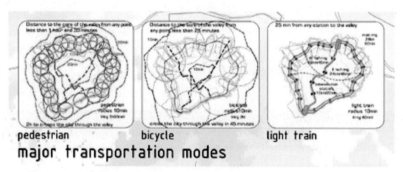

오르테가는 보행과 자전거를 경전철과 함께 주요 교통수단으로 제안하고 있으나, 도시 구조는 보행과 자전거에 극히 불편하게 계획됐다. 행정중심복합도시건설청.

를 만들 수 있었을 것이다. 세종시 신도시 지역 2200만평 가운데 상당 부분을 개발하지 않아도 됐을 것이다. 그리고 오르테가가 주장한 것처럼 보행과 자전거로 교통의 상당 부분을 커버할 수 있었을 것이다.

도시 안에 400~500만평의 공원과 녹지를 갖게 되지 않았느냐고 항변할 수 있다. 그러나 세종시의 83만평짜리 중앙공원(국립수목원＋중앙공원＋호수공원)은 활용도가 극히 떨어진다. 중앙공원은 주변 지역으로부터 고립돼 있다. 중앙공원의 북쪽은 미개발지이고, 서북쪽은 호수고, 동남쪽은 금강이며, 서쪽은 제천이다. 마치 산과 해자로 둘러싸인 요새처럼 사방이 산과 하천, 호수로 둘러싸여 있어 시민들의 접근을 어렵게 만들고 있다. 공원은 당연히 시민들이 살아가는 주거, 공공, 상업, 업무 등 지역에 조성해야 하고, 이들 지역에서 떨어진 공원은 사실상 도시 공원으로서는 의미가 없다. 그것은 전시용 공원이지 시민들이 즐길 수 있는 공원이 아니다. 미국 뉴욕의 센트럴 파크와 영국 런던의 하이드 파크가 어디에 있는지 생각해 보라. 그 공원들은 도심 한복판에 있다.

세종시의 중앙공원과 전월산, 원수산 등 거대한 녹지는 고리형 도시 구조로 인해 주변부의 녹지와 끊겨 있다. 도시 내부를 연결하는 도로는 효율적으로 연결되지 못한다. 도시 중심부의 거대한 녹지에 사는 동물들은 2개의 순환 도로에 막혀 주변부의 녹지로 안전하게 이동하지 못한다. 그래서 세종시에선 도로에서 동물들의 주검을 만나는 일이 잦고, 앞으로도 로드킬은 계속될 것이다.

달걀 부침으로 비유하자면 송복섭 안은 노른자를 개발하고, 흰자를 남겨두는 안이고, 오르테가 안은 흰자를 개발하고 노른자를 비워두는 안이다. 통상 우리가 가장 중요하고 가장 가치 있는 지역을 말할 때 '노른자'라는 말을 사용하는 데서 알 수 있듯, 도시를 개발할 때는 당연히 노른자를 중심으로 개발하는 것이 바람직하다. 예를 들어 교통의 차원에서 보더라도 송복섭 안처럼 중심부의 291만평을 먼저 개발했다면 이동 거리가 짧기 때문에 도시 교통은 걷기와 자전거로 상당 부분 해결할 수 있었다. 그러나 2016년 신도시 인구가 14만명에 불과한데도 사방으로 흩어놓은 현재의 세종시에서는 도시 내부에서 이동할 때 반드시 개인 자동차를 이용해야 한다. 자전거나 걷기로는 너무 멀고, 대중교통을 설치하기에는 도시 구조가 너무 성긴 것이다. 오르테가는 설계안에서 친환경 도시를 만들겠다고 말했지만, 실제로는 가장 반환경적인 자동차 도시를 만들었다.

2006년 설계 공모에서는 5개의 당선작이 있었는데, 어떻게 오르테가의 안이 대부분 반영되고, 그 정반대인 송복섭 안이 완전히 배제됐는지는 정확히 모르겠다. 아마도 세종시가 균형발전의 상징이었고, 분산과 분권이 당시 중요한 가치였기 때문에 오르테가의 안이 압도적으로 반영되지 않았을까. 당시 오르테가의 안을 사실상 1등으로 선정한 심사위원은 민현식(건축가), 박삼옥, 온영태, 유걸(건축가, 서울시청 설계자), 데이비드 하비, 나데르 테라

북쪽에서 바라본 중앙공원(장남평야) 일대 조감도(상)와 남쪽에서 바라본 중앙공원(장남평야) 일대 조감도(하). 행정중심복합도시건설청.

니, 아라타 이소자키, 비니 마스였다. 또 행정도시 공동 연구단장은 안건혁 서울대 교수였다. 또 당시 행정도시 공동추진위원장은 이해찬 국무총리와 최병선 교수, 행정중심복합도시건설청장은 이춘희 현 세종시장이었다.

도시 계획과 구조 차원에서 세종시의 가장 큰 특징은 도시 중심이 없이 주요 기능을 사방으로 흩어놓은 것이다. 세종시 건설 초기에 이 도시의 구조를 집중형이 아닌 분산형으로 결정한 일은 이 도시의 미래와 관련해 가장 중요한 결정이었다. 그리고 이것은 앞으로 세종시를 매력 없고 다니기 불편한 도시로 만드는 주요 원인이 될 것이다. 현재도, 미래에도 세종시는 이 초기 결정의 범위에서 벗어나기가 극히 어려울 것이다. 역사라는 것은 그런 것이다. 조상을 잘 만나야 하고, 전임자를 잘 만나야 한다. 조상이나 전임자가 해놓은 일을 나중에 바꾸는 일은 극히 어렵다. 특히 역사라는 것은 켜켜이 쌓이기 때문에 더욱더 어렵다. 물론 언젠가 도심이 없는 도시를 만든 세종시의 실험이 지금은 알 수 없는 새로운 가치를 만든 것으로 인정받을 수도 있다. 그러나 현재로서는 그런 가능성은 잘 보이지 않는다.

13 금강과 83만평의 중앙공원을 버리다

세종시는 정부가 충남 연기군 일대에서 무려 2200만평의 땅을 사들여 새로 도시를 만들었기 때문에 무엇이든 해볼 수가 있었다. 가장 혁신적이고, 가장 진보적이고, 가장 창조적인 아이디어들을 이 도시에는 적용해 볼 수 있었다. 그러나 불행히도 세종시에서조차 그런 좋은 아이디어들은 거의 적용되지 못했다.

세종시에서 적용하지 못해 아쉬움이 드는 것 가운데 하나는 강 주변에 형성된 도시다. 한국의 많은 도시들이 강 주변에 있으나, 본격적으로 강을 끼고 형성된 역사적 도시는 서울 송파구의 풍납토성(백제 위례성으로 추정됨), 공주, 부여, 진주, 평양 정도밖에 없다. 많은 사람들이 서울이 한강을 끼고 있지 않느냐고 말할 것이다. 그러나 애초 서울은 한강을 끼고 있는 것이 아니라, 서울 도성의 남문인 숭례문에서 한강은 5킬로미터나 떨어져 있었다. 현재도 짧은 거리는 아니지만 과거엔 꽤 먼 거리였다. 현재 지도에서 한강이 서울의 중심에 놓이게 된 것은 일제 시대와 해방 뒤 서울이 남쪽으로 엄청나게 팽창했기 때문이다. 그 결정적 계기는 한강 인도교와 한강철도의 건설이었다. 이런 이유로 한강가에는 교통, 물류의 중심지였던 나루와 전망대 노릇을 한 정자들 외에는 역사적 공간이 거의 없다. 더욱이 과거 한강 백사

홍수의 위험이 컸던 한국에서 강가에 붙여서 지은 진주성은 매우 드문 경우다. 김규원.

장의 상당 부분을 공유수면 매립공사로 육지로 만들어버렸기 때문에 한강가의 역사적 자취를 찾기는 더욱 힘들어졌다.

애초 서울을 관통하는 하천은 동네 도랑 수준의 개천(청계천)이었다. 이것은 현대의 다른 대한민국 대도시들도 다 마찬가지다. 대부분의 대도시들이 큰 강가에 있지 않고 중소 하천을 끼고 있다. 부산에서 도시 중심을 관통하는 하천은 동천이고, 수영강(길이 30킬로미터)이 동쪽 외곽을, 2개의 낙동강 하구는 서쪽 외곽을 두르고 있다. 인천은 도시를 관통하는 이렇다 할 하천이 없다. 대구는 도심에 신천이 관통하고 금호강은 북쪽 외곽, 낙동강은 서쪽 외곽을 두르고 있다. 대전은 대전천, 유등천이 도심을 관통하고 갑천과 금강이 북쪽을 두르고 있다. 광주는 광주천이 도심을 관통하고 영산강이 서쪽을 두르고 있다. 예외적으로 울산은 태화강(길이 47.5킬로미터)이 도심을 관통하고 있다. 광역시급 도시 가운데 강이 도심을 관통하는 경우는 울산의 태화강 정도인데, 사실 태화강은 대전의 갑천(길이 62.8킬로미터)보다 작은 강이다. 강이라고 보기 어려운 수준이다.

심지어 한국에서 큰 강가에 있는 대표적 역사 도시인 한강의 풍납토성(백제 위례성), 금강의 공주(웅진성), 부여(사비성), 남강의 진주, 대동강의 평양도 강이 도시 한복판을 관통했다고 보기는 어렵다. 백제의 3개 도읍은 애초 강 남쪽에 자리잡았고, 진주와 평양은 강 북쪽에 자리잡았다. 강이 해자처럼 이 도시들의 바깥쪽을 두른 것이지 도시 한가운데 강이 흐르는 것이 아니다. 이 도시들이 강의 어느 쪽에 있는지를 보면, 주요 방어 방향을 알 수 있다. 백제의 3개 도읍은 명백히 고구려의 공격에 대비한 것이고, 평양은 백제와 신라, 진주는 일본에 대비한 형세다. 그래도 이렇게 강 가까이에 도시가 자리잡은 것은 한반도에서는 아주 드문 일이다. 그나마 강가에 있는 이들 도시도 위례성을 제외하면 절벽이나 언덕 위의 고지대에 건설됐다.

왜 우리 조상들은 큰 강가에 도시를 세우지 않고, 작은 냇가에 도시를 세웠을까? 그 이유는 아주 간단하다. 한국의 큰 강가에는 홍수의 위험 때문에 도시를 세울 수가 없었다. 한국은 여름에 비가 굉장히 많이 오고 겨울에는 비가 매우 적다. 그래서 여름에는 큰물이 졌고, 겨울에는 물이 말랐다. 한국의 큰 강들은 강물이 가장 적게 흐르는 양 대비 가장 많이 흐르는 양의 배수(하상계수)가 무려 100~300배나 된다. 한국의 강가는 사람이 안정되게 살 수 있는 공간이 아니었다. 강가에 살더라도 절벽이나 언덕 등 고지대에 의지해야 했다. 이 때문에 한국에서는 강 양쪽으로 도시가 형성되

한국의 대도시를 가로지르는 것은 큰 강이 아니라, 작은 하천들이다. 대전 도심을 흐르는 대전천(위쪽)과 유등천(아래쪽). 대전시.

한국에서는 강가에 건물이 바짝 붙은 이런 도시 풍경을 오랫동안 상상하기 어려웠다. 부다페스트의 두나(도나우) 강가의 모습. 김규원.

지 못했다. 반면, 유럽의 강들은 연중 내리는 비의 양이나 흐르는 물의 양에 변화가 작아서 강가에 도시가 형성될 수 있었다. 영국 템스강가의 런던, 프랑스 센강가의 파리가 기원전부터 형성된 것은 다 이런 이유 덕분이다. 나아가 흐르는 물의 양이 일정했기 때문에 강을 교통, 운송 수단으로 널리 사용했고, 운하도 발달했다.

그러나 현대 들어서는 한국도 홍수의 위험에서 벗어났다. 한강 상류에 댐을 세우자 하상계수가 낮아졌고, 서울 한강가에 제방을 세우자 홍수도 통제할 수 있게 됐다. 이명박 전 대통령이 4대강 사업을 벌이기 이전에도 이미 4대강 본류의 치수율은 90%를 넘었다. 홍수로부터 벗어난 뒤 서울시는 한강가의 공유수면(주로 백사장)을 매립해 대규모 아파트 단지를 건설했다. 이렇게 지어진 단지가 여의도, 동부이촌동, 압구정동, 잠실 등지였다. 이들 지역의 아파트 단지는 대부분 과거의 한강 백사장 위에 서 있다. 서울이 한강의 홍수를 통제할 수 있게 된 뒤 그 넓던 백사장을 모두 없애버린 것, 백사장을 없애버린 뒤 그 위에 대부분 아파트를 지은 것은 참 아쉬운 일이다. 백사장을 어느 정도 살리고, 강가는 주택이 아니라, 공공, 문화, 상업, 업무(사무) 시설을 중심으로 개발했으면 좋았을 것이다.

세종시는 한국의 큰 강들이 홍수의 위험으로부터 완전히 벗어난 뒤에 건설된 도시다. 또 군사 독재 시절에 서울의 한강과 주변을 무지막지하게 개발했던 경험과 반성도 있는 상태에서 건설되는 도시였다. 따라서 세종시를 관통하는 금강을 잘 활용하는 도시 건설이 얼마든지 가능했다. 그러나 이번에도 세종시를 건설하는 데 강은 거의 활용되지 못했다. 홍수의 위험이 완전히 제거됐음에도 세종시의 도심인 정부청사 지구는 금강에서 2킬로미터나 떨어진 곳에 건설됐다. 정부청사 이외의 공공, 문화, 상업, 업무 지구도 대부분 금강에서 떨어진 곳에 건설됐다. 세종시청과 세종시 교육청 정도가 남쪽 금강가에 지어졌을 뿐이다. 금강이 세종시의 중심을 관통하고 있음에

세종시는 도시 중심부의 강가를 대규모 공원으로 만들기로 결정함으로써 세종시의 금강가는 도시 공간으로 활용되지 못하게 됐다. 중앙공원 설계 공모 당선작. 행정중심복합도시건설청.

도 강가를 활용한 도시 건설은 계획되지 않았다. 심지어 세종시의 한복판인 금강 북쪽의 83만평(275만제곱미터)은 모두 공원으로 지정됐다. 세종시 중심의 이 대규모 공원으로 인해 금강은 사실상 세종시에서 배제된 지역이 됐다. 600년 전에 건설된 서울처럼 도시를 강가에 세우지 않고 강에서 내륙으로 한참 들어간 곳에 도시가 건설됐다. 퇴행이었다.

따라서 세종시가 가진 가장 훌륭한 자연 환경인 금강은 정부청사 지구와 완전히 분리됐다. 그나마 금강 남쪽에는 세종시의 행정기관인 시청과 교육청, 15개 국가정책(국책) 연구기관이 들어섰다. 그러나 그런 기관들이 세종시의 중심을 형성한다고 보기는 어렵다. 시청과 교육청 등 도시행정기관과 국책연구기관들도 서로 2킬로미터나 떨어져 있어 시너지를 내지 못한다. 이들 시설도 바로 강가에 들어선 것은 아니고, 모두 강가에서 조금씩 떨어져 있다. 세종시에서 강가의 풍경이라고 할만한 것은 한솔동 첫마을 지구의 아파트 단지 정도다. 마치 서울처럼 강가에서 떨어졌고, 마치 서울처럼 강가엔 아파트만 지은 것이다. 세종시에서 금강이라는 천혜의 자연 조건을 충분히 활용하려 했다면 세종시의 도시행정기관과 15개 국책연구기관은 물론이고, 중앙행정기관과 도서관, 미술관, 박물관, 공연장 등 문화 시설, 상업 시설, 사무 시설 등을 1차적으로 금강가에 배치했어야 한다.

가장 심각한 문제는 세종시의 심장부인 금강 북쪽의 장남평야 등 83만 평의 땅을 도심으로 개발하지 않고 모두 중앙공원(42만평), 국립수목원(20만평), 호수공원(21만평) 등 공원으로 만들어버렸다는 점이다. 이 공원은 북쪽으로 호수공원과 미개발지, 산, 서쪽으로 제천, 남쪽과 동쪽으로 금강으로 둘러싸여 있다. 말하자면 산과 하천, 호수, 미개발지로 둘러싸인 공원이다. 이것은 공원으로서는 최악의 입지다. 공원의 최고 입지는 건물(사람)로 둘러싸인 것이다. 사람들로부터 고립된 전시성, 관상용 공원이 될 가능성이 매우 커보인다. 공원은 사람들이 가장 쉽게 접근할 수 있는 곳에 만들어야

동쪽에서 본 중앙공원. 금강(왼쪽)과 제천(위쪽), 호수공원(오른쪽)으로 둘러싸여 고립돼 있다. 중앙공원에 대한 새로운 도시계획이 필요하다. 행정중심복합도시건설청.

한다는 기본 상식조차 반영되지 않았다. 서울의 8분의 1에 불과한 세종시 신도시에서 많은 장애물로 둘러싸인 곳, 가장 접근하기 어려운 곳에 대규모 공원을 만든 것이다.

또 83만평이라는 공원의 규모가 2016년 말 기준 인구 14만명, 2030년 목표 인구 50만명의 도시에서 지나치게 크다는 점도 생각해야 한다. 예를 들어 인구 800만명의 도시인 영국 런던의 하이드 파크가 43만평, 역시 800만명의 도시인 뉴욕의 센트럴 파크가 100만평 정도다. 세종시에 어울리는 공원의 규모는 83만평이 아니라 8~10만평 정도일 것이다. 10만평짜리 공원 8개, 또는 8만평짜리 공원 10개를 도시 곳곳에 만들었으면 어땠을까? 사람들이 집만 나서면, 사무실만 나서면 접근할 수 있는 그런 위치에 말이다. 처음에 80만평짜리 공원 1개가 아니라, 10만평짜리 공원 8개를 계획했더라면 세종시민에게 얼마나 좋았을까 하는 아쉬움을 갖지 않을 수 없다.

금강이라는 천혜의 자연 공원을 활용하지 않고 그 북쪽에 83만평짜리 인공 공원을 만든 것도 이해하기 어렵다. 금강을 이용해 얼마든지 좋은 공원을 만들 수 있음에도 금강을 충분히 활용하지 않은 것이다. 특히 인공 공원 가운데 21만평의 호수 공원이 포함된 것도 어이가 없는 일이다. 거대한 강과 둔치가 바로 남쪽에 있는데, 그 강과 둔치를 버려두고 새로 엄청난 규모의 땅을 파서 호수를 만든 것이다. 마치 예전에 서울 사람들이 한강에서 수영했는데, 한강에 보를 만들고 백사장을 없애 수영을 하지 못하게 하고는 한강 둔치에 인공 수영장을 만든 것과 다를 바가 없다. 이에 대해 이춘희 세종시장은 "세종시의 호수 공원은 그 남쪽 장남평야의 저지대를 메우기 위한 토사를 확보하는 과정에서 만들어졌다"고 설명했다. 저지대를 메우기 위해 멀쩡한 땅을 파서 저지대(호수)로 만들었다는 것이다. 말하자면 아랫돌을 빼서 윗돌을 쌓은 격이다.

늦었지만, 지금이라도 금강가나 중앙공원과 관련한 도시계획을 바꿔야

세종시는 천혜의 금강을 활용하지 않고, 새로 호수를 파서 시민들의 휴식 공간으로 만들었다. 위는 전월산, 오른쪽은 중앙공원. 행정중심복합도시건설청.

한다. 금강은 그 자체가 매우 훌륭한 공원인데, 그 옆에 83만평짜리 공원을 새로 만들 이유가 무엇인가? 세종시에 대규모 중앙공원은 필요 없다고 생각한다. 그러나 굳이 대규모의 도시 상징 공원을 만들려고 했다면 강가보다는 좀더 내륙 쪽으로 들어가 만들었어야 한다. 가장 좋은 중앙공원 터는 장남평야가 아니라, 중앙행정기관이 들어선 어진동 지역이었다. 어진동에 중앙공원을 만들었다면 그 주변의 공공, 문화, 상업, 업무, 주거 시설에서 살거나 일하는 사람들이 가장 쉽게 접근할 수 있었을 것이고, 세종시 전체에서도 가장 접근하기가 쉬웠을 것이다. 세종시의 상징공원이 되기에 모자람이 없었을 것이다. 동시에 중앙행정기관이 현재의 중앙공원 자리로 갔더라면 금강도 충분히 활용할 수 있었고, 도심을 형성하는 데도 훨씬 유리했을 것이다.

부디 현재의 도시계획을 변경해 강가에는 공공, 문화, 상업, 업무 시설을 들이길 바란다. 그 다음 켜 정도에 지금보다 규모가 작은 중앙공원을 만드는 것이 바람직하다. 공원 관리도 더 통합적인 체계가 필요하다. 현재는 중앙공원과 호수공원은 행정도시청이 조성해 세종시가 관리를 맡고, 국립수목원은 산림청이 조성해 관리하는 등 관리 주체가 나뉘어져 있다. 이용하는 시민에겐 중앙공원과 호수공원, 국립수목원의 차이가 없는데도 말이다. 모두 통합해서 중앙공원으로 하고, 수목원 지역과 호수공원 지역 정도로 나누면 어떨까? 그래야 중앙공원과 금강이 고립되지 않고 사람들에게 널리 활용될 수 있다. 중앙공원의 규모를 줄이는 대신 세종시의 각 생활권별로 더 넓은 공원용지를 확보해야 한다. 이미 건설된 지역은 방법을 찾기가 쉽지 않지만, 앞으로 새로 지어지는 지역에라도 8~10만평의 공원을 하나씩 마련하면 좋겠다.

14 청사, 14개의 다리로 잇다

세종시에서 가장 중요한 랜드마크(표지물)는 정부세종청사 본관이다. 세종청사 본관은 59만6283제곱미터의 터에 건물 연면적 62만9145제곱미터에 이르는 거대한 건물이다. 지하 1층, 지상 최고 8층의 15개 건물이 3.6킬로미터에 걸쳐 14개의 다리로 연결돼 있다. 설계 공모에서 1등으로 뽑힌 해안건축 윤세한 건축가의 작품이다. 이 건물은 당선 때부터 현재까지 논란이 계속되고 있다. 이 건물이 파격적이어서 여러 장점과 여러 단점을 함께 갖고 있기 때문이다.

정부세종청사의 가장 중요한 장점은 높이다. 정부세종청사는 4~8층의 건물들이 서로 연결된 형태이고, 최고 높이는 34미터에 불과하다. 이는 30~40미터인 과천청사와 함께 중앙정부의 청사 가운데 가장 낮은 것이다. 가장 높은 정부청사는 1997년 지어진 대전청사로 20층, 91.9미터에 이르며, 1970년 지어진 서울청사 본관은 19층, 84미터이고, 2002년 지어진 외교부 청사는 18층, 91.6미터이다.

높이가 낮은 건물의 장점은 여러 가지가 있지만, 무엇보다 편안하고 안정적인 느낌을 준다. 예를 들어 세종로의 공공 건물 가운데 수평적인 미국 대사관 건물과 수직적인 정부서울청사를 비교해보면 미국 대사관 건물이 훨

정부세종청사 본관은 15개의 건물이 14개의 다리로 연결돼 있다. 행정중심복합도시건설청.

씬 더 안정적이라는 점을 쉽게 알 수 있다. 사실 정부서울청사 건물도 애초엔 미국 대사관이나 미국의 정부청사 건물처럼 수평적인 스타일이었다. 그러나 당시 박정희 정부가 비상하는 한국의 모습을 보여줄 수 있게 수직적 형태로 바꾸도록 지시해 변경된 것으로 알려져 있다.

정부서울청사가 수평적인 형태로 지어졌다면 세종로의 거리 경관은 훨씬 더 안정감 있는 모습이 됐을 것이고, 경복궁이나 인왕산의 경관도 덜 해쳤을 것이다. 또 현대해상빌딩(1976년 완공), 교보빌딩(1980년 완공), 외교부청사

서울청사 본관은 애초 수평형이었으나, 정부의 요구에 따라 수직형으로 바뀌었다. 김규원.

해방 뒤 미국 정부가 지은 대한민국박물관(왼쪽)과 미국 대사관(오른쪽) 쌍둥이 건물을 보면 정부서울청사 본관이나 별관과 다른 안정감을 느낄 수 있다. 김규원.

(2002년 완공) 등 고층 건물이 세종로에 들어서는 것도 억제됐을 것이다. 2017년 5월 서울시의 자문기구인 '광화문 포럼'은 광화문 앞 도로를 전면 보행 광장으로 바꾸자고 제안하면서 장기적으로 광화문 앞 건물의 높이를 낮추는 방안을 검토해야 한다고 밝혔다. 정부서울청사가 수평적으로 들어섰다면 이런 고민도 필요 없었을 것이다.

정부세종청사는 정부서울청사와는 반대다. 세종시 일대는 평지와 언덕, 낮은 산들로 이뤄진 지형이다. 이곳에 높은 건물이 들어섰다면 주변의 산세나 언덕을 많이 가렸을 것이다. 그러나 세종청사는 스스로를 낮춤으로써 주변의 산세나 건물들을 가리거나 짓누르지 않는다. 오히려 세종청사 주변에 높은 아파트를 허용함으로써 아파트가 세종청사를 압박하는 형세를 보이는데, 이 점은 도시계획상 아쉬운 점이다. 모든 건물의 높이를 25미터로 제한한 파리 도심처럼 세종시도 세종청사의 최고 높이인 34미터로 건물 높이를 제한했다면, 도시 전체가 조화롭고 안정감 있는 모습을 보였을 것이다. 아마도 세종시는 그 낮은 높이만으로도 국내에서 경관이 가장 인상적인 도시가 될 수도 있었을 것이다. 그러나 아쉽게도 그런 일은 일어나지 않았다.

낮은 건물은 안전이나 편리상으로도 장점이 크다. 건물에서 화재나 붕괴와 같은 사고가 일어났을 때 높은 건물과 낮은 건물의 안전성에는 하늘과 땅의 차이가 있다. 미국 9.11 테러 때 무역센터와 국방부(펜타곤)의 피해를 비교하면 쉽게 알 수 있다. 100층이 넘는 무역센터는 테러 공격에 쉽게 노출됐고, 공격 받은 뒤 사람들을 구출하는 데 큰 어려움을 겪었다. 결국 붕괴했고, 3천여명이 목숨을 잃었다. 반면, 5층에 불과한 펜타곤은 비슷한 공격을 받고도 건물에 큰 피해를 입지 않았고, 인명 피해도 125명으로 훨씬 적었다. 나머지 대부분 사람들이 쉽게 대피했고, 공격 받은 건물이 추가로 붕괴하는 일도 일어나지 않았다.

9.11 테러 때 붕괴한 미국 뉴욕의 세계무역센터는 고층 건물에서 일어나는 사고의 위험성을 잘 보여줬다.(상) 로버트 피시. 9.11 테러 때 공격 받은 미국 국방부는 중요한 건물을 저층으로 지어야 하는 이유를 잘 보여줬다.(하) 미국 공군. 위키피디아.

화재가 났을 때도 마찬가지다. 낮은 건물에서는 밖으로 탈출하는 일이 어렵지 않고 2~3층 정도라면 뛰어내릴 수도 있다. 또 탈출하는 데 많은 시간이 걸리지 않기 때문에 인명을 살리는 데 훨씬 유리하고, 불을 끄는 것도 상대적으로 쉽다. 그러나 고층의 경우는 화재 때 탈출하거나 사람을 구조하는 일이 매우 어렵다. 예를 들어 한국에서 가장 긴 소방 사다리차가 닿을 수 있는 최고 높이는 70미터로 28층 정도까지 닿을 수 있다. 그러나 70미터짜리 사다리차는 서울과 부산에 한 대씩 2대밖에 없다. 전국에 160대가 널리 보급된 55미터짜리 사다리차는 건물 22층까지 닿을 수 있다. 따라서 23층 이상에 사는 사람은 화재 때 사다리차의 도움을 받을 수 없다. 계단으로 탈출하거나 지붕으로 올라가서 헬기의 구조를 기다려야 한다. 고층 건물의 화재 때는 엘리베이터를 이용할 수 없고 계단을 이용해야 하는데, 고층에서는 밖으로 이동하는 데 시간이 많이 걸리기 때문에 탈출 도중 유독 가스에 질식할 위험이 매우 크다. 2017년 1월 준공을 앞둔 123층 롯데월드타워에서 피난훈련을 해본 결과, 피난엘리베이터를 이용해 대피하는 데는 최대 63분, 피난계단을 이용해 대피하는 데는 최대 60분이 걸렸다. 화재 때 건물 안에 열기와 연기가 가득하다는 점을 고려하면 생존하기가 쉽지 않은 매우 긴 시간이다.

저층 건물은 이용상으로도 매우 편리하다. 저층과 고층의 차이는 엘리베이터의 이용 여부다. 저층 건물은 엘리베이터가 없어도 얼마든지 이용할 수 있지만, 고층 건물은 엘리베이터 없이는 이용할 수 없다. 사실 고층 건물이 나오고 엘리베이터가 나온 것이 아니라, 엘리베이터가 발명되면서 고층 건물이 보급되기 시작했다. 물론 엘리베이터 이전에도 고층의 피라미드나 고딕 성당 등이 있었으나, 그것은 예외적인 사례일 뿐이다. 저층에 사는 사람은 엘리베이터가 고장 나도 큰 문제가 없지만, 고층에 사는 사람은 엘리베이터가 고장 나면 큰 불편을 겪게 된다.

20세기 이전에 고층 건물은 극히 예외적인 것으로 고딕 성당에서나 찾아볼 수 있는 것이었다. 프랑스 스트라스부르의 노트르담 성당. 김규원.

정부세종청사의 또 다른 장점은 모든 건물이 서로 구름다리로 연결됐다는 점이다. 정부세종청사 본관은 15개 건물이 4~6층 사이에서 2~3개 층 정도 서로 연결돼 있다. 이 구름다리 덕에 20개 기관의 공무원들이 다른 기관들을 자유롭게 방문할 수 있다. 세종청사 본관의 15개 건물들 사이에는 아무런 장벽이 없고, 이 건물들을 들어갈 때만 한 번 보안 검색을 거치면 된다. 한때 보안상의 이유로 부처별로 출입을 통제하는 방안도 검토됐으나, 아직까지 부처 사이의 왕래는 자유롭다. 15개 건물에 있는 20개 기관의 공무원들이 구름다리를 통해 자유롭게 서로 오가는 것은 멋진 일이다. 다만 행정안전부(재난안전관리본부), 국세청, 소방청, 해경청, KTV 등은 정부세종청사 별관을 사용하며, 인사혁신처는 민간 건물을 임대해 사용한다.

세종시에서 상주할 때 출입처인 6동의 국토교통부와 5동의 해양수산부, 농림수산식품부를 이동하면서 이 구름다리를 늘 이용했다. 또 6동의 공무원들은 1동과 2동 앞에 있는 세종1번가와 세종마치 등 식당 건물을 방문할 때 이 구름다리를 많이 이용한다. 특히 비가 오면 많은 사람들이 이 구름다리를 이용해 자신의 목적지에 가까운 건물까지 이동한 뒤 밖으로 나간다.

15개 정부 건물들이 서로 연결돼 있는 것은 참 좋은 일이다. 물론 10개 기관이 들어 있는 정부서울청사의 본관과 별관이 서로 연결돼 있고, 14개 기관이 들어 있는 정부대전청사의 4개 건물이 1층에서 서로 통한다. 그러나 15개 건물에 들어 있는 20개 기관이 4~6층 사이의 구름다리로 서로 연결된 정부세종청사에 비할 바는 아니다. 실제로 보면 그것은 일대 장관이다.

정부세종청사의 기획재정부와 해양수산부 사이의 구름다리(앞쪽)와 기획재정부와 정부청사관리본부 사이의 구름다리(뒤쪽). 김규원.

그러나 이 많은 구름다리들과 건물 사이의 무장애라는 장점에도 불구하고 정부세종청사의 연결에는 약점도 있다. 그것은 바로 건물들이 서로 다선적으로 연결되지 못하고 단선적으로만 연결됐다는 점이다. 15개의 건물이 3.6킬로미터에 이르는 하나의 긴 선 위에 죽 늘어서 있을 뿐 바둑판처럼 동서남북의 다양한 방향으로 서로 연결되지 못한 것이다.

단선적 연결과 다선적 연결의 차이는 크다. 이를테면 15개의 건물이 정부세종청사처럼 ㄷ자 모양의 한 선 위에 있는 경우(그림1)와 4×4(그림2) 모양, 3×5(그림3) 모양으로 있는 경우를 비교해 보자. 단선 위에 15개 건물이 있을 때는 가장 먼 건물까지 무려 14개의 구름다리를 건너야 한다. 그러나 4×4나 3×5의 모양으로 돼 있다면 가장 먼 건물도 6개의 구름다리만 거쳐서 모두 닿을 수 있다. 가장 먼 건물을 뺀 다른 건물들은 6개 미만의 구름다리를 건너서 모두 닿을 수 있다.

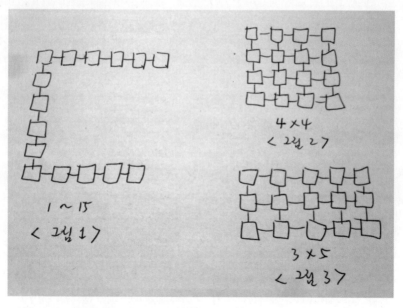

건물을 단선으로 연결했을 때와 격자형으로 연결했을 때의 차이.

접근할 수 있는 건물의 수도 2~3배의 차이가 난다. 단선에서는 한 개 구름다리를 건너면 한 개 건물을 만나고 그 다음에도 또 한 개 건물을 만난다. 모든 건물에 닿기 위해서는 14개의 구름다리를 모두 건너야 한다. 그러나 바둑판형의 다선일 때는 한 개 구름다리를 건너면 그 건물에서 2~3개 다른 건물로 이동할 수 있다. 최대 6개 구름다리 안에서 모든 건물로 이동할 수 있다. 이동하는 시간과 거리 역시 구름다리의 숫자와 비례한다고 보면 될 것이다. 이동 거리와 시간은 최소 2분의 1 이하로 줄어든다. 이동의 편리성과 효율성을 생각하면 이런 단선적 건물 배열은 어리석기 짝이 없는 구조다.

또 하나 아쉬운 일은 15개의 모든 건물이 사실상 기다란 한 건물로 설계되는 바람에 각 부처 건물들의 개별성이 충분히 표현되지 못했다는 점이다. 이를테면 정부세종청사 본관에는 국무총리비서실, 국무조정실(이 2개 기관을 합해 통상 국무총리실이라고 함), 공정거래위원회, 조세심판원, 정부청사관리본부, 기획재정부, 해양수산부, 농림축산식품부, 국토교통부, 행정중심복합도시건설청, 환경부, 국민권익위원회, 법제처, 우정사업본부, 국가보훈처, 보건복지부, 고용노동부, 산업자원부, 교육부, 문화체육관광부, 조세심판원 등 21개 중앙행정기관들이 들어 있다. 15개 건물 가운데 어느 한 건물도 이들 기관을 대표하거나 상징하지 못한다. 개별 기관의 특성을 잘 드러내지 못한다. 오직 ㄷ자 모양의 전체 형상만 드러날 뿐이다. 이에 비해 별개 건물로 지어진 국세청(별관 1동), 소방청, 해양경찰청(별관 2동), 새만금개발청(어진동 사무소), 인사혁신처(민간 건물) 등 건물은 개성이 확실히 드러나고 기억하기도 쉽다. 다시 말해 정부세종청사 본관은 어떤 기관과 건물을 서로 짝짓기가 매우 어렵다. 모든 기관들이 긴 건물의 부분을 차지하고 있을 뿐이다.

다른 중앙정부 건물들도 대체로 마찬가지다. 서울청사 본관과 대전청사에는 한 건물에 여러 부처가 들어가 있어서 어떤 부처도 대표하지 못한다.

정부세종청사의 별관인 국세청은 본관과 달리 개별성이 확실히 드러난다. 김규원

건물이 5개 동인 과천청사는 대체로 각 건물을 개별 기관이 사용하고 있으나, 건물이 크기만 다르고 디자인이 한 가지여서 역시 각 기관의 특성은 드러나지 않는다. 오직 서울청사 별관인 외교부 청사와 용산의 국방부 청사 정도가 명확히 한 기관을 상징할 뿐이다. 물론 세종청사도 각 기관별로 끊어서 보면, 총리실은 ㄱ자 모양, 공정위는 ㅡ자 모양, 기재부는 ㅅ자 모양 등으로 서로 조금씩 다르다. 그러나 이것은 건물을 하나씩 끊어서 주의 깊게 살펴야 알 수 있고, 시민들이 개별 기관의 위치와 모양을 인식하기는 매우 어렵다.

만약 세종청사를 한 건축가의 설계안으로 하지 않고, 각 중앙행정기관에

독일 베를린의 연방정부 건물. 독일 연방정부는 통일 뒤 옛 제국의회를 리모델링하고, 주요 연방정부 건물을 새로 지었다. 김규원.

터만 정해주고 각자 설계하도록 했더라면 어땠을까? 건물 높이 제한이나 구름다리를 통한 건물의 연결 등 최소한의 공통 지침만 정해놓은 상태로 말이다. 그랬다면 우리는 최소한 15개의 개성 넘치는 정부청사 건물을 가질 수 있었을 것이다. 각 건물들이 각 기관의 개성을 드러내는 아름다운 디자인과 높은 품질의 건축으로 경쟁할 수도 있었을 것이다. 그러나 그런 멋진 기회는 영영 사라져 버렸다. 우리는 하나의 기다란 건축물을 얻는 데 그치고 말았다. 앞으로 새로 지을 행정안전부와 과학기술정보통신부, 인사혁신처 등의 청사는 개별 기관의 개성을 살리는 방향으로 가면 좋겠다.

15 청사, 길을 뛰어넘다

서울 경복궁의 동십자각 대각선 건너편에는 '트윈트리타워'라는 이름의 건물 2채가 서 있다. 이것은 김수근 건축가가 설계한 옛 한국일보 건물을 허물고 그 자리에 새로 지은 건물이다. 요즘 유행하는 철골 구조와 유리 표면으로 된 이른바 '하이테크' 양식을 취했다. 이 건물에 대해서는 비판과 찬사가 모두 나왔는데, 그 찬사의 이유 가운데 하나는 이 건물이 터의 모양에 따라 지어졌다는 점이다. 이 건물의 터는 두툼한 ㅅ자 모양인데, 그 터 위에 네모 반듯한 건물을 짓지 않고 터 모양을 고려해 2채로 나눠 곡선형, 부정형으로 지었다. 통상 과거의 건물들은 터의 모양에 따라 지었는데, 요새 신축하는 건물은 그 터의 모양에 관계없이 네모 반듯하게 높이 짓고 나머지 터를 비운다. 그래서 새 건물이 들어서면 예전의 짜임새 있던 건축과 공간의 연속성이 무너진 느낌이 많이 든다. 정부세종청사는 바로 이런 문제점을 갖고 있다. 트윈트리타워의 정반대 쪽에 서 있는 것이다. 왜 이런 문제가 생겼을까? 무엇보다 설계자가 공공성이 높은 정부청사를 지어 도시와 거리를 활기 있게 만들려고 하기보다 뭔가 독특한 자기만의 예술적 표현을 앞세웠기 때문이라고 생각한다. 물론 이 건물에 설계상 문제점이 있다면 가장 큰 책임은 이 안을 뽑은 심사위원들에게 있다.

트윈트리타워는 길을 따라 곡선의 건물을 지었다. 김규원.

세종청사의 첫째 문제점은 건물을 길과 블록을 무시하고 지었다는 점이다. 통상 길과 블록은 건물의 바탕이 되고, 건물은 길을 따라 블록 안에 지어진다. 길은 블록의 밖이 되고, 길이 둘러싼 블록 안에 건물이 지어지는 것이다. 길과 블록과 건물은 서로 통합돼 있고, 통상 서로 간섭하지 않는다. 이것은 길과 블록, 건물이 서로 협력하고 존중하는 관계에 있음을 뜻한다고 생각한다. 그러나 세종청사는 이런 기본적인 공간의 문법을 완전히 무시했다. 세종청사는 건물과 길, 건물과 블록이 서로 따로 논다. 도시 공간을 사람에 비유한다면 길은 옷과 같고, 블록은 몸통과 같고, 건물은 내장 기관과 같은 것이다. 그런데 내장 기관이 몸통 밖으로, 옷 밖으로 튀어나온 것 같은 구조로 돼 있는 것이 세종청사다.

이 건물을 설계한 해안건축의 윤세한 건축가는 세종청사가 들어선 땅을 모두 21개의 블록으로 나눴다. 대략 16개는 정사각형에 가까운 블록이고,

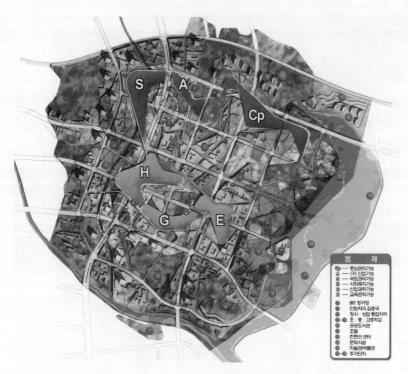

개념도를 보면, 건물이 길과 블록을 자유롭게 가로질렀다는 점을 알 수 있다. 행정중심복합도시건설청.

5개는 좀 더 자유로운 형태의 블록이다. 그리고 그 위에 15개의 청사를 앉혔는데, 이 블록과는 전혀 이질적인 형태로 무질서하게 설계했다. 통상의 경우라면 블록이 사각형이면 건물도 그에 맞춰 사각형으로 설계하고, 블록이 삼각형이면 건물도 그 블록의 삼각형에 맞춘다. 또 한 블록 안에서는 높은 땅엔 건물을 낮게, 낮은 땅엔 건물은 높게 앉힌다.

그 터의 모양에 맞게 건물을 설계하는 것은 모든 건축가의 기본적인 태도이자 예의다. 건물의 평면은 통상 터 모양에 따르는 것이다. 이해할 수 없는 것은 정부세종청사의 정사각형 블록을 설계한 것도 윤세한 건축가였고, 정사각형에서 벗어난 자유로운 곡선의 건물을 설계한 것도 그였다는 점이다. 다시 말해 윤 건축가는 정사각형이든 곡선이든 땅과 건물의 모양을 얼마든지 조화롭게 설계할 수 있었는데, 터는 터대로, 건물은 건물대로 디자인함으로써 터와 건물이 물과 기름처럼 서로 어울리지 못하는 이질적인 풍경을 만들어냈다.

이런 길과 블록, 건물이 따로 노는 설계는 도시 공간의 큰 매력인 길과 건물의 어울림을 무너뜨렸다. 정부세종청사는 길을 걸으면서 길가의 건물에서 느끼는 든든함과 편안함, 아늑함, 즐거움, 흥미로움 등 건물과의 교감을 파괴했다. 또 길을 따라 들어선 건물을 배경으로 일어나는 사람들의 여러 활동을 모두 막아버렸다. 이를테면 건물을 구경하거나 건물을 만지거나 건물에 기대거나 건물 옆에 모이거나 건물 옆이나 벤치나 건물 계단에 앉거나 하는 모든 활동이 세종청사에서는 일어날 수 없다. 건물이 길과 괴리돼 있기 때문이다. 오히려 건물과 길 사이에 쇠살로 된 담장을 설치해 건물로 아예 접근할 수 없게 만들었다.

길과 블록을 따라 지은 건물은 사람이 건물에 접근하는 것도 아주 쉬운데, 세종청사의 모든 건물은 이런 편리도 모두 제거했다. 모든 건물의 입구는 길에서 쇠살 담장에 설치된 문을 통과해 한참 들어가야 나온다. 거리를 걷다가 건물의 문을 열고 들어가거나 건물에서 문을 열고 나와 거리를 걷는 것과 같은 행동을 할 수가 없다. 세종청사와 거리를 완전히 분리, 차단해버렸고, 그 결과로 세종청사 주변의 거리는 아파트 단지 옆의 거리와 마찬가지로 완전히 썰렁해졌다.

물론 세종청사를 다른 중앙정부청사와 비교하면 최악이라고 말할 수는 없다. 기존의 서울청사와 과천청사, 대전청사 등 모든 중앙정부청사가 길과 만나지 않는다. 너른 터에 삭막한 담장을 두르고 담장과 뚝 떨어진 터 한가운데 건물을 지어놓았기 때문이다. 세종청사는 다른 청사들과 비교하면, 담장에서 그리 멀지 않고 그리 높지 않으며 그리 권위주의적이지 않다. 그

바르셀로나 고딕 지구는 건물이 온전히 블록을 따라 들어섰고, 건물 사이(블록 사이)는 모두 길이다. 다른 공간이 없다. 김규원.

세종청사에서 담장은 블록을 표시하고, 건물은 블록과는 별 관계가 없다. 건물과 블록의 아귀가 맞지 않고, 길은 담장과 담장 사이이다. 김규원.

점은 다른 청사들보다 확실히 낫다. 그러나 길을 따라 건물을 짓지 않았다는 점, 건물 밖으로 쇠살 담장을 둘렀다는 점에서는 다른 정부청사와 다를 바가 없다. 정도의 차이는 있지만 역시 권위주의적이고 과시적인 청사다.

애초 세종청사는 담장을 두르지 않는 것으로 설계됐다고 알려져 있다. 건물이 길과 블록을 따라 들어서지는 않았지만, 시민들이 건물 가까이 다가가는 것은 가능했다. 정부 건물과 시민 사이를 가르는 담벼락을 없앤다는 점에서 나름 혁신적인 시도였다. 그러나 2012년 9월 1단계 정부기관들의 입주 직전에 결국 쇠살 담장이 설치됐고, 시민들의 자유로운 접근은 차단됐다. 이 때문에 어떤 사람들은 애초 건축가의 의도는 현재와 달랐고, 그 대목은 건축가가 책임질 일이 아니라고 설명하기도 한다.

그러나 정부세종청사를 출입하며 일해보니 시민들이 자유롭게 정부청사에 접근할 수 있게 하려면 현재의 세종청사처럼 설계해서는 안 됐다. 정부청사의 높은 보안성이나 안전성을 고려하면 건물의 구조나 외벽 등을 더 단순하고 단단한 형태로 했어야 한다. 세종청사는 자유로운 곡선 형태를 가졌고, 곳곳에 필로티와 기둥회랑(주랑), 구름다리가 조성돼 있다. 1층을 포함한 외벽을 유리로 처리한 곳도 많다. 이런 형태나 재질은 보안이나 안전에 아주 취약하다. 설계자가 진정으로 시민들이 세종청사에 더 쉽게, 더 가까이 다가가길 바랐다면 세종청사를 보안이나 안전에 더 유리한 구조로 설계했어야 한다. 예를 들어 외벽이 직선인 건물을 감시하려면 보통 한 면에 한 사람의 경비원이 있으면 충분하지만, S자 형태의 건물을 감시하려면 사각이 많아서 상대적으로 더 많은 경비원이 필요하다. 건물이 복잡할수록 보안과 방범이 어렵고, 단순할수록 보안과 방범이 쉽다. 그런 점에서 세종청사처럼 복잡한 형태와 구조를 가진 건물을 담장 없이 개방하려 한 건축가의 생각은 무책임하다.

세종청사가 애초 건축가의 의도와 달라진 또 한 가지는 이 건물의 지붕

잔디밭과 나무, 필로티, 기둥, 곡면 등 복잡한 구조를 가진 정부 건물을 담장 없이 개방하는 일은 무책임하다. 김규원.

에 정원을 설치해 시민들에게 공개하려 했던 일이다. 옥상정원은 길이 3.6킬로미터로 세계에서 가장 긴 정원으로 기네스북에도 올랐다. 이 정원의 넓이는 7만9194제곱미터(2만4천평)로 축구장의 11배에 이른다. 그러나 3.6킬로미터에 이르는 세종청사 지붕 전체를 시민들에게 개방해 산책로나 달리기 코스로 만들겠다는 야심찬 계획 역시 시작도 하지 못하고 끝났다. 이 역시 보안과 안전 때문에 실행되지 못했다. 문화체육관광부 쪽의 비스듬한 옥상정원 진출입로는 언제나 굳게 잠긴 상태. 현재 세종청사의 옥상정원은 자유로운 접근이 금지돼 있고, 미리 예약하면 길잡이를 붙여 일부 구간을 돌아볼 수 있게 운영한다. 현실감각이 부족한 아이디어에서 나온 정부청사 옥상정원은 공무원과 기자들만을 위한 공간으로 전락했다.

이에 대해 어떤 사람들은 아쉬움을 표시한다. 시민들에게 개방적인 정부청사가 될 수 있었는데, 낡은 생각 때문에 못했다는 이야기다. 그러나 이런

3.6킬로미터, 2만4천평의 세계 최장, 최대 옥상정원. 누구를, 무엇을 위한 정원인가? 행정중심복합도시건설청.

생각은 정부청사에 담장을 두르지 않으려던 계획보다 훨씬 더 무책임하고 현실성이 없는 이야기다. 요즘처럼 테러나 방화가 횡행하는 험한 세상에서 중앙정부의 청사 지붕을 아무런 제한 없이 시민에게 개방한다는 것이 과연 가능할까? 아마도 세종청사의 지붕을 전면 개방하려면 적어도 20~30미터마다 경비원이나 보안요원을 배치해야 할 것이다. 그렇게까지 하면서 정부청사 지붕을 정원으로 만들어 개방해야 하는 일인지 모르겠다.

더욱이 세종시처럼 녹지가 많고 녹지를 얼마든지 계획할 수 있는 도시에서 옥상정원은 얼마나 필요한 일일까? 지붕 정원, 지붕 녹화라는 것은 녹지가 부족하고 고층 건물이 많아서 열섬 현상이 나타나는 서울이나 뉴욕 같은 대도시에서 필요한 사업이다. 사방이 녹지인 세종시에서 굳이 많은 돈을 들여서 세종청사 지붕에 정원을 만들어야 하는 이유를 이해하기 어렵다. 하루 빨리 이 우스꽝스런 옥상 정원을 걷어내길 바란다. 그게 예산을 아끼고 건물의 내구성을 유지하기 위해서도 더 나을 것이다.

　처음에 세종청사 설계에 관여했던 건축가나 심사위원, 공무원들이 더 현실적이고 구체적인 고민을 했다면 이런 허망한 일은 없었을 것으로 생각한다. 담장 없는 정부청사는 시도해 볼만한 일이었는데 부적절한 설계로 인해 어려워졌고, 지붕 정원은 불필요한 일이었는데 무리하게 추진해 예산만 낭비하고 용두사미가 돼버렸다. 세종청사를 관리하는 행정안전부나 행정도시청 공무원들이 더 현실적으로 고민했다면 지붕정원이 아니라, 시민들이 안전하게 걷고 달리고 자전거 탈 수 있는 정부세종청사 둘레길 같은 것을 만드는 게 나았을 것이라고 생각한다.

정부세종청사가 용을 닮았다는 주장이 제기되고 있다. 과연 용을 닮았나. 행정중심복합도시건설청.

사족으로 세종청사의 형상과 관련해 한 마디 해두고자 한다. 일부 매체나 사람들은 세종청사가 용의 형상으로 설계됐다고 말한다. 국무총리실이 용의 머리에 해당하고 문화체육관광부가 꼬리에 해당한다는 것이다. 그러나 그것은 설계자의 안에 전혀 나오지 않은 내용이다. 애초 윤세한 건축가의 설계안 주제는 '플랫, 링크, 제로 시티'다. 다시 말해 '평평하고 이어지고 친환경적인 도시'였다. 세종청사가 용의 형상이라는 설은 어느 상상력이 풍부한 공무원이나 기자, 또는 호사가가 지어낸 말인 듯하다. 실제 세종청사의 모양은 숫자 3을 거꾸로 해놓은 것 같은 모양이고, 용의 형상과 별로 닮지 않았다. 그런데 최근 보니 행정도시청의 세종청사에 대한 설명자료에도 '용의 형상'이라는 표현이 실리기 시작했다. 무에서 유가 창조되고, 다시 그 유가 역사가 되려는 모양이다.

16 국립도서관 가보셨나요

대한민국은 1996년에 선진국 클럽인 경제협력개발기구(OECD)에 가입했다. 그러나 아직도 후진성을 벗어나지 못하는 일들이 적지 않은데, 그 중 하나가 바로 건축이다. 아직도 한국에서는 건축이라고 하면 '뭔가 특별한 건

최근 서울 도심에 지어진 대표적 건축물인 국립현대미술관 서울관. 김규원.

물을 짓는 일'로 여기는 경우가 많은데, 이것이 바로 후진성의 근거라고 생각한다.

건축은 무슨 특별한 일이 아니라, 그저 우리의 삶이 이뤄지는 공간을 만드는 일이다. 만약 우리가 자연 동굴 같은 데서 산다면 건축은 필요 없는 일일 것이다. 그러나 우리는 집에서 살고, 사무실이나 공장, 매장에서 일하고, 영화관이나 공연장, 미술관 같은 곳에서 삶을 즐긴다. 우리 삶의 대부분은 건축 공간 안에서 이뤄진다. 따라서 사람이 건축을 하지만, 거꾸로 사람이 그 건축의 영향을 받는다. 바로 이것이 건축의 중요성이다.

세종시가 처음 계획될 때 세종시에 기대한 것 가운데 하나는 건축이었다. 세종시는 2200만평의 땅을 정부가 사들여서 기존 건물을 모두 허물고 땅을 가지런하게 한 뒤 그 위에 모든 시설물들을 새로 짓는 것이기 때문에 건축 분야에서의 가능성은 매우 컸다. 마치 통일 뒤 독일의 베를린처럼 현

국립세종도서관 야경. 행정중심복합도시건설청.

대 건축물의 실험장과 전시장이 될 수도 있었다. 그러나 세종시에서 그런 공공 건축 분야의 실험은 수량과 품질에서 기대에 미치지 못했다. 세종시에서도 일부 공공 건축물은 아주 특이하게 지으면서 주택과 상가 등 대부분의 일상적 건물들은 아주 상투적으로 짓는 한국 건축의 오랜 문제점이 그대로 반복됐다. 사적인 건축 영역에서 새로운 시도를 장려하고, 틀에 박힌 건축을 통제하려는 노력이 필요했는데, 그런 시도는 부족했다.

먼저 공공 건축에서 보면, 가장 눈에 띄는 것은 세종시의 랜드마크인 정부세종청사 본관이다. 그러나 앞의 글에서 다뤘기 때문에 여기선 생략한다. 정부세종청사 다음으로 눈에 띄는 건물은 단연 국립세종도서관이다. 현재까지 지어진 세종시의 건물 가운데 가장 우수한 것을 찾는다면 단연 이 국립도서관이 1위에 올라야 한다. 이 도서관의 장점은 첫째 이용의 편리성이다. 이 도서관에 들어서면 3층까지 뚫린 널찍한 로비가 펼쳐지며, 여기서 시민들은 아주 편안하게 쉬거나 사람을 만나거나 기다릴 수 있다. 이 도서관은 최근 세계적 추세인, 집이나 카페처럼 편안한 도서관을 추구했다.

이런 편안한 도서관의 개념은 열람실에서도 쉽게 드러난다. 서고와 열람실이 분리된 많은 한국의 도서관과 달리 이 도서관은 거의 완벽하게 서고와 열람실이 통합돼 있다. 도서관의 핵심 기능이 책을 보관하고 읽는 일이라는 점에서 이 도서관의 구조는 그 기능에 매우 충실하다. 서가 사이사이에 자리잡은 탁자와 의자들도 모두 자연스럽고 편안해 보인다. 2014년 슈퍼마켓과 같이 편안한 도서관을 소개한 〈슈퍼 라이브러리〉라는 책이 나왔는데, 이 도서관은 바로 그런 '슈퍼 라이브러리'다.

또 이 도서관은 1층에 커피숍을, 4층에 음식점을 갖추고 있는데 이 또한 시민들이 이 도서관을 가장 인기 있는 방문지로 만드는 이유가 된다. 도서관에 와서 반드시 책 읽고 공부해야 하는 것이 아니라, 그냥 차 한 잔 마시러, 밥 한 끼 먹으러 올 수 있게 만든 것이 이 도서관의 장점이다. 이밖

국립세종도서관의 개방적인 열람실(상), 어린이 열람실(중), 1~3층이 한 눈에 보이는 국립세종도서관 로비(하). 국립세종도서관.

에 이 도서관은 책뿐 아니라, 컴퓨터, 전자책, 전자 잡지, 영상물 등을 고루 갖춘 현대적인 도서관이다. 이 도서관에서 가장 인기 있는 열람실은 바로 어린이 열람실인데, 문 밖에 바로 어린이 놀이터까지 있어서 엄청난 시너지를 낸다.

국립세종도서관은 설계도 매우 뛰어나다. 삼우건축이 공모에서 당선돼 설계를 맡았는데, 내부는 간결하고 개방적이고 편리한 구조를 갖고 있다. 넓은 로비와 지하 1층~지상 3층까지의 뚫린 구조, 열린 계단과 엘리베이터 등이 모두 보기 좋고 편리하다. 외부의 아름다움은 읽다가 덮어놓은 책 같은 디자인 모티브와 철강과 유리로 만든 투명한 구조에서 나온다. 밤에 불을 켜놓은 풍경도 아주 볼 만하다. 이 도서관은 건축상을 받기도 했고, 전국의 '아름다운 도서관'을 꼽을 때마다 거의 포함된다. 한국에서 공공 도서관의 새로운 모델을 제시한 건축물로 평가할 수 있다.

다만, 이 도서관에서 아쉬운 점은 규모가 작다는 것이다. 지상 4층, 지하 2층인데, 지하 1층의 일부와 지상 1~2층만 도서관으로 사용한다. 건물 바닥 면적이 2만1079제곱미터(6386평)이며, 전체 좌석은 545석에 불과하다. 장서도 2017년 8월 기준으로 43만1556권(점)에 불과하다. 납본 도서관인 서울의 국립중앙도서관이 2017년 7월 기준으로 바닥 면적이 9만7724제곱미터(2만9613평), 장서가 1108만6672권(점), 좌석이 1242석이라는 점과 비교하면 좌석 수 외에는 전혀 비교가 되지 않는다. 역시 납본 도서관인 국회도서관도 2017년 7월 기준으로 603만1766권(점)을 소장하고 있다. 납본 도서관이란 도서관법에 따라 국내의 모든 출판물을 제출받아 보관하는 도서관으로 현재 한국에선 국립중앙도서관, 국회도서관이 납본 도서관이다. 2권을 납본 받는데, 한 권은 보존용, 다른 한 권은 열람용이며, 열람용에 대해서만 책값을 치른다. 2016년 8월 4일부터는 전자책도 납본 대상에 포함됐다.

사실 세종도서관의 규모는 구립 도서관 수준이다. 서울 종로구의 정독

도서관은 바닥 면적이 1만3266제곱미터(4020평)로 국립세종도서관보다 작지만 장서는 2017년 8월 기준으로 52만2941권(점)으로 국립세종도서관의 1.2배이고, 좌석은 1777개로 3배가 넘는다. 이렇듯 규모를 보면, 국립세종도서관은 대한민국 행정부의 공무원들이 이용할 수 있는 자료실로 계획되지 않고 지역 주민들의 문화 시설로 계획된 것처럼 보인다. 앞으로 세종시에 국회가 들어설 가능성까지 고려하면 아쉬운 판단이다. 만약 국회가 이전한다면 시민뿐 아니라, 행정부와 국회의 공무원들까지 이용하는 도서관으로서는 여러 모로 부족할 것으로 예상된다.

세종시의 둘째 문화 시설은 대통령기록관을 꼽을 수 있다. 2016년 2월 개관한 대통령기록관은 2만8천제곱미터의 터에 연면적 3만1219제곱미터, 지상 4층, 지하 2층으로 지어진 건물이다. 2016년 12월 기준으로 1대 이승만부터 18대 박근혜까지 대통령 12명의 기록물 1987만건을 소장하고 있으며, 종류별로는 문서 276만건, 시청각 248만건, 행정정보 398만건, 웹기록 1059만

대통령기록관 밤 풍경. 행정중심복합도시건설청.

건 등이다. 특히 대통령이 서명한 헌법이나 편지, 선언문, 정상회담록, 회의록 등 대통령 활동의 중요 자료들을 망라한다. 이들 자료를 보관한 서가의 길이는 36킬로미터에 이르며, 공개되지 않는다.

시민들을 위해서는 4개 층, 2333제곱미터의 전시관을 마련했다. 1층은 상징관으로 대통령의 차량과 역대 대통령의 모습을 보여주고, 2층은 자료관으로 대통령 기록물을 찾아볼 수 있다. 3층은 체험관으로 청와대 집무실과 영빈관, 춘추관 모형을 전시하고, 4층 역사관은 대통령의 권한과 활동에 대한 내용을 보여준다. 대통령기록관은 세종청사와 호수공원 사이에 있는데, 전시관으로 사용되는 정육면체(큐브) 건물이 인상적이다. 건물 구조체 밖에 유리 표면을 덧붙인 스타일로 지어졌는데, 국립도서관과 함께 세종시에서 가장 눈에 띄는 건축물이다. 전시관의 모습은 대한민국의 국새함을 형상화한 것으로 삼우건축이 설계했다.

세종시의 대표적 문화 시설인 국립박물관 단지도 2016년 11월 당선작을 뽑았다. 금강과 제천이 만나는 중앙공원 서남쪽 모서리에 자리잡은 국립박물관 단지에는 도시건축박물관, 디자인박물관, 국가기록박물관, 디지털문화유산영상관, 어린이박물관 등 5개의 박물관과 수장고 겸 운영센터가 설치된다. 터는 7만5402제곱미터, 건축 연면적은 7만4856제곱미터이며, 사업비는 4552억원, 사업 기간은 2016~2023년까지다. 정림건축 등이 설계한 당선작 '세종 뮤지엄 가든스'는 전체적으로 격자 모양 설계이며, 가운데 마당과 못을 두고 그 둘레에 저층의 박물관들을 배치했다. 중앙공원, 금강, 제천과 만나는 부분을 자연스럽게 처리한 것이 평가받았다.

그런데 국립박물관 단지는 입지에 문제가 있다. 국립박물관 단지가 들어서는 터는 중앙공원의 서남쪽 모서리로 북쪽과 동쪽은 공원, 남쪽과 서쪽은 하천으로 접근성이 좋지 않다. 문화 시설이 공원처럼 자연이 있는 곳에 있어야 한다는 고정관념 때문인지, 아니면 세종시에서도 사람들이 찾기

쉬운 터는 비싸서 사지 못하고 값싼 터를 골라서 그런 것인지 모르겠다. 이런 입지 탓에 세종 시민들은 거리에서 자연스럽게 박물관을 만날 수 없고, 하천을 건너거나 공원을 가로질러 가야 한다. 기존의 국립세종도서관이나 대통령기록관도 결코 위치가 좋다고 말하기 어려운데, 박물관 단지 터는 그보다 더 나쁜 곳으로 갔다. 시민들의 편리를 생각한다면 당연히 세종청사 서쪽의 한누리대로와 제천이 나란히 흐르는 곳, 또는 한누리대로와 공주로 가는 가름로가 만나는 교차로 주변에 자리잡는 것이 바람직하다. 그런 입지라면 누구나 쉽고 편리하게 찾아갈 수 있다. 그런데 이렇게 사람들이 찾아가기 어려운 곳에 문화 시설을 만드는 나쁜 관행은 언제까지 계속될지 모르겠다.

세종시의 첫 공연장인 1천석 규모의 세종아트센터도 2019년까지 국립박물관 단지의 제천 건너편에 마련될 예정이다. 세종아트센터는 음악과 뮤지컬, 오페라, 발레 등 공연이 가능하다.

세종시 박물관 단지의 설계 당선작인 '세종 뮤지엄 가든스'와 세종아트센터 조감도. 행정중심복합도시건설청.

17 대학은 어디에 있나

도시의 발전에서 가장 중요한 요소는 바로 인구와 인재다. 또 인구와 인재를 끌어들이는 세 가지 요인은 통상 정부와 기업, 대학이라고 본다. 노무현 정부는 이 세 가지 요인 가운데 정부 부문의 이전을 통한 지역간 균형발전을 추구했다. 정부의 절반가량을 세종시로, 정부산하기관의 절반가량을 지방의 10개 혁신도시로 옮기기로 결정한 것이다. 그러나 노 정부에서도 기업과 대학 등 나머지 두 부문에 대해서는 이렇다 할 정책을 내놓지 못했다. 사기업이 많은 기업 부문은 그렇다 치더라도 대학 부문에서는 더 적극적인 시도를 할 수 있지 않았을까 하는 아쉬움이 든다.

현재 세종시에는 조치원읍에 고려대학교와 홍익대학교, 전의면에 대전가톨릭대학교, 장군면에 한국영상대학교가 자리잡고 있다. 그러나 이들 지역은 세종시의 중심 지역(정부가 땅을 사들여 개발한 신도시 지역)이 아니라 주변 지역(옛 연기군에서 중심 지역을 제외한 나머지 지역)에 속해 있다. 아무래도 세종시와는 거리가 있고, 모두 사립 대학들이어서 공공 목적이 강한 세종시의 성격과도 잘 맞지 않는다. 행정중심복합도시건설청은 2007년 이후 카이스트와 고려대, 한남대, 한밭대 등과 대학, 대학원 설립을 위한 양해각서(MOU)를 꾸준히 체결했으나, 2017년까지 세종시 신도시로 이전한 대학은 한 곳

영국 런던의 도심 웨스트민스터에 위치한 세계적 사회과학대학인 런던정치경제대학. 김규원.

도 없다. 2023년까지 충북대의 생명과학 분야 대학원과 연구소 이전 정도
가 계획돼 있을 뿐이다. 대학원 과정은 2014년 말 세종시로 이전한 한국개
발연구원(KDI)의 국제정책대학원이 유일하다.

　중심 지역에 대학이 없고, 대학원도 하나밖에 없기 때문에 세종시는 도
시가 마땅히 갖춰야 할 핵심 기능 하나를 빠뜨리고 있다. 예를 들어 도시
안에 대학이 없으니 대학생이나 젊은이들이 별로 없다. 젊은이들이 만들
어내는 활력이나 문화 활동, 소비 활동도 찾아볼 수 없다. 서울의 신촌이나

세종시에 유일한 대학원이 포함된 한국개발연구원(상)과 세종시에 일부 대학원 과정을 열기로 한 대전의 카이스트(하). 김규원.

홍대, 대학로에서 느낄 수 있는 젊은 분위기를 도시 안에서 찾아보기 어렵다. 또 대학이 없으니 교수, 연구자들도 역시 적어서 도시 안에서 학문적인 활동이 충분히 이뤄지지 못하고, 공무원과 지식인, 전문가 집단의 교류 역시 부족하다. 그나마 15개 국가정책 연구기관들이 금강 남쪽에 자리잡은 점이 위안이랄까. 물론 차를 타고 20~30분 정도 나가면 세종시 주변 지역과 대전에 대학들이 있지만 아무래도 같은 생활권 안에 있는 것과는 차이가 있다. 서울로 치면 서울 안에는 대학이 없고 고양이나 성남에 가야 대학이 있는 것과 같은 상황이다.

현재 행정도시청은 세종시에 카이스트(한국과학기술원)의 일부 대학원 과정, 고려대 세종 분교의 일부, 한밭대, 공주대, 충남대 등 충남 국립 대학들의 공동 캠퍼스 등의 설치를 추진 중이다. 또 미국과 아일랜드 등의 대학을 유치하는 방안도 추진 중이다. 특히 세계적인 대학인 카이스트의 전략정책대학원과 융합기술대학원, 생명과학기술대학 등 설립, 이전은 기대도 받고 있고, 국립이라는 점에서 바람직하다. 그러나 수도권이 아니라 충청권(대전)의 대학원을 옮긴다는 점에서 지역간 균형발전 취지에는 맞지 않는다. 주변 국립 대학들의 공동 캠퍼스 구상 역시 지역간 균형발전이라는 취지에 어울리지 않는다. 사실 공동 캠퍼스는 정상적인 대학, 대학원이라고 보기도 어렵고, 일종의 궁여지책이다. 사립대인 고려대의 세종 캠퍼스 일부를 세종시에 옮기는 일은 공공성 측면에서나 지역간 균형발전 측면에서나 모두 바람직하지 않다.

대학 설립과 관련해 노무현 정부에 큰 아쉬움이 든다. 세종시 건설을 추진하던 노무현 정부 시절에 세종시에 걸맞은 국립 대학 설립이나 이전과 관련한 계획을 세우지 않았기 때문이다. 노무현 정부 집권기에 이곳에 작은 규모의 국립 대학을 설립하거나 기존의 국립 대학의 일부를 옮기는 계획을 세웠더라면 행정도시, 제2수도라는 이 도시에 국립 대학 하나가 없는 이런 어이없는 상황은 벌어지지 않았을 것이다. 이와 관련해 초대 행정중심복합도시건설청장을 지낸 이춘희 세종시장은 "애초엔 국책연구기관 맞은 편에 대학과 국가정책대학원을 세워 시너지를 일으키려고 구상했다. 국가정책대학원은 미국 하버드대학의 케네디스쿨(행정대학원)을 모델로 생각했다"고 말했다. 그러나 이런 정책은 구상에 그친 것으로 보인다.

세종시 추진 초기에 조금이라도 대학 문제에 대해 고민했더라면 많은 아이디어가 나올 수 있었다. 이를테면 종합대학이 아니더라도 행정도시라는 세종시의 위상에 걸맞은 사회과학대학이나 정치행정대학, 도시건축대학을 국립 단과대로 설립하는 일은 얼마든지 시도해볼 수 있었다. 국가의 정치, 행정, 도시, 건축과 관련이 깊은 도시이기 때문이다. 그랬다면 과학기술 분야에 특화된 대전의 카이스트처럼 이곳에 사회과학 분야의 우수한 교수와 연구자, 학생들을 끌어들일 수 있었다. 또 15개 국책연구기관이나 중앙행정기관과도 시너지를 낼 수 있었다. 한국의 고등교육이 사립 대

하버드대학 케네디스쿨 리타우어빌딩. 위키피디아.

학 중심으로 구성돼 있다는 점에서도 세종시에 국립 대학 설립은 필요한 일이었다. 이와 관련해 김동춘 성공회대 교수는 2017년 6월 〈한겨레〉에 쓴 칼럼에서 "세종시에 사회과학원을 설립하자"고 제안했는데, 좋은 아이디어라고 생각한다.

새로 대학을 설립하지 않고 기존 국립 대학에서 일부를 떼내어 이전하는 방법도 있었다. 예를 들어 서울대의 전문대학원 가운데 행정대학원과 도시, 건축을 다루는 환경대학원은 세종시의 위상이나 취지에 아주 잘 맞는 곳들이다. 서울대 행정대학원과 환경대학원을 세종시로 옮기고 독자적 학부 과정을 개설했다면, 앞서 말한 국립 단과대들과 마찬가지로 중앙행정기관이나 국책연구기관들과 시너지를 내면서 좋은 국립 대학으로 발전할 수 있었다. 또 국립 명문대인 서울대를 하나의 대학 안에 가두지 않고 나눠 발전시킴으로써 고등교육에서 국립 대학의 비중을 키울 수도 있었다. 이와 관련해 최근 문재인 정부는 세종시에 국립행정대학원을 설치하는 방안을 검토 중인데, 이는 매우 반가운 일이다.

세종시에서 그나마 위안이 되는 것은 한국개발연구원의 국제정책대학원이 2014년 세종시로 옮겨졌다는 점이다. 이 대학원은 임직원이 53명에 불과한 작은 대학원이다. 그러나 공공 정책과 개발 정책에 특화된 대학원이라는 점, 실무 중심의 전문가와 행정가 양성을 목표로 한다는 점, 야간, 주말 과정이 탄력적으로 운영된다는 점 등에서 좋은 평가를 받고 있다. 앞으로 세종시에 국립 대학 설립이나 이전이 안 된다면 자체 해결의 지렛대로 삼을 만한 좋은 교육기관이다. 다만 국제정책대학원은 세종시의 기능별 분산 계획에 따라 남동쪽 대학, 연구 지역의 구석에 박혀 있어서 세종시의 도심과 함께 호흡하기가 어렵다. 혹시라도 학부 과정이 생기거나 학교가 확장된다면 정부청사가 있는 도심 쪽에 작더라도 대학 건물을 마련하면 좋을 것 같다. 또 '국제'정책대학원이라는 이름 때문인지 모든 수업을 영어로 한다는

데, 이것은 정책 개발이나 실무 전문가 양성이라는 취지에서는 비효율적인 것이 아닌가 생각도 든다.

국토연구원을 빼고 모두 이전한 국책연구기관을 볼 때도 역시 아쉬움이 든다. 하나는 중앙행정기관밖에 없는 도심에 이 연구소들을 적절히 배치했어야 한다는 점이다. 어진동 정부세종청사 주변에 설치하는 것도 좋았을 것이고, 그보다 남쪽의 상업, 업무지구에 배치했어도 좋았을 것이다. 현재는 세종청사 지구에 행정기관만, 상업지구에 상가만, 주거지구엔 주택만 있어 시너지가 나지 않고 다니기만 불편하기 때문이다. 원래 도시는 온갖 기능들이 뒤섞여 있어서 시너지도, 효율도, 재미도, 매력도 생기는 것인데, 세종시는 그것을 갖지 못했다. 세종시에서 정부와 문화, 상업, 기업, 대학 등 주요 기능은 모두 떨어져 있는데, 국책연구기관도 마찬가지다.

두 번째 아쉬움은 모두 15개의 국책연구기관이 세종시로 옮겨졌는데, 단독 건물을 가진 곳은 한국개발연구원과 법제연구원, 조세재정연구원, 국토연구원 등 4곳에 불과하다는 점이다. 나머지 11개 연구기관은 4개 동의 거대한 국책연구기관 단지 건물에 몰려 있다. 이 4개 동은 사실상 한 덩어리나 다름없다. 배치 상황을 보면, 연구지원동에 경제인문사회연구회와 국가과학기술연구회, 과학인프라동에 한국환경정책평가연구원, 과학기술정책연구원, 한국교통연구원, 경제정책동에 산업연구원, 한국노동연구원, 대외경제정책연구원, 사회정책동에 한국직업능력개발원, 한국청소년정책연구원, 한국보건사회연구원이 들어 있다.

독립 건물을 가진 4개 연구기관은 기존에 자신들의 땅이나 건물을 가졌던 곳이고, 나머지 11곳은 부동산이 없거나 자금이 부족해서 독립 건물을 갖지 못했다고 한다. 이해가 되는 이유지만, 이 11개 연구기관들에 작더라도 독립적인 터와 건물을 지원했다면 어땠을까 하는 아쉬움이 든다. 어떤 도시 안에 국립 연구기관이 하나만 있어도 그것은 엄청난 자산이다. 그 기

조세재정연구원(왼쪽)과 국토연구원(오른쪽)은 독립 건물을 가진 4개 국책연구원 가운데 하나다. 세종시.

관들을 바탕으로 연구와 교육, 산업, 고용 등 여러 기회를 만들 수 있기 때문이다. 그런 장점과 각 연구기관의 성격을 고려해 관련된 행정기관 근처나 도심 쪽에 적절히 배치했더라면 좋았을 것이다. 그런 엄청난 자산을 도시 한쪽 구석의 거대한 건물에 몰아넣은 것은 정말 너무나 무지막지한 일이었다. 이 거대한 4개 동의 연구 단지를 보면 훌륭한 인재들을 감옥에 가둬놓은 것 같은 느낌이 든다.

그나마 한국개발연구원이나 법제연구원, 조세재정연구원, 국토연구원 등이 각자의 건물을 갖게 된 것은 다행스럽다. 특히 한국개발연구원이 연구소와 대학원, 기숙사를 적절히 갖춘 것은 작은 대학 캠퍼스 같아 보기도 좋다. 법제연구원과 조세재정연구원, 국토연구원도 각자의 건물을 가졌으니, 그 장점을 잘 활용해 나가면 좋겠다. 물론 독립 건물을 가진 이들 4개 연구기관도 4개 동의 연구 단지 주변에 모두 몰려 있는데, 그 역시 아쉬운 일이다.

18 고층 아파트는 불가피한가

세종시에서 의미 있는 높이 제한을 적용 받는 건물은 아이러니컬하게도 정부청사다. 정부세종청사 본관은 최고 높이가 해발 68미터(건물 최고 높이 34미터), 최고 층수가 8층으로 아마도 세종시에서 이미 지어진, 또 앞으로 지어질 모든 건물 가운데 가장 낮은 축에 드는 건물이다. 그리고 청사 주변, 예를 들어 청사 북쪽이나 청사 서쪽 방축천 가의 건물들도 청사의 영향으로 높이 제한을 받는다. 정부세종청사와 함께 높이 제한을 받는 곳은 세종시의 메인 도로라고 할 내부순환도로 주변이다. 이곳은 최고 층수가 생활권의 종류에 따라 6~8층 이하로 제한돼 있고, 길이는 22.9킬로미터에 이른다. 그러나 내부순환도로 주변의 높이 제한은 그 대상 지역이 건축지정선에서 20미터까지에 불과해 도시 전체로서는 큰 의미가 없다. 예를 들어 세종청사 주변의 아파트 단지들은 엄격한 높이 제한을 받지 않았다. 세종시의 경관에 가장 큰 영향을 주는 것은 아파트인데도 말이다.

세종시에서 이렇게 청사나 청사 주변, 내부순환도로 주변 등 일부 지역에만 높이 제한을 둔 것은 아쉬운 점이다. 도시의 건축과 경관, 분위기에 가장 큰 영향을 주는 것은 건물의 높이다. 고층 아파트를 지으면서 탑상형(탑형)이 어떻고, 통풍축(바람길)이 어떻고, 통경축(틈새 풍경)이 어떻고 하지만,

정부청사는 낮게 지었지만, 주변 아파트의 높이는 규제하지 않았다. 김규원.

사실상 고층 아파트는 판상형(이른바 성냥갑형)으로 지으나 탑상형으로 지으나 도시 경관을 부정적으로 만들기는 마찬가지다. 또 고층 아파트를 지으면 바람길이나 틈새 풍경도 다 망가진다. 세종시는 민간 개발 사업과 달리 정부가 엄청난 돈을 들여 국가의 장래를 위한 상징적 도시를 만드는 사업이다. 따라서 도시 전체에 대한 일관된 높이 제한을 둘 수 있었고, 둘 필요도 있었다. 그러나 결과적으로 한국의 다른 신도시들과 별 다를 바가 없는 고층 아파트 도시를 만들고 말았다.

도심에서 일관된 높이 제한을 가진 대표적 도시는 프랑스 파리다. 파리는 도심의 건물 최고 높이를 1859년 16미터에서 19미터로, 1902년 30미터로 바꿨고, 1967년 높이 제한을 풀었다가 1974년 다시 25미터로 정했다. 25미터면 6~8층 정도의 건물만 지을 수 있다. 파리와 같은 세계적 대도시가 이런 엄격한 높이 제한을 가진 것은 놀라운 일이다. 파리 도심의 건물들이 일정한 높이와 형태를 가진 것은 바로 이 높이 제한의 결과다. 이렇게 건물의 높이가 일정하면 도시의 어디에서나 시야가 멀고 넓어지며, 조화롭고 안정적인 느낌을 준다.

20세기 전반, 르 코르뷔지에라는 유명한 건축가가 파리의 낮은 건물들을 모두 허물고 높고 좁은 건물, 너른 빈터, 자동차 도로로 이뤄진 이른바 '빛나는 도시'를 만들자고 제안했으나, 당연히 받아들여지지 않았다. 역사적인 건물과 도시 구조로 이뤄진 서유럽에서는 그런 제안이 받아들여지기가 거의 불가능하다. 파리를 르 코르뷔지에의 주장처럼 개발했다면 파리는 19세기 유럽의 대표 도시로서의 당당한 모습을 유지하지 못했을 것이다. 기껏해야 20세기의 대표적 마천루 도시인 미국 뉴욕의 아류 정도로 전락했을지도 모른다. 르 코르뷔지에는 당시에도 현재도 대단한 명성을 가졌지만, 그가 제안한 '빛나는 도시'는 유럽의 어느 도시에서도 받아들여지지 않았다. 불행히도 그의 아이디어는 한국처럼 개발 시기가 늦은 나라들에서 많이 채택됐다.

세종시도 파리처럼 높이를 제한했으면 어땠을까? 예를 들어 도시 전체의 건물 높이를 정부청사 최고 높이인 34미터 이하, 해발 고도 68미터 이하로 제한했으면 어땠을까? 그러면 도시 건물의 최고 층수는 8~11층 정도됐을 것이다. 이렇게 건물을 지었다면 평지에 상대적으로 높은 건물이 들어서고, 언덕에는 낮은 건물이 들어서고, 산과 같은 고지대에는 건물이 들어설 수 없게 됐을 것이다. 그랬다면 도시 전체의 건물 높이가 일정했을 것이고, 평지와 언덕에 자연스럽고 조화로운 건물들이 들어섰을 것이다. 또 주변의 산세(스카이라인)도 잘 드러났을 것이다. 그러나 그렇게 멋진 일은 일어나지 않았다.

어떤 사람들은 이렇게 낮은 높이와 층수로 건물을 지으면 건물이나 집을 많이 지을 수 없지 않느냐고 묻는다. 건물의 높이가 낮고 층수가 적으

프랑스 파리 도심은 모든 건물의 높이가 25미터로 제한돼 있다. 김규원.

면 '용적률'이 낮아지고 '연면적(바닥 면적)'이 작아지지 않느냐는 것이다. 쉽게 말해 낮게 지으면 집을 많이 짓지 못한다는 이야기다. 이런 사람들은 한국처럼 땅이 좁고 인구가 많은 나라에서는 되도록 건물을 고층으로 지어야 한다고 말한다.

　그러나 그것은 대부분 틀린 말이다. 본질적으로 높이와 층수는 용적률이나 건물 연면적을 늘리지 못한다. 한국의 주거 지역에서 건물의 연면적을 결정하는 용적률은 대체로 200% 안팎으로 일률적으로 제한되기 때문이다. 다시 말해 주거 지역에서는 아파트를 아무리 고층으로 지어도 용적률은 200% 안팎이다. 부동산 지옥인 서울에서도 온갖 편법으로 특혜를 줘도 300%가 한계다. 거꾸로 건물을 낮게 짓는다고 해도 역시 용적률은 200%

가로 건물과 세로 건물. 두 건물의 용적률 차이는 별로 없을 것이다. 김규원.

안팎이다. 세종시의 경우는 다른 대도시보다 용적률이 더 낮아서 주거 지역 용적률이 150% 안팎이었다. 내가 살던 아파트는 용적률이 164%였고, 처형네가 살던 아파트는 130%였다.

따라서 고층으로 짓는다고 해서 용적률이 더 커져서 더 많고 더 넓은 집을 지을 수 있는 것이 전혀 아니다. 거꾸로 저층으로 짓는다고 해서 용적률이 더 낮아져서 더 적고 더 좁게 짓는 것도 아니다. 예를 들어 용적률이 200%이라면 1층만 지어서는 용적률을 다 채울 수 없다. 토지를 모두 건물 터로 사용해도 1층만 지으면 용적률은 100%에 머문다. 따라서 용적률이 200%이면 적어도 2층 이상 지어야 한다. 그러나 실제로는 터에서 건물이 차지하는 비율인 건폐율이 100%인 경우가 없기 때문에 그보다 더 높이 지어야 한다. 4층을 짓는다면 터의 50%를 비워서 주택 외에 필요한 시설

아파트 단지 가운데의 무의미한 잔디밭. 김규원.

을 마련할 수 있다. 좀 더 땅을 많이 비워서 다른 용도로 쓰고 싶다면 8층이나 10층을 지으면 충분하다. 각각 터의 75%, 80%가 남기 때문이다. 그런데 최근 세종시를 비롯한 한국 도시에서 아파트 최고 층수는 보통 20층을 넘긴다. 이것은 터의 90%를 비웠다는 뜻이다. 30층은 93%, 40층은 95%를 비웠다는 이야기다.

이렇게 땅을 많이 비워 놓으면 시원하고 좋을 것 같지만, 실제로는 많은 땅이 잘 이용되지 않거나 사실상 버려진다. 관리사무소와 어린이집, 놀이터, 경로당 등 필수 시설을 제외하면 나머지 공간은 황량하게 방치된다. 과거엔 대부분 길과 주차장으로 사용됐고, 현재는 잘 이용되지 않는 정원으로 만들어진다. 세종시의 경우 이렇게 비운 터는 어린이 놀이터와 수영장, 운동장, 정원 등으로 사용된다. 내가 살던 아파트에서 주민들의 활동을 살펴보면, 어린이 놀이터와 수영장, 작은 운동장은 자주 사용됐지만, 널찍한 잔디 정원은 거의 사용되지 않았다. 아파트 단지에서 건물 사이를 멀리 띄워놓고 비워놓으면 이 공간에서는 거의 인간 활동이 일어나지 않는다. 적절히 둘러싸인 아늑함이 느껴지지 않기 때문이다. 공동체 형성에도 매우 부정적이다. 통상 이웃이나 동네 등 공동체가 형성되려면 건물과 빈 공간이 적절한 크기와 모양, 재질 등을 가져야 한다. 이른바 휴먼 스케일(사람 잣대)의 건물과 길, 마당이 있어야 한다.

더욱이 이렇게 20층, 30층, 40층의 아파트를 지으면 그 건물의 경관도 좋지 않지만, 고층 아파트들이 바깥 경관을 가려서 도시 경관이나 자연 경관까지 망치게 된다. 어떤 사람들은 높고 좁은 고층 아파트를 지어야 주변의 경관을 건물 사이로 잘 볼 수 있다고 주장한다. 그러나 실제 고층 아파트를 지어놓은 단지에 가보면, 이런 높고 좁은 건물들이 많이 들어서 있기 때문에 결국 그 단지 안에서는 주변 경관을 볼 수 없게 된다. 심지어 그런 고층 아파트 단지가 하나 들어서면 그 주변 지역에서도 덩달아 고층 아파트를 짓기 때문에 결국은 누구도 주변 지역이나 자연 경관을 잘 볼 수 없게 된다. 이것은 나만 빨리 가려고 자동차를 거리로 끌고 나오면 결국 차가 많아지고 길이 막혀서 아무도 빨리 갈 수 없게 되는 이치와 같다.

세종시에서는 건물의 높낮이가 양극단적인 방식으로 나타났다. 정부청사와 상업, 업무 지역은 비교적 엄격한 높이 제한을 받아서 10층을 넘는 경우가 많지 않다. 예를 들어 세종시에서 가장 먼저 생긴 어진동 정부청사 지구의 세종1번가와 세종마치 상가는 길 건너편 국무총리실과 공정거래위원회의 높이 제한으로 겨우 4층밖에 지을 수 없었다. 그래서 여기서는 정부와 상업 건물들이 서로 전망을 해치지 않고 편안한 경관을 형성한다. 편안한 건물 경관, 확 트인 하늘 경관, 아름다운 주변의 산세를 볼 수 있다. 그러나 그 바로 옆에 들어선 한뜰마을 2단지 아파트는 최고 높이 26층으로 지어져 정부청사와 그 옆 상업용 건물들을 가린다. 이 아파트 단지와 그 뒤의 아파트들은 온통 고층 아파트들이다. 결국 세종시에선 용적률이 높은 상업용 건물을 낮게, 용적률이 낮은 주거용 건물(아파트)은 높게 짓는 기현상이 벌어졌다.

세종시에서도 아파트의 높이와 관련한 새로운 시도가 있었다. 세종시 어진동 정부세종청사 지구의 한뜰마을 3단지는 2~12층 정도의 중저층으로만 19개 모든 동을 지었다. 특히 작은 호수를 마주보는 네 동은 2층, 네 동은 4층으로 매우 낮게 지어졌다. 2층짜리 아파트는 이 동네에서는 '테라스 하우스'라고 불렀다. 사실 영어로 '테라스트(terraced) 하우스'는 '타운 하우스'를 말하는 것인데, 이 동네에서는 '테라스가 있는 집'이란 뜻으로 사용됐다. 하여간 이 테라스 하우스는 바로 앞에 호수공원을 바라보며 전용 118제곱미터, 공용 포함 161제곱미터로 규모도 크고 고급스럽게 지어졌다.

그밖에 6~7층이 한 동, 7~8층이 한 동, 8층이 네 동, 10층이 두 동, 11~12층이 한 동, 12층이 두 동이었다. 이렇게 해서 모두 511채가 지어졌다. 이 아파트의 용적률은 133%, 건폐율은 31%였다. 현재 지어지는 아파트 가운데 이렇게 낮은 높이로 지어지는 경우는 거의 없다. 특히 건폐율이 31%에 이르는 것도 놀라운 일이다. 요새 지어지는 아파트들은 대체로 건폐율이 10% 안팎이기 때문이다. 이 아파트는 호수 공원의 들머리에 지어졌는데, 앞쪽 호수공원과 뒤쪽 원수산의 풍경을 살리기 위해 이렇게 낮게 지어진 것으로 보인다.

실제로 이 아파트 단지를 들어가 보면 아파트가 낮아 안정감이 크고, 아늑한 느낌이 들었다. 동과 동 사이도 매우 가까운 편이다. 건폐율이 최근에 지어지는 아파트들보다 높은 편이기 때문에 넓은 공간을 비워놓지는 못했다. 놀이터 2개와 수영장 하나 정도가 비교적 큰 공간이고, 군데군데 작은 정원이나 잔디밭이 있다. 이 아파트의 입지상 장점은 국무총리실에서 가깝고, 호수공원 바로 앞에 있다는 점이다. 반면, 정부청사 지구인 어진동에 있음에도 다른 정부청사와는 조금 떨어져 있고, 세종시의 제1간선도로인 한누리대로에서도 조금 먼 것은 단점이었다.

앞서 말한 한뜰마을 2단지 아파트는 같은 건설회사에서 지었음에도 3단지와는 완전히 대조적이다. 이 단지는 아파트 층수가 17~26층으로 중고층이다.(10층 이하를 저층, 11~20층을 중층, 21층 이상을 고층으로 봤다) 3단지보다 115채가 많은 626채의 아파트를 지었는데, 동은 8개밖에 되지 않는다. 17~18층이 두 동, 18~23층이 두 동, 26층, 20층, 18~22층, 18~19층이 각각 한 동이다. 3단지와 비교할 때 용적률은 164%로 31%포인트 높았고, 건폐율은 14%로 17%포인트 낮았다. 요새 지어지는 다른 아파트 단지처럼 이 단지는 동들이 서로 멀리 떨어져 있고, 주로 잔디밭으로 이뤄진 빈 공간이 아주 넓었다. 그러나 주민들의 활동은 주로 빈 공간 가운데 일부인 3개 놀이터 주변에서 이뤄졌고, 동 사이의 너른 잔디밭에서는 거의 활동이 일어나지 않았다.

세종시 건설 초기에 중저층으로 지어진 한뜰마을 3단지는 의미있는 시도였다. 비슷한 시기에 지어진 첫마을 1, 3단지 역시 중저층으로 많이 지어졌다. 이때까지만 해도 세종시의 주거 건축에는 도시와 건축, 주택에 대한 새로운 아이디어와 시도가 많았던 것으로 보인다. 그러나 불행히도 첫마을과 한뜰마을의 시도를 끝으로 중저층 아파트 단지는 세종시에서 자취를 감췄다. 아마도 이명박 정부의 세종시 수정안 시도로 인해 세종시에서의 아파트 공급이 부진에 빠진 것이 주요 원인으로 보인다. 아파트 공급에 차질이 일어나자, 행정중심복합도시건설청은 새로운 아이디어나 시도보다는 빠르고 많은 공급 위주로 주택 정책을 변경했다. 아파트 건설사들이 주도권을 쥐면서 중저층과 같은 '인간적이지만, 비효율적인' 아파트 건설 방식은 사라졌다. 이것은 참으로 아쉬운 일이다.

중고층으로 지은 한뜰마을 2단지 아파트(상)와 중저층으로 지어진 한뜰마을 3단지의 내부 모습(하). 김규원.

첫마을의 실험적 주택 건축

2012년 9월 6개 중앙행정기관과 6개의 소속기관 등 12개 기관이 처음으로 세종시에 이전했다. 이때 이주하는 공무원들을 위해 세종시 한솔동 첫마을에 7개 단지, 6520채의 아파트가 지어졌다. 이 아파트들은 정부기관이 세종시로 이전하기 직전인 2011년 11월부터 2012년 6월까지 준공됐다. 그런데

첫마을은 마스터플랜을 통해 전체 주거지를 설계했고, 실험적인 시도도 많았다. 그러나 그런 실험은 계속되지 못했다. 행정중심복합도시건설청.

이해할 수 없는 것이 바로 이 세종시 한솔동 첫마을의 입지다. 2012년 7월 세종특별자치시가 닻을 올렸을 때 이곳에는 크게 두 지역밖에 없었다. 하나는 세종시 어진동 정부세종청사 지구였고, 다른 것은 세종시 한솔동 첫마을 지구였다. 그런데 바로 붙어 있어야 할 이 두 지구가 멀리 떨어져 있었던 것이다.

두 지구는 2~6킬로미터나 떨어져 있었다. 가장 가까운 산업통상자원부에서 1단지까지는 2킬로미터 정도, 가장 먼 국무총리실과 6~7단지는 5~6킬로미터 정도 떨어져 있었다. 2012~2013년 사이엔 사람이 사는 지역이 오직 이 두 곳뿐이었는데, 이렇게 멀리에 있었다. 이 때문에 첫마을에 살던 대다수의 공무원들은 개인 차량이나 버스를 이용해 허허벌판을 지나 출퇴근해야 했다. 그리고 점심 때가 되면 공무원들이 구내식당이 아니면 다시 차를 타고 첫마을에 가서 식사를 해야 했다.

왜 이 두 지역이 이렇게 떨어져 있었을까? 당시 담당자인 행정도시청의 이승은 사무관에게 물어봤더니 처음부터 그렇게 계획됐다고 설명했다. 노무현 정부 시절, 세종시의 주택 지구 시범 사업으로 첫마을을 계획했는데, 2006년 3월 현재의 한솔동에 입지가 정해졌다는 것이다. 이유는 금강 바로 옆이라 경관이 좋고, 대전이나 공주에서 세종시로 들어올 때 관문으로서의 상징성이 있었기 때문이었다. 물론 정부청사로부터는 떨어져 있었지만, 차량을 이용하면 그리 멀지 않았기 때문에 문제가 되지 않았다. 다만 애초 첫마을 계획은 2010~2011년 사이에 입주하는 것이었는데, 중간에 삼국시대 유적지나 연약 지반이 나와서 1년 정도 공사가 늦어졌다.

정부청사 주변의 도램마을(도담동)이나 가재마을(종촌동)의 입주 시기도 늦어졌다. 이것은 이명박 정부 때문이었다. 애초 2007년에 설계공모를 통해 토지를 매각했고, 2012년까지는 입주할 수 있게 계획돼 있었다. 그러나 세종시 건설을 반대했던 이명박 대통령이 2008년 취임한 뒤 사업이 늦어지기

세종시의 대표적 홍보 사진인 한두리대교와 첫마을의 밤 실루엣. 행정중심복합도시건설청.

시작했고, 2009~2010년 세종시 수정안이 추진되자, 사실상 중단됐다. 이 와중에 많은 대기업 건설사들이 계약을 포기하고 떠났고, 그 사업권은 중소 건설사들에 넘어갔다. 그래서 세종시 초기에 건설된 아파트 가운데 대기업 아파트는 포스코, 대우, 현대 정도다. 이렇게 사업이 늦어짐에 따라 가재마을은 2014년 4월부터 2015년 8월까지, 도램마을은 2014년 3월부터 2015년 6월까지 준공됐다. 애초 계획보다 2년 이상 늦어져 중앙행정기관의 3단계 마지막 이전 시기인 2014년 12월 직전에야 마무리된 것이다. 물론 이유는 건설사들이 세종시 건설이 다시 확실해진 2010년 이후에야 실제 공사에 착수했기 때문이다.

만약 첫마을을 정부세종청사 주변에 지었거나 청사 주변의 주택지구들이 더 일찍 공급됐다면 세종시는 더 빨리 안착할 수 있었다. 처음부터 이렇게 직장-주거 근접 도시가 됐다면, 공무원들은 걷기나 자전거로 편리하게 출퇴근할 수 있었다. 또 청사지구와 첫마을 사이에서 더 많은 사회적 활동이 일어났을 것이다. 공무원들의 세종시 이주 속도도 더 빨랐을 것이다. 특히 첫마을의 도시계획과 건축 수준은 다른 지구보다 훨씬 뛰어난데, 청사지구 옆에 있었더라면 정부세종청사 건물과 함께 인상적인 도시적 어울림도 만들어낼 수도 있었다. 초기에 정부청사와 주거지가 떨어져 있었던 일은 세종시의 교통수단에도 악영향을 줬다. 애초 세종시는 걷기와 자전거, 빠른버스 등 친환경 교통을 표방했는데, 두 지구가 가까이 있었다면 이것은 쉽게 자리잡았을 것이다. 그러나 실제로는 이런 불합리한 도시계획이나 추진 과정의 진통으로 인해 초기부터 승용차 중심 교통으로 가버렸다. 정부청사 안 주차장과 야외 주차장은 평일엔 자동차들로 터질 지경이 됐다.

이렇듯 첫마을의 입지는 결코 좋지 않았지만, 첫마을의 주거지 건축은 세종시 초기의 새로운 시도를 잘 보여준다는 평가를 받았다. 첫마을의 7개 시범 단지는 모두 한국토지주택공사(LH)가 시행했다. 사업 방식은 2가지로 크게 갈렸다. 1~3단지는 경쟁 공모로 뽑힌 설계사에 실시설계까지 맡겼고 건설사엔 시공만 맡겼다. 첫마을의 종합계획(마스터플랜)은 공모를 거쳐 2006년 9월에 선정됐는데, 1~3단지는 마스터플랜 공모 당선 회사인 건원에 설계권을 주고 시공사에 설계 그대로 시공하도록 했다. 따라서 1~3단지엔 새로운 건축적 시도들이 상당히 많다. 그러나 4~7단지는 일반 아파트 단지들과 마찬가지로 설계와 시공을 모두 시공사에 맡겼다. 따라서 4~7단지들에서 시공사들은 마스터플랜의 새로운 시도들을 대부분 고쳐서 기존 관행대로 시공해버렸다. 단지의 이름도 1~3단지는 '퍼스트 프라임'이라는 공통 이름을 사용했으나, 2단계는 대우푸르지오(4~5단지), 현대힐스테이트(6단지), 삼성래미안(7단지) 등 기존 대기업 브랜드를 사용했다.

결과적으로 1~3단지와 4~7단지의 모습은 극명한 대조를 이룬다. 1~3단지는 새롭고 조화로운 주거지 모습을 보여주는 반면, 4~7단지들은 일반 아

첫마을 1~3단지엔 낮은 안마당형 아파트도 지어졌다. 김규원.

파트 단지에서 흔히 보는 관행적인 모습에서 벗어나지 못했다. 이것은 설계
와 시공을 일괄로 입찰하지 말고 분리해야 하는 이유를 잘 보여준다. 이른
바 '턴키' 방식의 문제점을 잘 보여주는 것이다. 나아가 토주공과 같은 공기
업이 토지 개발이나 임대 주택 건설에만 몰두하지 말고, 새로운 주거 건축
을 선도할 필요가 있다는 점도 보여준다.

두 단지의 모습을 한 번 비교해보자. 먼저 높이에서 두 단지는 차이를 보
인다. 1~3단지엔 고층과 저층이 적절히 섞여 있다. 1단지는 8~30층, 2단지
는 9~25층, 3단지는 8~26층으로 저층부터 고층까지 다양하다. 그러나 2단
계의 4단지는 13~25층, 5단지는 13~28층, 6단지는 16~29층, 7단지는 10~29
층으로 지어졌다. 층수만으로는 얼핏 차이가 크지 않아 보이지만, 1~3단지
아파트는 다양한 높낮이를 가졌고, 10층 이하의 저층 주택도 포함하고 있
다. 그러나 4~7단지는 대체로 고층 아파트 위주다. 1~3단지는 주택의 다양
성이나 경관, 공동체 형성을 더 많이 고려했고, 2단계는 건설 비용이나 분

첫마을 4~7단지에서는 이런 평범한 아파트들이 지어졌다. 김규원.

양 선호도, 공사 편의를 더 많이 고려한 것이다.

경관 측면에서도 두 단지는 큰 차이를 보인다. 1~3단지는 건물들의 미관과 어울림, 다양성을 적극 추구했다. 밤에 대전 쪽에서 차를 타고 금강을 건너 세종시로 들어오면 한두리교와 학나래교 사이에 아주 인상적인 건물 실루엣(윤곽)을 볼 수 있다. 바로 이것은 3단지 아파트의 모습이다. 이 실루엣은 행정중심복합도시건설청과 토주공이 세종시를 방문하는 사람들에게 보여주려고 계획한 세종시의 대표 경관이다. 강가의 아파트 풍경에 불과하지만, 다른 아파트 단지들에서 쉽게 찾아볼 수 없는 아름다움과 어울림을 드러낸다. 그러나 그 바로 옆에 있는 7단지는 그런 아름다움과 어울림을 보여주지 못한다. 4~7단지들은 아파트에서 '보는 경관'에는 많은 신경을 썼지만, 아파트가 '보이는 경관'에 대해서는 별로 신경을 쓰지 않은 것이다. 4~7단지 아파트들은 대한민국의 어디에서나 흔히 볼 수 있는 고층 아파트들이다. 사기업이 설계와 시공을 모두 맡았을 때 이런 문제점은 여지

없이 나타난다.

1, 3단지의 아파트들에선 새로운 시도가 많았다. 이들 2개 단지의 일부는 안마당형(중정형) 구조를 가졌다. 이것은 과거 도시형 한옥이나 유럽의 전통 건축에서 쉽게 찾아볼 수 있는 것이다. 안마당형 구조는 터 한가운데 마당을 만들어 아파트를 아늑하게 만들고 공동체 형성도 촉진한다. 밖으로는 거리담장(스트리트 월)을 형성해 거리의 풍경까지 아름답게 만든다. 그러나 한국에서는 건축법의 들여짓기 규정이나 건물을 둘러싼 담장 설치 관행, 남향에 대한 선호 등으로 인해 안마당형 건물을 찾아보기가 극히 어렵다. 한국의 건물들은 주거와 상업업무를 막론하고 터 가운데 좁고 높은 건물을 짓고 주변의 땅을 비우는 탑상형, 판상형을 선택한다.

또 1, 3단지엔 유럽이나 미국의 주택에서 쉽게 찾아볼 수 있는 복층형 아파트가 공급됐다. 복층형 아파트는 내부에 계단이 설치된 2~3층 아파트다. 통상 단독 주택에 적용되는 복층형을 아파트에 적용한 것이다. 내부 계단이 노인들에겐 힘들 수 있지만, 복층형 주택은 공간의 수직적 분리에 따른 장점이 많다. 또 1, 3단지의 아파트엔 돌출형의 진짜 발코니(베란다)를 설치하기도 했다. 통상 한국 아파트의 발코니는 매립형(건물에 들어 있는 형태)으로 지어져 대부분 실내 공간으로 전환된다. 이른바 베란다 확장이라는 것이다. 그러나 애초 발코니는 주택 벽에서 돌출돼 있어 바람을 쐬거나 화분을 놓거나 빨래를 너는 데 사용된다. 공공임대 주택인 2단지는 저층을 상가로, 고층을 주택으로 사용하는 주상복합 건물이다. 주상복합 건물은 흔하지만, 공공임대 주택에서 이를 시도한 것은 드문 일이다.

아파트 단지 말고 세종시에선 단독 주택과 관련한 새로운 시도도 많았다. 먼저 유럽에서 흔히 찾아볼 수 있는 '타운 하우스(=테라스트 하우스=로하우스)'도 도입된다. 원래 타운 하우스는 2~3층 정도의 단독주택을 옆으로 붙여서 지은 것을 말한다. 세종시에서는 고운동의 공동주택 2개 단지 안에

세종시 고운동의 타운 하우스 조감도.

100~200채 정도가 타운 하우스로 지어진다. 이 타운 하우스는 3층이며, 대지 규모는 150㎡(45평), 건평은 50㎡(15평), 연건평도 150㎡(45평) 규모다. 3층이면 통상 1층은 거실과 부엌, 2층은 침실, 3층은 다락방이다. 건평을 제외한 나머지 터는 마당으로 사용한다. 다만, 이들 2개 단지에 타운 하우스만 지어지는 것은 아니고, 복층 아파트나 일반 아파트도 함께 들어간다.

한국에서 타운 하우스는 '저층의 고급 아파트'라는 뜻으로 많이 사용된다. 그러나 세종시 고운동의 타운 하우스는 1~3층이 내부로 연결되는 주택으로 타운 하우스의 원래 뜻에 더 가깝다. 원래 타운 하우스는 단독주택과 공동주택의 중간 개념이다. 근대의 도시화로 인해 주택 수요가 폭발하자 단독주택을 서로 붙여지어 공급을 늘리려 한 데서 비롯했다. 고운동의 타운 하우스는 해당 단지에 공공건축가를 선정해 마스터플랜을 세웠다. 세종시 고운동의 공공건축가인 정기정 유오에스건축사사무소장은 "로 하우스(타운 하우스)는 개별 마당이 있고 층간 소음에서 벗어날 수 있다는 점에서 단독주택의 장점을, 유지·관리, 보안, 단열, 매매 편리라는 점에서는 공동

주택의 장점을 갖고 있다"고 평가했다. 그러나 세종시 고운동의 타운 하우스는 외국의 타운 하우스와 달리 단독주택이 아니라, 공동주택이다.

세종시 고운동에는 친환경 에너지 선진국인 독일 주택을 모델로 한 60가구의 친환경 에너지자급(제로에너지) 단독주택 마을도 들어선다. 이 마을의 단독주택들은 기본적으로 패시브 하우스(고단열 주택)들이다. 또 마을에서 사용하는 에너지를 주택 지붕의 태양광판 등으로 최대한 스스로 생산하고, 쓰레기는 최소한으로 배출하는 등 생태 순환 체계도 갖출 계획이다. 이와 함께 차량 통행도 최소화해 대기 오염과 사고를 줄이는 건강한 마을이 핵심 개념이다. 이곳은 주택 사업자가 마스터플랜을 만들어 마을을 조성한 뒤 수요자에게 분양한다. 참여 사업자에겐 신재생 에너지 시설 비용의 30~50%를 지원하고, 취득세와 재산세를 5년 동안 15% 깎아준다. 고운동에는 유럽풍 마을도 구상되고 있다.

역시 고운동엔 한옥마을도 조성한다. 2016년 8월 290~330제곱미터(88~100평)의 42개 필지를 3.3제곱미터당 220~240만원에 분양했는데, 무려 299 대 1의 경쟁률을 보였다. 8필지의 상가와 사무실 한옥도 들어선다. 세종시의 한옥은 요즘 흐름에 따라 냉난방, 단열, 내부 구조는 현대식을 적용해도 되지만, 외부의 기와와 담장, 전체 구조는 전통 방식을 따라야 한다. 고운동 한옥마을에 한옥을 지으면 3천만원까지 건축비를 지원받을 수 있다.

세종시에선 새로운 주택용지의 공급 제도도 도입됐다. 기존에 신도시를 건설할 때는 토지주택공사가 기반시설 공사만 끝낸 뒤 터를 단지별로 시행사에 매각했다. 그러나 세종시에선 시행사를 대상으로 해당 단지에 대한 설계를 공모한 뒤 좋은 설계를 제출한 시행사에 땅을 매각하는 방식을 채택했다. 한솔동, 다정동, 새롬동 전체가 이런 방식으로 지어졌거나 지어지고 있다. 사전 설계공모 방식은 아파트 단지뿐 아니라, 도담동의 2개 단독주택 단지, 어진동의 5개 상업·업무용지 등에도 적용되는 등 확대되고 있다.

세종시엔 유럽풍 마을을 구상 중이다. 한옥마을 주택지도 분양됐다. 남해의 독일마을(상)과 전주 한옥마을 (하). 김규원.

좁은 길이 더 좋다

세종시가 도시계획 차원에서 다른 도시들보다 더 나은 점이 있다면, 길이 좁다는 것이다. 이런 특징은 정부청사 지역인 어진동에서 두드러지게 나타난다. 예를 들어 국토교통부와 해양수산부가 있는 건물에서 산업통상자원부로 가는 1킬로미터 정도의 직선도로는 인도와 차도를 합해 전체 너비가 20미터 정도이고, 차도의 너비는 주로 왕복 2차로, 가끔 왕복 3차로로 돼 있다. 국무총리실과 공정거래위원회에서 문화체육관광부로 가는 1킬로미터 도로 역시 전체 너비가 20미터 정도로 좁고, 차도도 왕복 2~3차로 정도로 매우 좁다.

어진동 정부청사 지구 안에는 이보다 더 좁은 길들도 많다. 정부청사 지역은 큰 네모 블록 안에 16개의 작은 네모 블록으로 이뤄졌는데, 이 안의 작은 네모 블록 안에 전체 너비 10미터 안팎의 좁고 굽은 도로들이 많이 만들어져 있다. 이들 도로에서 차도는 왕복 2차로이고, 인도도 좁은 편이다. 정부청사 블록 안의 좁은 도로들에서 깨달을 수 있는 사실은 도로가 좁으면 차가 빨리 달릴 수가 없어 보행자들이 편안하고 안전하다는 것이다. 곧 도로가 좁으면 차량의 속도가 떨어져 사고 위험도가 낮아지며, 통행하는 차량이 적기 때문에 차량 매연, 먼지, 소음 등도 줄어서 걷거나 자전

영국 런던엔 인도가 차도보다 더 넓은 도로도 있다. 김규원.

거 타기에 매우 좋다.

　2014~2016년 세종시에서 일하는 동안 세종시의 도로가 너무 좁다는 불평을 많이 들었다. 국토교통부와 행정중심복합도시건설청 사람들에게 들어보니 애초의 계획된 도로는 이보다 더 좁았다고 한다. 그런데 어느 행정도시청장이 취임한 뒤 길이 너무 좁다는 의견을 반영해 이를 조금 더 넓혔다고 한다. 그러나 애초 계획의 제한이 있기 때문에 그렇게 많이 넓힐 수는 없었다고 한다. 그런데 그 청장이 넓힌 길은 도로 가운데서 '차도'였다. 오직 차량 소통을 더 좋게 하기 위해서 길을 넓힌 것이다. 만약 차량 이용자뿐 아니라, 보행자와 자전거 이용자를 고려했다면 차도를 넓히는 일을 그리 쉽게

국토교통부에서 산업통상자원부로 가는 왕복 2~3차로의 좁은 길과 완화 차로까지 포함해 5차로에 이르는 불필요하게 넓은 국토부 앞 도로. 김규원.

결정하지 못했을 것이다. 보행자와 자전거 이용자의 입장에서 보면, 차도가 넓어지는 것이 그리 달가운 일이 아니기 때문이다. 결국 세종시의 도로가 좁다는 것은 차도가 좁다는 것이고, 그것은 '차량 운전자'의 관점이다. 보행자와 자전거 이용자의 관점에서 보면 세종시의 도로는 좁지 않았고, 인도나 자전거 도로는 오히려 널찍한 편이었다. 도로율 관점에서 보면, 세종시의 가용면적 대비 도로율은 24.0%로 다른 신도시와 비슷한 수준이다. 화성동탄 2(24.4%), 파주신도시(24.8%)와는 비슷하고, 위례(22.5%), 화성동탄1(21.8%), 인천 검단(21.3%), 평택고덕(15.3%)보다는 높으며, 대전도안(31.5%), 성남판교(28.1%)보다 낮다. 도로가 부족한 것이 아니라, 다만 도로를 좁게 하고 더 촘촘하게 놓은 것이다. 그것이 사람들이 이용하기 더 편리하기 때문이다. 중장기적으로 보면, 세종시의 좁은 도로는 합당한 평가를 받게 될 것이다.

도로의 너비와 관련해서는 세계적인 대도시인 런던의 사례를 살펴보라고 말하고 싶다. 런던은 인구 850만명의 대도시지만, 도심의 도로가 좁은 것으로 유명하다. 과거에 사람과 말, 마차 등이 다녔던 좁은 길을 차량이 대량 보급된 20세기 이후에도 많이 넓히지 않은 것이다. 그 결과로 런던 도심은 차도가 좁고 차량이 다른 대도시에 비해 많지 않아 걷거나 자전거 타기에 편리하고 안전하고 쾌적하다. 예를 들어 런던에서 서울의 광화문 세종대로에 해당하는 '화이트홀' 거리는 차도의 너비가 왕복 4~6차로로 10차로인 세종대로의 절반 정도다. 서울의 종로에 해당하는 '옥스퍼드 거리'는 차도가 왕복 2~3차로 정도이며, 버스 정류장이 있는 곳에서만 한차로씩 더 늘어난다. 8차로인 종로의 절반 이하다. 반면, 옥스퍼드 거리에서 인도의 너비는 차도와 비슷하거나 차도보다 더 넓다. 그러면 이렇게 좁은 차도를 가진 런던은 자동차 교통 수요를 어떻게 해결할까? 런던 사람들이 서울 사람들보다 자동차 타는 것을 싫어하는 것일까?

런던은 이렇게 좁은 차도를 효율적으로 운영하기 위해 혁명적인 정책을 도입했는데, 바로 도심 지역에 부과하는 혼잡통행료다. 도심 혼잡통행료는 2003년 켄 리빙스턴 전 시장이 도입했는데, 표준 요금이 하루에 11.5파운드로 우리 돈으로 1만7천원가량이다. 혼잡통행료를 내지 않고 운행한 차량에 대해서는 65파운드(9만5천원)~195파운드(28만5천원)의 벌금을 부과한다. 만약 서울 시민들에게 4대문 안에서 승용차를 운행하는 데 하루에 1만7천원을 부과하고, 이를 어기면 9만5천원에서 28만5천원 벌금을 부과하면 어떤 반응이 나올까? 또 유로5 배기가스 기준을 충족한 차량이나 전기차 등 친환경 차량은 요금을 깎아주고, 유로4 기준을 충족하지 못한 차량엔 2017년 10월부터 10파운드(1만5천원)를 추가해 21.5파운드(3만3천원)의 요금을 부과한다. 이렇게 강력한 자동차 억제 정책을 쓴 결과로 2000년부터 2012년 사이 런던 도심의 통행 수요는 10% 줄었고, 런던 차량의 평균 운행 거리도 11% 줄었다. 2015년 혼잡통행료 수입은 2억5740파운드(3750억원)에 이르러 런던 교통 예산의 8.5%를 충당했다. 물론 도심의 대기질도 크게 개선됐다. 런던은 1842년 좁은 차도에서 많은 승객을 실어나르기 위한 교통수단도 도입했

영국 런던은 혼잡통행료로 차량 통행을 줄이고 있다. 혼잡통행료 표지판. 김규원.

는데 그것이 바로 2층 버스다.

한국에서도 혼잡통행료 도입이 검토됐다. 서울시가 지난 2014년 서울연구원에 맡겨 검토한 결과를 보면, 서울 4대문 안(면적 16.7㎢)에 8천원의 혼잡통행료를 부과하면 승용차 통행량의 58%가 줄어들고 도로 교통량의 30%, 오염 물질의 15%가 줄어들 것으로 예상됐다. 4대문 안은 서울시 전체의 교통량 감축 효과가 가장 크고, 유출입 지점이 가장 적으며, 징수 지역이 넓고, 우회도로도 많은 것으로 분석됐다. 또 4대문 안은 2017년 3월 국토교통부의 '녹색교통진흥 특별대책지역'으로 지정되기도 했다. 혼잡통행료 부과시간은 평일 아침 7시부터 밤 9시, 징수 지점은 한양도성을 따라 40곳으로 계획됐다. 이 보고서는 요금 징수에 따른 승용차 이용자의 불만을 완화하기 위해 4대문 안 대중교통을 무료로 할 것을 제안했다. 또 화물차는 징수를 면제하고 도성 안 거주자와 택시엔 90% 할인, 경계지역 주민에겐 50% 할인을 해줄 것을 제안했다. 그러나 이 방안과 관련해 2017년 7월 박원순 서울시장은 "혼잡통행료는 너무나 극단적인 방법"이라며 시행에 유보적 입장을 밝혀 아쉬움을 남겼다.

세종시의 길에서 또다른 특징은 대체로 인도가 넓고 인도에 자전거 도로를 설치했다는 점이다. 세종시의 도로는 영국 도심의 도로처럼 인도가 절반 안팎까지는 안 되지만, 국내의 다른 도시에 비하면 상당히 넓은 편이다. 다만 인도의 절반가량이 자전거 도로로 돼 있어 보행자가 걷는 데 방해를 받기도 한다. 현재까지는 아직 자전거 타는 사람이 그렇게 많지는 않아 자전거와 보행자의 충돌이나 갈등이 많지 않지만, 앞으로 자전거 이용자와 자전거 밀도가 더 늘어나면 문제가 될 소지가 있다.

세종시의 도로에서 아쉬운 점 하나는 건널목 주변의 차도와 인도 사이

정부청사 지구의 도로에는 유럽처럼 낮은 길턱이 많다. 김규원.

의 길턱을 처리한 방식이다. 건널목 주변에서는 휠체어나 유모차, 자전거 등의 통행을 편리하게 하기 위해 길턱을 낮춰 차도와 높이를 맞추는데, 세종시의 도로는 이것이 조금 혼란스럽게 돼 있다. 예를 들어 정부세종청사 지역 안의 일부 도로는 인도와 차도 사이에 길턱이 거의 없고, 나무나 길말뚝으로만 경계를 표시한 경우가 있다. 이것은 보행 선진국에서 길턱을 처리한 방식으로 매우 편안하고 편리하다. 그러나 이렇게 길턱이 없는 곳에 길말뚝이 없으면 차량이 인도로 밀고 들어와 불법 주차나 정차를 해서 보행자에게 불편을 주는 경우가 많다.

세종시의 대부분 도로는 이렇게 길턱을 아예 없애는 대신 건널목과 연결되는 인도의 길턱만 낮추는 방식을 취했는데, 길턱을 낮춘 구간이 좁아서 불편하다. 예를 들어 건널목과 접하는 인도를 전체적으로 낮추지 않고 부분부분 낮춰 건널목과 만나는 인도가 물결처럼 오르내리기도 하고(어진동 공정위 앞), 길턱을 내린 부분이 너무 좁아서 유모차나 자전거 등이 다니기 불편한 경우도 있다(어진동 상가 앞). 따라서 건널목과 접하는 인도는 그 접촉 부분을 전체적으로 내리고 인도와 차도 사이에 적절히 길말뚝을 설치해야 한다.

세종시의 간선도로에 대해서도 아쉬움이 든다. 세종시의 제1도로는 첫마을에서 시작해 청주 오송역 쪽으로 연결되는 한누리대로다. 이 길은 과거 연기군 지역을 남북으로 관통하던 1번 국도가 맡았던 노릇을 수행한다. 세종시가 건설되면서 연기군의 중심을 관통하던 1번 국도는 서쪽으로 크게 우회하도록 노선을 바꿨다. 1번 국도가 세종시 중심을 그대로 관통할 경우 도시 안 간선도로와 도시 통과 간선도로라는 두 기능이 중복돼 도로가 막힐 가능성이 매우 컸기 때문이다. 거꾸로 도로가 막히지 않는다면 최고 시속 80킬로미터까지 고속으로 달리는 차량들로 인해 도심이 황폐해졌을 것이다.

그런데 1번 국도를 서쪽으로 크게 우회시킨 뒤 기존의 1번 국도를 도시의 메인 간선도로(빠른버스 도로 = BRT 도로)로 사용하지 않은 점은 아쉽다. 행정 도시청은 제1간선도로인 빠른버스 도로를 기존 1번 국도에서 서쪽으로 약간 떨어뜨려 새로 만들었다. 이 때문에 과거에 대전에서 북상해 금남교를 건너 바로 세종시로 들어오던 메인 간선도로는 금강 남쪽에서 한 번 멈춰 좌회전을 받은 뒤 한두리대교를 건너 첫마을 한누리대로로 들어가야 한다. 도시계획상 세종시의 메인 도로를 기존의 1번 국도 자리에 두지 않고, 굳이 그보다 서쪽으로 이동시킨 것이다. 이로 인해 대중교통을 이용하면 세종시로 곧바로 들어가지 않고 약간 돌아서 들어가게 된다. 당연히 시간도 더 오래 걸린다.

물론 지금도 금강 남쪽에서 좌회전하지 않고 과거의 1번 국도(갈매로)를 따라 바로 북상할 수도 있다. 그러면 금남교를 건너 정부청사 중심을 관통하게 된다. 그러나 이 도로상엔 대중교통 수단이 별로 없고 주로 승용차가 다닌다. 세종시의 가장 대표적인 대중교통인 990번 빠른버스는 앞서 말했듯 금남교 앞에서 좌회전해서 한두리대교를 거쳐 한누리대로(빠른버스 도로)로 돌아들어간다. 메인 간선도로가 이렇게 달라진 것은 세종시의 도시계획이 과거 1번 국도인 갈매로의 동서를 중심으로 하지 않고, 과거 1번 국도의 서쪽을 중심으로 정했기 때문이다. 과거의 1번 국도는 정부청사 지구를 관통하는데, 동쪽은 대부분 호수공원과 중앙공원, 미개발지로 이뤄져 있다. 상가지역과 주거지역은 대부분 서쪽에 있다. 따라서 과거엔 주로 1번 국도 주변에 민가와 상가가 있었는데, 지금은 1번 국도 주변은 주로 미개발지로 남아 있다. 지금 기존의 1번 국도를 메인 간선도로로 하면 주거지에서 빠른버스 도로까지가 너무 멀어 시민들이 매우 불편해질 것이다.

그런데 거꾸로 생각해보면 빠른버스 도로를 과거의 1번 국도에 설치하고, 그 주변을 개발했다면 더 좋았을 것 같다. 그랬다면 대전 반석에서 세종시

옛 1번 국도(빨간 선)는 남쪽에서 곧바로 금강을 건너 북쪽으로 가지만, 한누리대로(파란 선)는 금강 앞에서 좌회전을 한 번 받아 북쪽으로 올라간다. 다음지도.

들머리까지 달려온 빠른버스가 그대로 금남교를 건너 자연스럽게 북상하면서 세종시의 중심부를 관통할 수 있었기 때문이다. 그러나 자연스런 선로 형태를 가진 과거의 1번 국도를 버리고 서쪽에 새로 도로를 냄으로써 빠른버스 도로는 선형이 어그러지고 속도가 떨어지게 됐다. 빠른버스 도로는 세종시의 배후 대도시인 대전과 연결하는 핵심 간선도로인데, 굳이 이렇게 선형을 어그러뜨리고 비효율적으로 만들 필요가 있었는지 모르겠다.

지도를 보면 이렇게 된 이유는 더욱 불합리하다. 세종시의 초기 계획자들이 과거 1번 국도 동쪽을 대부분 공원으로 만들기 위해 도시의 중심 지역을 굳이 과거 1번 국도 서쪽으로 이동시킨 것으로 보이기 때문이다. 더욱이 과거 메인 간선도로였던 1번 국도의 주변은 널찍한 평지였으나, 현재의 빠른버스 도로는 동쪽으로만 너른 평지이고, 서쪽으로는 금세 산지가 나타난다. 메인 도로 주변에 활용할 땅이 적어진 것이다. 기존에 메인 간선도로를 지나 도시 중심이었던 지역을 공원으로 만들기 위해 도로와 도시 구조

옛 1번 국도(빨간 선)는 정부세종청사의 중심을 관통하고, 한누리대로(파란 선)는 정부세종청사의 서쪽을 지난다. 다음지도.

를 바꾼 것이다. 이렇게 도시를 계획한 것은 초기 계획자들의 재량이지만, 굳이 이렇게 기존 도시의 구조, 자연 지형을 무시한 도로 계획을 할 필요가 있었는지 모르겠다.

애초 세종시를 계획할 때 과거의 1번 국도를 중심에 두고 계획했다면 도로의 흐름이나 도시의 구조가 매우 자연스러웠을 것이다. 빠른버스 노선이 굳이 서쪽으로 크게 휠 필요도 없었고, 세종시 들머리에서 빠른버스가 느린버스로 바뀔 이유도 없었다. 또 주거지가 빠른버스 서쪽으로 집중돼 시민들의 접근성이나 빠른버스의 효율성이 떨어지는 일도 없었을 것이다. 과거의 1번 국도를 메인 간선도로로 삼아 공공성이 높은 정부, 문화, 상업, 사무용지를 집중 배치하고 그 바깥쪽에 주거지를 배치했다면 도시의 흐름이 매우 자연스러웠을 것이다. 오래된 도로나 도시 구조는 다 이유가 있는 것이고, 그것을 바탕으로 한 연결망은 매우 소중하고 효율적인 것이다. 이런 중요한 요소를 하루 아침에 바꾸면 이런 결과를 낳게 된다.

21 빠른버스, 없는 기차역

세종시의 교통에서 가장 큰 특징은 빠른버스(BRT = 버스 래피드 트랜싯 = 간선
급행버스) 시스템이다. 빠른버스 시스템이란 중앙전용차로와 편리한 정류장
시설, 우선 통행 시설 등을 갖춰 버스를 빠르게 운행할 수 있게 만든 대
중교통 시스템을 말한다. 한국에서는 비아르티(BRT)나 '간선급행버스'라는
표현을 많이 쓰는데, 원래 용어는 '버스 래피드 트랜싯'으로 그냥 '빠른버
스 교통(통행)'이라는 뜻이다. '비아르티'나 '간선급행버스체계'라고 부르기
보다는 '빠른버스'나 '빠른버스 시스템'이라고 하면 부르기도 좋고, 이해하
기도 쉽다. 왜 '비아르티'처럼 불명확하고, '간선급행버스'처럼 복잡하고 어
려운 용어를 쓰는지 모르겠다. 한국의 빠른버스 시스템은 2004년 7월 서울
에서 처음 도입돼 2016년 말까지 12개 간선도로에 모두 117.5킬로미터의 중
앙차로가 놓여 있다. 서울의 빠른버스는 가장 먼저 도입됐고 길이도 100킬
로미터 이상으로 길지만, 중앙차로만 설치된 단순한 형태의 '빠른버스' 시
스템이다.

　세종시의 빠른버스 시스템은 서울의 수준에서 한 발 더 나아갔다. 도심
구간에서 버스가 교차로 신호에 걸리지 않고 달릴 수 있게 4개의 전용 지하
도로와 2개의 전용 고가도로를 설치한 것이다. 세종시의 빠른버스 도로는

내부 순환 22.9킬로미터, 세종~오송역 9킬로미터, 세종~대전 반석역 8.8킬로미터, 세종~대전 테크노밸리 14.2킬로미터 등 모두 55킬로미터이며, 대전 테크노밸리~대전역 구간 12킬로미터는 대전시에서 건설, 관리한다. 세종시의 빠른버스를 이용한 사람은 2016년 기준으로 하루 평균 1만3576명, 한 해 동안 430만4245명이었다.

세종시에는 크게 3개의 빠른버스 도로가 있는데, 첫째는 2012년 9월 가장 먼저 개통된 청주 오송역~세종~대전 반석역 사이의 31.2킬로미터 도로다. 이 도로를 달리는 990번 버스는 2013년 4월부터 운행했는데, 2016년 말 기준으로 출퇴근 때 5분, 그밖에 10분 간격으로 하루 129회 운행하며, 전구간 운행 시간은 40분이다. 하루 평균 이용객은 1만400명이다. 이 도로는 가장 먼저 개통됐고, 세종시의 메인 도로를 지나며, 오송역과 대전 유성을 연결하는 등 가장 중요한 노선이다.

세종시의 빠른버스 990번. 김규원.

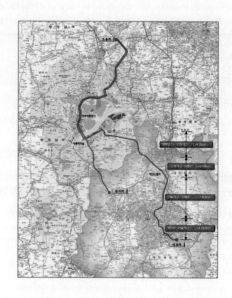

오송역~세종~반석역 빠른버스 도로(파란 선)와 오송역~세종~대전역 도로(빨간 선)는 세종시의 가장 중요한 2가지 빠른버스 노선이다.

둘째 도로는 2016년 7월 개통된 오송역~세종~대전역 사이의 53킬로미터 도로다. 1001번이 운행하는 이 도로는 빠른버스 도로 가운데 길이가 가장 길고, 대전의 신도심과 구도심을 모두 통과한다. 1001번 버스는 2016년 9월 기준으로 출퇴근 때 15분, 그밖에 20분 간격으로 하루 54회 운행하며, 전구간 운행 시간은 70분이다. 하루 이용객은 3176명이며, 990번 버스와 달리 좌석버스 형태다. 셋째 도로는 내부순환도로로 2016년 1월 전 구간이 개통됐으나, 아직까지 미개발지가 많아 운행하는 버스는 없다. 이 노선의 길이는 22.9킬로미터이며, 승용차로 한 바퀴 도는데 20분가량 걸린다.

애초 세종시의 빠른버스 도로엔 '바이모달트램'이라는 일종의 굴절 버스가 2012년 9월부터 2013년 4월까지 시험 운행했으나, 결국 도입되지 못했다. 바이모달트램은 이름과 달리 트램은 아니었고, 유도 장치와 버스전용차로를 이용해서 달리는 버스였다. 그런데 고장이 잦았고, 눈길에 버스전용 고가도로를 넘지 못했으며, 가격이 1대에 15억원에 이르는 등 문제점이 많았

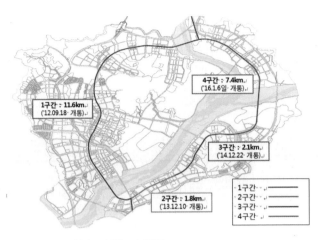

세종시의 내부순환도로 노선. 행정중심복합도시건설청.

다. 바이모달트램 운행이 중단된 뒤 세종시의 빠른버스 도로에는 현재 저
상 버스가 운행 중이다. 그러나 행정도시청은 앞으로 빠른버스 도로를 운
행할 교통수단으로 바이모달트램과 2층버스를 다시 검토하고 있다. 한국교
통연구원의 평가에서 도시 안 교통 수단으로는 바이모달트램, 대전, 청주
등 도시간 교통 수단으로는 2층버스가 가장 높은 점수를 받았다. 바이모달
트램이나 2층버스가 세종시에 도입될 수 있을지 궁금하다. 세종시와 행정
도시건설청은 대용량 교통수단 도입, 정류장 개선, 사전 지불 시스템 도입,
교차로 우선 신호 도입 등도 추진 중이다.

　빠른버스 체계 자체는 매우 효율적이다. 그러나 세종시에 왜 빠른버스가
필요했는지를 물을 필요가 있다. 왜냐하면 통상 빠른버스는 대도시(메트로
폴리스)에서 사용되는 교통수단이고, 세종시처럼 면적이 73제곱킬로미터(신
도시), 인구 14만명(신도시)~24만명(주변 지역 포함) 수준의 인구를 가진 도시에서
는 필요가 없기 때문이다. 통상 대도시는 최소한 인구가 100만명 이상이고,

넓이가 500제곱킬로미터 이상이며, 대도시와 주변지역으로 이뤄진 곳을 말한다. 한국에선 서울, 부산, 인천, 대구, 대전, 광주, 울산과 같은 도시를 말하는 것이다. 특히 이 가운데 서울은 규모나 밀도에서 그냥 대도시가 아니라, 거대도시(메갈로폴리스)라고 불러야 한다. 대도시가 있고 그 주변에 그 도시로 출퇴근하거나 생활 기반을 의지하는 지역이 있어야 대도시가 되는 것이다. 바로 대도시와 주변 지역을 연결하는 수단으로 보통 도시철도나 빠른버스를 사용하는 것이다.

그런데 세종시는 어떤가? 세종시 전체의 넓이는 465제곱킬로미터로 광역시급인데, 정부가 땅을 사들여 개발한 신도시(중심 지역)는 73제곱킬로미터(2200만평) 정도다. 세종시의 전체 넓이는 서울의 77% 정도지만, 신도시 지역은 서울의 12% 정도로 서울의 구 3개 정도의 넓이다. 인구는 2016년 말

세종시의 빠른버스는 서울보다 진일보했다. 도심 구간에서 버스가 교차로 신호에 걸리지 않고 달릴 수 있게 4개의 전용 지하도로와 2개의 전용 고가도로를 설치한 것이다. 김규원.

기준으로 서울이 993만명, 세종시가 24만명이다. 세종시 인구는 서울 인구의 2% 남짓, 40분의 1정도 되는 것이다. 세종시의 전체 인구는 서울 한 구의 평균 인구인 40만명에도 미치지 못한다. 세종시를 서울에 비춰 보면, 전체 인구는 서울 용산구만하고, 신도시 인구는 서울 중구만하며, 신도시 면적은 종로, 중, 서대문, 용산 면적 정도에 불과하다. 이런 크기의 도시라면 일반 버스나 택시, 자전거, 도보면 모든 교통을 해결할 수 있다. 빠른버스와 같은 광역 교통수단은 필요 없다.

그런데 왜 세종시에 빠른버스 도로를 놓고 빠른버스를 다니게 할까? 첫째 이유는 세종시가 비자립적인 일종의 위성 도시이기 때문이다. 앞으로도 상당 기간 세종시는 대전시를 모도시로 하는 위성 도시, 신도시 신세를 벗어나기 어렵다. 과천과 서울의 관계와 세종시와 대전의 관계는 규모엔 차이가 있지만, 성격은 비슷하다. 옆에 대전시가 없었다면 세종시는 행정도시의 입지가 되기 어려웠고, 대전과 같은 배후 도시가 없다면 생활이 매우 불편했을 것이다. 물론 대전시가 옆에 있어도 세종시에 사는 것은 불편한 점이 많지만, 대전시가 없는 것보다는 확실히 그 정도가 덜할 것이다.

통상 신도시는 자립성이 부족하기 때문에 대도시에 붙여서 건설한다. 물론 실제로는 대도시의 인구가 팽창하면 주변에 신도시를 건설해 주거지나 산업 지역 등을 이전하는 것이다. 태생적으로 신도시인 세종시를 안정적으로 키우기 위해 대전에 붙여 지었고, 모도시인 대전과의 연결을 편리하게 하려고 세종~대전 반석역, 세종~대전역 사이에 2개의 빠른버스 도로를 놓은 것이다. 이 2개 구간과 세종~오송역 구간 등 3개 구간 사업에 9754억원, 세종시 내부 순환 빠른버스 도로에 1조2190억원 등 빠른버스 도로 건설에만 모두 2조1944억원의 예산이 들어갔다.

세종시에 빠른버스 도로를 놓은 두 번째 이유는 세종시에 고속철도 역이 없기 때문이다. 사실 24만명이라는 세종시의 인구는 고속철도 역을 설치할 만한 규모가 되지 못한다. 통상 고속철도는 인구 100만명 이상의 대도시 사이를 연결하는 교통수단이라고 봐야 한다. 그보다 작다고 해도 적어도 50만명 규모는 돼야 한다. 경부고속철도 주요 역 가운데 해당 도시의 인구가 50만명이 안 되는 역은 관광객이 많은 경주(26만명) 정도다. 김천구미역을 이용하는 김천과 구미는 합해서 50만명을 넘는다. 따라서 세종시와 경부고속철도 역들을 비교해 보면 고속철도 역 설치가 타당한지 의문이 든다.

그러나 호남고속철도의 역들과 비교하면 이야기는 조금 달라진다. 2015년 개통한 호남고속철도가 지나는 도시 가운데 인구가 50만명 이상인 도시는 광주(150만명)와 청주 오송(83만명)뿐이고, 익산(30만명), 목포(24만명), 정읍(12만명), 공주(11만명) 등은 50만명에도 미치지 못한다. 세종시의 인구 규모도 24만명이기 때문에 호남고속철도에서는 중간 규모는 된다. 더욱이 세종시는 국가 행정의 중심지, 제2수도라는 점에서 다른 도시들보다 높은 위상을 갖고 있다. 호남고속철도는 현재 세종시의 남쪽 지역인 금남면 일대를 관통하기 때문에 고속철도 역을 만들지 못할 이유는 없어 보인다.

그러나 세종시엔 의도적으로 철도역이 설치되지 않았다. 김경욱 새만금건설청 차장(국토교통부 전 철도국장)은 "세종시엔 일부러 역을 설치하지 않은 것으로 보인다. 오송역에서 분기해서 공주로 가려면 세종시 중심을 관통하는 것이 자연스러운데 그렇게 하지 않고 남쪽으로 우회해서 공주로 가도록 선형을 조정했다. 일부러 도시 중심을 지나지 않게 한 것으로 추정된다"고 말했다.

세종시에 고속철도 역이 설치되지 않은 이유를 세종시 초기의 책임자이자 현재 세종시장인 이춘희 시장에게 물어봤다. 이 시장은 세종시 건설 초기에 신행정수도건설지원단 부단장과 초대 행정도시건설청장, 건설교통부 차관 등을 지낸 핵심 인물이다. 이 시장은 "철도가 도시 중심을 지나면 도시가 양분된다. 도시의 양분을 막기 위해 지하로 건설하면 비용이 많이 든

세종시에 없는 철도역을 이용하기 위해 오송역까지 빠른버스를 놓았다. 한국철도시설공단.

호남고속철도에 투입되는 신형 케이티엑스2. 한국철도시설공단.

다. 도시 밖에 있어도 연계 교통으로 빠르게 연결할 수 있기 때문에 굳이 철도역을 도시 중심에 설치할 필요는 없다고 판단했다"고 말했다. 세종시에 고속철도 역을 설치하지 않은 데는 당시 가장 영향력 있는 실무 책임자였던 이춘희 시장의 이런 의견이 반영됐을 것으로 보인다.

세종시에 철도역이 설치되지 않은 다른 이유도 있었다. 손병석 국토교통부 제1차관(전 철도국장) "당시 서울역에서 40~50분만에 세종시 중심에 도착하면 공무원들이 세종시로 이주하지 않을 것이라는 우려가 있었다. 공무원들의 이주를 촉진하기 위해 역을 만들지 않은 것 같다"고 말했다. 손 차관은 또 "청주의 오송역이 경부-호남 고속철도 분기역으로 결정된 이유 가운데 하나가 세종시가 가깝다는 것이었다. 세종시에 세종역을 따로 만들면 오송역의 수요가 줄어들 우려가 있었다. 지금도 세종역을 만들려 하면 청주에서 강력히 반대하는데, 같은 이유다"라고 설명했다.

그러나 이런저런 이유가 있었다고 해도 세종시에 고속철도 역을 만들지 않은 것은 너무나 잘못된 판단이었다. 철도는 현대 도시의 가장 기본적이고 필수적인 시설 중 하나이기 때문이다. 특히 철도역은 도심에 있어야 그 활용도를 극대화할 수 있다. 예를 들어 철도는 승용차와 달리 '출발지 문에서 목적지 문까지'의 이동이 안 된다. 따라서 철도역은 그 도시에서 가장 접근성이 좋은 곳에 있어야 한다. 그곳이 바로 도심이다. 통상 도심이 모든 사람들의 집에서 가장 가까운 지점이거나 모든 사람들의 집으로 가장 빨리 이동할 수 있는 지점이다. 공공시설과 교통 시스템이 도심에 집중되는 이유도 바로 그것이다.

더욱이 철도역이 도심에서 멀리 있기 때문에 생기는 시간과 비용의 낭비, 불편은 철도역을 도심에 새로 만들지 않는 한 영구적이다. 철도를 이용하는 모든 사람들에게 지속적으로 시간과 비용의 낭비, 불편을 일으키는 것이다. 더욱이 최근처럼 고속철도가 장거리 교통수단으로 각광을 받는 상황에서 철도역이 없는 도시는 경쟁력이 떨어지게 돼 있다. 또 철도역이 도심에 가져다주는 분위기나 매력도 느낄 수가 없다.

이런 만성적인 문제점 때문에 세종시 지역구의 국회의원이자 노무현 정부 때 국무총리를 지낸 이해찬 의원은 2016년 4월 20대 총선거를 앞두고 '세종역 설치'를 공약으로 내세웠다. 당선 뒤엔 이춘희 세종시장과 함께 세종시 금남면 일대에 세종역 설치를 추진했다. 이와 관련해 한국철도시설공단도 '세종역 신설 사전 타당성 조사'를 시작했다. 그러자 오송역을 가진 충북과 공주역을 가진 충남이 강력히 반대하고 나섰다. 결국 2017년 5월 한국철도시설공단의 사전 타당성 조사에서 세종역의 비용 대비 편익(B/C)이 0.59로 나왔다. 비용 대비 편익이 1 이상이어야 사업을 추진할 수 있기 때문에 이 논란은 끝난 것처럼 보였다. 그러나 8월 이해찬 의원이 사전 타당성 조사에 문제가 있다며 세종역 설치를 다시 추진하겠다고 밝혀 논란

세종역 설치를 반대하는 청주시의 플래카드. 김규원.

이 다시 불거졌다. 세종역은 교통 문제가 아니라, 지역간 정치 문제가 돼버렸다. 노무현 정부 시절 세종시 도심에 세종역을 계획했더라면 생기지 않았을 논란이다.

그러나 세종역이 세종시 금남면 용포리, 발산리 일대에 설치된다고 해도 문제는 있다. 이 지역은 세종시의 가장 남쪽이어서 서울~세종의 구간은 오송역까지보다 시간과 요금이 늘어난다. 대략 시간은 5분 늘어나고 비용도 몇천원 더 늘어날 것으로 예상된다. 대신 역에서 세종시 중심까지의 거리는 11킬로미터가량 줄어든다. 오송역에서 세종청사까지는 거리가 17킬로미터인데, 세종역 후보지에서 세종청사까지는 6킬로미터이기 때문이다. 다른 대도시의 역처럼 세종시 중심부에 역을 설치하려면 고속철도의 노선을 조정하고 고속선로를 새로 깔아야 하기 때문에 엄청난 시간과 비용이 들 것이다. 앞으로 세종시 남쪽에 세종역을 설치한다고 해도 첫 단추가 잘못 끼워졌기 때문에 그 효과는 제한적일 것이다. 다만, 남쪽인 광주~세종 구간은 시간과 요금이 모두 줄어들 것이다. 또 세종역이 대전역보다 더 가까운 대전 유성구 일대의 주민들은 혜택을 볼 수 있다.

결국 세종시는 호남고속철도를 도심으로 관통시키고 도심 한가운데 철도역을 설치할 기회가 있었다. 그러나 이해할 수 없는 이유로 이런 필수적인 결정이 이뤄지지 못했다. 이로 인해 세종시민들은 기차를 타기 위해 도심에서 17킬로미터나 떨어진 다른 도시로 가야 한다. 이 불편을 덜어주기 위해 세종~오송역 사이에 빠른버스 도로가 놓인 것이다. 만약 세종시 초기에 세종시 중심에 철도역을 계획했다면 세종시민들은 이런 쓸데없는 불편을 겪지 않았을 것이다. 또 세종~오송역 사이 빠른버스 도로도 불필요하거나 필요가 작았을 것이다. 세종시 초기 계획자들의 잘못된 판단으로 세종시는 고속철도역도 없는 도시가 되고 말았다.

이렇게 세종~대전 반석역, 세종~대전역, 세종~오송역 등 3개의 빠른버스 도로는 세종시의 부족한 자립성을 보완하기 위해 건설됐다. 다만, 내부 순환 노선(22.9킬로미터)은 중장기적으로 볼 때 필요한 시설이다. 현재의 인구 규모나 교통 수요를 보면, 이 순환 노선이 당장 필요하다고 말하기 어렵지만, 앞으로 도시 규모와 인구가 성장하면 매우 유용한 교통 시설이 될 것이다.

22 자전거 수도를 꿈꾸다

자전거 타기의 관점에서 보면, 세종시는 아마도 국내에서 최고 수준일 것이다. 세종시는 신도시이고, 초기부터 자전거 타기에 집중 투자했기 때문에 국내 다른 도시들보다는 자전거 기반시설이 훨씬 낫다. 또 세종시가 서울과 달리 산지가 많지 않고 금강을 끼고 있는 분지라는 점도 자전거 타기에 좋은 점이다. 물론 세종시가 자전거 타기에 좋다는 것은 국내의 다른 도시들과 비교해서 그런 것이다. 자전거 선진국들과 비교하면 높은 수준이라고 말하기 어렵다. 자전거 타기는 물리적 기반시설뿐 아니라, 시민들의 의식도 중요한데, 그런 점에선 아직 많이 떨어진다.

세종시에서 자전거 타기에 가장 좋은 점은 상당 부분의 도로에 '자전거 도로'가 놓여 있다는 점이다. 행정중심복합도시건설청에 따르면, 2016년 말 기준으로 세종시 신도시의 전체 자전거 도로의 길이가 248킬로미터이며, 이것은 차도의 길이 189킬로미터보다 60킬로미터가량 더 긴 것이다. 2030년에 자전거 도로의 길이는 422킬로미터로 계획돼 있는데, 이때도 도로의 길이 338킬로미터보다 70킬로미터 이상 더 길다. 422킬로미터가 완성되면 서울과 부산 사이 거리 385킬로미터보다 더 길다. 세계적 자전거 도시인 덴마크 코펜하겐이나 네덜란드 암스테르담의 자전거 도로 길이 443킬로미터,

세종시는 자전거 도로와 공공자전거 등 자전거 기반시설을 갖췄다. 세종시의 인도엔 자전거 도로가 놓여 있다. 왼쪽이 인도, 오른쪽이 자전거 도로. 김규원.

513킬로미터에 육박한다. 서울이나 대전과 같은 도시보다는 훨씬 뛰어나다. 2016년 서울의 자전거 도로 길이는 844킬로미터, 대전은 592킬로미터로 세종시보다 약간 더 길지만, 인구와 면적, 도로 대비 자전거 도로의 길이는 세종시 신도시가 2~10배까지 더 길다. 특히 세종시는 도심 지역의 거의 모든 도로에 자전거 도로가 놓였다는 점에서 다른 도시들과 비교할 수 없다.

세종시 자전거 도로의 특징은, 국내의 다른 많은 자전거 도로와 마찬가지로 차도가 아닌 인도에 놓여 있다는 것이다. 행정도시청이 내놓은 표준 보행로＋자전거 도로 구조를 보면, 보행로는 너비 3m, 자전거 도로는 너비 2m로 돼 있다. 물론 이것은 표준이고, 실제로는 이보다 좁은 경우도 많고,

심지어 자전거 도로가 따로 없고 보행로만 있는 경우도 있다. 행정도시청은 현재 1~3생활권에서 2m인 자전거 도로의 표준 너비를 새로 건설되는 4~6생활권에서는 2.5m로 넓힐 계획이다.

인도에 자전거 도로를 두는 것은 자전거가 차량과 만날 일이 거의 없어 안전도가 매우 높다. 사실 선진국 가운데 교통 후진국인 한국은 차량 사고뿐 아니라, 자전거 사고도 다른 선진국보다 훨씬 많다. 2014년 자전거 사고로 사망한 사람은 287명이었으며, 수송 분담률을 고려한 사망률은 2013년 독일의 4.6배, 네덜란드의 6.9배, 덴마크의 8.8배에 이른다. 대부분의 자전거 사고 사망자가 차량과의 관계에서 생긴다는 점을 고려하면 자전거 운행을 차량과 분리한 것은 현명한 일로 보인다.

또 세종시는 자전거 주차장도 2015년 말까지 2500대분, 2030년까지는 4만대분을 설치하도록 계획했다. 이것은 인구 54만명으로 세종시의 목표 인구 50만명과 비슷한 덴마크 코펜하겐의 주차장(5만대분)에 근접하는 수준이다. 2015년까지 자전거 주차장을 가장 많이 설치한 곳은 버스 정류장으로 730대분이며, 그 다음으로 빠른버스 정류장 500대분, 공원과 하천 430대분을 설치했다. 그밖에 상업지역, 대형마트, 체육문화시설, 공공시설에 840대분을 설치했다.

공공자전거 '어울링'도 2016년 11월까지 62곳에 680대를 설치했으며, 2020년까지 2천여대, 2030년까지는 현재의 10배인 494곳, 5640대를 설치할 계획이다. 공공자전거의 이용자 숫자는 2015년 5월말 기준으로 436명으로 평균 1대당 하루 1회 이상 사용되고 있다. 공공자전거는 아직 자전거가 없는 사람이나 세종시를 방문한 외지인들에게 특히 유용하다. 다만, 세종시에서는 주민들도 자전거를 보유한 경우가 많기 때문에 이를 고려해서 적정한 규모를 산정할 필요가 있다.

2017년 한국교통연구원에서 발표한 2016년 전국 자전거 보유 조사 결과

세종시의 공공자전거 어울링(상). 세종~대전 반석 사이엔 17킬로미터의 자전거중앙차로가 놓여 있다.(하)
김규원.

를 보면 세종시의 가구별 자전거 보유율은 45%이고, 가구별 평균 보유 대수는 1.89대로 17개 광역지방정부 중 각각 대전과 인천에 이어 2위를 차지했다. 공공자전거는 세종시를 포함해 대부분 도시에서 약간 작고 무거운 스타일이 많은데, 이를 조금 다양화하는 방안도 검토할 필요가 있다. 남자 어른이 타기엔 조금 작고 둔한 느낌이 들기 때문이다. 내 경우 세종시에 살 때 아이 것까지 모두 5대의 자전거를 갖고 있어 공공자전거를 탈 일은 없었다.

자전거와 관련해 세종시의 또 하나 자랑거리는 세종시와 대전 반석역 사이의 빠른버스 도로에 17킬로미터의 자전거 전용도로를 놓은 것이다. 이 자전거 전용 도로는 갓길이나 인도에 놓인 것이 아니라, 광역 도로의 한가운데에 놓였다는 점이 특징이다. 쉽게 말하면 버스중앙차로의 위치에 자전거 전용도로가 놓인 것이고, 버스는 그 바로 옆 차로를 전용으로 이용하게 돼 있다. 이 도로가 도시 안 도로가 아니라 도시 사이 도로였기 때문에 가능한 일이었지만, 그래도 의미가 있다. 서울로 치면, 자유로 한복판에 자전거 전용도로가 놓인 것이다. 특히 이 자전거 전용도로의 위쪽에는 태양광 발전판(250W) 7502개를 지붕처럼 덮어놓아 햇빛과 눈, 비 등을 막고 전기도 생산한다. 이 태양광 발전판의 용량은 1875.5킬로와트이며, 1년에 2193메가와트의 전기를 생산할 수 있다.

세종시에서 자진거 타기가 좋은 이유 중엔 평탄한 지형도 포함된다. 세종시는 금강을 끼고 있는 분지이고 평지와 낮은 언덕에 지어진 도시다. 그래서 서울이나 부산처럼 산이 많은 도시와는 비교할 수 없을 정도로 자전거 타기에 편리하다. 서울에서 자전거로 출퇴근할 때 가장 어려운 구간은 공덕역에서 효창공원역으로 넘어가는 용마루고개, 또는 새창고개였다. 그러나 세종시에서는 그런 급한 경사의 도로가 거의 없다. 세종시에서는 기껏해야 서울의 애오개 정도의 경사가 있을 뿐이다. 이런 지형적 이점은 앞으로 세종시에서 자전거 타기가 더욱 활발해질 것으로 예상할 수 있는 유력한 근거다.

　그러나 세종시에서처럼 인도에 놓인 자전거 도로의 문제점도 있다. 인도의 자전거 도로는 끊임없이 보행자를 만나게 된다. 출퇴근 때나 점심 때처럼 보행자가 몰릴 때는 인도의 자전거 도로에서 자전거를 타는 일 자체가 불가능해진다. 자전거 도로는 자전거 운전자한테나 인식될 뿐 보행자들은 인도와 자전거 도로를 잘 구분하지 않고 걷는다. 따라서 자전거 도로라고 해도 자전거만 다니는 것이 아니고, 자전거 도로로 걷는 보행자에게 양보를 요구하기도 쉽지 않다. 이 때문에 내 경우는 대부분 자전거 도로가 아닌 차도의 갓길을 이용해서 자전거를 탔다. 차량들이 아주 빠른 속도로 달리는 빠른버스 도로에서는 자전거 타기가 어려웠지만, 그밖의 차도에서는 자전거를 타는 데 큰 문제가 없었다.

　인도에 설치된 자전거 도로의 또 다른 문제점은 노면이 불량하다는 점

길턱을 낮춘 부분이 좁은데다가 가운데엔 길말뚝을 세워놓았다. 김규원.

이다. 인도에 놓인 자전거 도로의 노면은 시멘트여서 아스팔트 도로와 달리 주행감이 좋지 않다. 노면의 포장 상태도 돌이나 보도블록으로 포장된 인도보다도 못한 경우가 많다. 특히 주행에 심각한 장애는 교차로에서 인도와 차도가 만나는 부분이다. 이 경우 자전거 도로를 경사로로 낮춰 차도와 같은 높이로 맞춘다. 그런데 이 경사로가 급하거나 매끄럽지 않거나 위치가 적절하지 않은 구간이 많아서 불편하고 위험했다. 특히 이런 교차로 경사로는 보통 몇십미터마다 계속 나오기 때문에 자전거를 타고 제대로 달릴 수가 없다. 속도를 냈다가 낮췄다가를 끝없이 반복해야 한다. 이것의 불편함은 자동차를 운전할 때 과속 방지턱이 100미터마다 계속 나타난다고 생각하면 된다.

이것을 개선하려면 건널목 부근의 인도 길턱을 전체적으로, 그리고 아주 완만하게 낮춰야 한다. 그러면 자전거뿐 아니라, 유모차, 휠체어, 어린이, 노약자 등 교통 약자들이 모두 편리하게 이용할 수 있다. 또는 인도와 차도의 높이차를 더 줄여야 한다. 한국의 도로는 길턱의 높이차가 유럽이나 미국보다 좀더 큰 편이다. 이 높이차가 줄면 경사로를 더 완만하게 설치할 수 있다. 아니면 인도와 차도가 만나는 부분에서 인도를 낮추지 말고, 차도를 높이는 방법도 있다. 이것은 차량들의 과속을 줄이고, 자전거나 보행자의 편리를 높일 수 있는데, 세종시의 일부 도로에서도 도입했다.

자전거 도로를 인도에 놓는 것은 자전거의 효율성 면에서도 바람직하지 않다. 첫째로 인도에 놓인 자전거 도로는 좌회전 신호를 받을 수 없어 자전거 이동의 효율을 떨어뜨린다. 인도의 자전거 도로를 이용하는 사람이 좌회전하려면 좌회전 방향으로 횡단보도를 두 번 건너야 한다. 둘째로는 도로에서의 교통 갈등이 자전거와 보행자 사이에 일어난다는 점이다. 현재 세종시는 인구도 많지 않고 밀도도 높지 않아 인도에서 자전거 타는 것이 별 문제가 아니다. 그러나 앞으로 인구가 늘고 밀도가 높아지면 인도에서 보

자전거 이용자와 보행자가 모두 늘어나면 인도에서 갈등이 일어날 우려가 있다. 김규원.

영국에선 자전거가 공공교통인 버스보다도 더 앞에 선다. 김규원.

행자 – 자전거 사이의 교통 갈등이 일어날 가능성이 크다. 보행자가 많은 인도에서는 자전거 운행 자체가 어려워질 것이다. 자전거가 인도에서 문제를 일으킬 소지가 있다.

한국과 달리 대부분의 자전거 선진국에서는 자전거를 차도로 다니게 한다. 이것은 자전거를 차량의 하나로 보는 것이며, 보행자에게 불편을 주지 않으려는 것이다. 물론 한국의 '도로교통법'도 자전거를 '차'에 포함시키고 있으며(2조17항), 자전거 도로가 설치되지 않은 곳에서는 차도 오른쪽 가장자리로 통행하도록 하고 있다(13-2조의 2항). 그러나 현실에서는 그렇지 못하다. 아직 한국의 많은 자동차 운전자들은 자전거 운전자들의 동등한 도로 이용권을 인정하지 않는다. 이 때문에 자전거 운전자들이 차도로 달리려면 위험하거나 불쾌한 상황에 놓이는 경우가 많다. 더욱이 한국의 차도는 넓은 경우가 많고, 자동차 이용도 많은 편이어서 자전거 운전자는 엄청난 매연에도 노출돼야 한다.

자전거를 차도로 다니게 할지, 인도로 다니게 할지는 교통 정책상, 교통 철학상 상당히 큰 차이가 있다. 결론적으로 말하면, 나는 자전거를 차도로 다니게 해야 한다고 본다. 자전거가 차도로 다녀야 차량으로, 교통수단으로 인정받고 차량과 동등한 대우를 받을 수 있기 때문이다. 승용차가 대중화하기 이전 시대엔 도로에 인도와 치도의 구분이 없었다. 그냥 도로에서 사람과 차, 자전거, 수레, 마소가 함께 다녔다. 이것은 20세기 초 한국 도시들의 사진에서도 쉽게 확인할 수 있다. 그러다가 자동차가 늘어나면서 자동차의 빠른 운행과 보행자의 안전을 위해 인도와 차도의 분리가 일어났다. 이른바 '보 – 차 분리'다.

문제는 이 보–차 분리가 인도와 차도의 적절한 분리가 아니라, 도로의 대부분을 차량에게 넘겨주는 결과를 낳았다는 점이다. 차량들은 차도에서 지나치게 빠르고 거칠게 운행했고, 이로 인해 차 대 차, 차 대 사람의 사고가 폭발적으로 늘어났다. 이것은 보행자의 안전을 보장한다는 보-차 분리의 애초 취지를 무색하게 만든 일이었다. 이런 위험을 완화하기 위해서 유럽의 많은 나라들은 도시 차도에서의 제한 속도를 시속 40킬로미터 정도로 낮췄다. 또 버스 전용차로를 놓거나 노면전차(트램)를 놓거나 자전거를 다니게 함으로써 차량 통행 수요를 억제하고 있다.

바로 이런 측면에서 자전거가 차도로 다니는 것이 바람직하다. 자전거가 함께 다님으로써 차량 운전자들이 차도가 자기들의 전유물이 아님을 알게 되고, 더 조심해서 운전을 하고, 차량의 속도를 줄이게 된다. 이 과정에서 보행자, 장애인, 노인, 어린이와 같은 교통 약자에게 더 양보하고 배려하게 된다. 궁극적으로는 개인 차량 이용을 줄이고, 대중교통이나 자전거, 보행 등으로 교통수단을 바꾸는 효과까지 거둘 수 있다. 그런데 문제는 이렇게 차도를 개인 차량과 자전거, 보행자가 적절히 공유하게 될 때까지 많은 자전거 운전자들이 차량에 희생될 수 있다는 점이다. 이런 변화가 하루 아침에 일어나지 않기 때문에 자전거 운전자들은 차도에서 목숨을 건 운행을 해야 한다.

그래서 세종시 등 신도시들에서 인도에 자전거 도로를 설치하는 것은 아쉽다. 이런 정책은 자전거를 어엿한 교통수단으로 만들지 못하고, 차량의 차도 독점과 폭주를 막지 못한다. 자전거나 보행자에 대한 배려도 생겨나기 어렵다. 사실 우리 도로교통법 13-2조 1항도 이런 방향을 조장하고 있다. 바로 "자전거의 운전자는 자전거 도로가 따로 있는 곳에서는 그 자전거 도로로 통행해야 한다"는 조항이다. 이 조항은 말하자면 인도에 자전거 도로가 있으면 차도로 달려서는 안 된다는 뜻이다. 되도록 자전거를 차도가 아니라, 인도로 다니게 하려는 법률 조항이다. 자전거에 정당한 도로 이용권을 주고, 차량의 통행을 적절히 억제하려면 인도에 자전거 도로가 있더라도 자전거가 차도로 다닐 수 있게 해야 한다.

현재 서울시에서는 일부 차도의 맨 바깥 차로를 자전거 우선도로로 지정해 운영하고 있다. 물론 차량도 다닐 수 있지만, 자전거가 우선이라는 것이다. 이런 자전거 우선도로에서 자전거를 타도 차량들이 양보하지 않는 경우가 많지만, 점점 양보하고 조심하는 차량들이 늘고 있다. 단기적으로는 어려움이 있겠지만, 중장기적으로는 이런 정책 방향이 더 바람직하다. 앞으로는 한국의 도시들에서도 유럽의 자전거 선진 도시들처럼 차도를 대중교통과 개인 차량, 자전거가 적절히 나누는 모습을 볼 수 있으면 좋겠다. 바라건대 한국 도시에서 편도 3차로, 왕복 6차로를 표준 차로로 해서 1차로를 버스, 2차로를 승용차, 3차로를 자전거 전용으로 운영하면 좋겠다.

영국 케임브리지에선 아이들도 차도에서 자전거를 탄다. 김규원.

23 다리는 아름답지만

자연 환경 측면에서 세종시의 가장 큰 특징은 금강이 동서를 관통한다는 점이다. 또 금강 외에도 미호천과 제천, 방축천 등 여러 하천들이 세종시를 관통해 흐른다. 따라서 이를 건너기 위한 크고 작은 다리가 많이 지어졌다. 다리는 단순히 물을 건너게 할 뿐만 아니라, 하천 이쪽과 저쪽 공간을 통합하며, 그 자체로서도 매력이 있어 목적지가 되기도 한다. 다리는 좋은 도시를 만드는 매우 핵심적 수단 가운데 하나다.

과거 세종시의 전신인 연기군에는 금강을 가로지르는 다리가 단 하나 있었다. 바로 금남교다. 1997년 세워진 금남교는 길이 650미터, 너비 21미터(왕복 4차로)로 옛 1번 국도에 놓인 다리였다. 들보(거더) 다리인데, 12개의 기둥 위에 놓인 다리다. 들보 다리란 기둥을 세우고 기둥과 기둥 사이에 들보 형식의 상판을 올린 다리다. 징검다리와 함께 가장 오래되고 가장 널리 사용되는 다리 형식이다. 이 다리는 구조가 간단하고 상판 위에 다른 구조물이 없어 다리 위에서 보는 시야가 넓고 시원하다. 그러나 들보 상판을 길게 만들 수 없어 다리 기둥 사이가 좁고 다리 기둥이 많다. 큰 배가 지나는 곳이나 물살이 센 곳에서는 적절하지 않다. 또 단순한 다리 구조상 주탑이나 강철선이 없기 때문에 다리 자체의 모습은 밋밋하다.

금남교는 최근 다리 개선 공사를 벌여 인도와 자전거 도로를 넓혔다. 김규원.

한두리대교는 세종시로 들어오는 관문과 같은 다리다. 김규원.

금남교는 과거 연기군의 중심을 관통했고, 지금도 위치상 세종시의 중심에 놓여 있다. 이 다리는 세종시가 건설되기 전부터 놓여 있었기 때문에 과거엔 다리 앞뒤로 상가나 주거지 같은 것이 형성돼 있었을 텐데, 지금은 그런 모습을 전혀 찾아볼 수 없다. 이 지역이 세종시로 편입돼 강제 수용되면서 기존의 상가나 주거지를 모두 없애버렸기 때문이다. 그래서 금남교는 세종시의 다른 다리들과 마찬가지로 주변이 대부분 미개발지다. 오히려 금남교 주변의 개발이 늦어지고 북동쪽 전체가 중앙공원으로 지정되면서 지금은 중심적인 다리로서의 위상을 잃고 있다. 더욱이 이 다리는 세종시에 새로 지어진 다리들보다 규모도 작고 디자인도 평범하기 때문에 눈에 잘 띄지 않는다. 금남교는 2015년 12월부터 2016년 말까지 개선 공사를 벌였다. 이에 따라 중앙부에 분리대 대신 낮은 안전지대를 설치했고, 보행로를 넓혀 다리 양쪽 끝에 각각 2.75미터의 보행로와 자전거 도로를 설치했다.

새로 지어진 다리 가운데 가장 유명한 것은 첫마을과 금강 남쪽 지역을 연결하는 빠른버스 도로상에 놓인 사장교인 한두리교다. 사장교는 주탑을 세운 뒤 그 주탑에 묶은 줄로 상판을 드는 구조의 다리다. 길이 880미터, 너비 28.4~46.3미터(왕복 6차로), 주탑 높이 97.2미터인 이 다리는 세종시 홍보 사진에 가장 많이 등장하는 다리이며, 첫마을(한솔동) 아파트 단지와 함께 남쪽에서 세종시를 볼 때 가장 강력한 실루엣을 보여주는 다리다. 주탑은 불꽃 모양의 고리인데, 세종시의 고리형 도시 구조를 상징하며, 세종시를 비추는 '빛의 다리'라는 뜻이라고 한다. 빠른버스를 타고 한두리대교를 건너면서 이 고리 모양의 주탑을 지나면 세종시에 들어가는 듯한 느낌을 받게 된다. 금남교가 세종시의 옛 관문이라면 한두리대교는 세종시의 새 관문이다. 서울 한강의 다리들보다는 조금 짧지만 길이가 1킬로미터에 가깝고, 남쪽에 이렇다 할 목적지가 없어서 걸어서 건널 일은 거의 없다.

과거에 세종시의 중심을 관통했으나, 현재는 서쪽으로 우회시킨 1번 국

모습이 학이 날개를 펼친 것 같다는 학나래교. 상판 아래 1층에 보행로와 자전거 도로가 있다. 행정중심복합도시건설청.

도엔 학나래교가 놓여 있다. 역시 사장교인데, 주탑이 4개이며 주탑과 그에 연결된 줄 모양이 날개를 펼친 학들과 같다고 해서 학나래교라는 이름을 붙였다. 이 다리는 길이 740미터, 너비 30미터(왕복 6차로)이며, 2층 구조인데 위쪽엔 차량 전용도로가, 아래쪽엔 보행자와 자전거 전용도로가 마련돼 있다. 보행자와 자전거 전용도로가 마련돼 있지만, 이 다리는 시속 80킬로미터로 달리는 국도상에 있어서 보행자나 자전거의 접근이 쉽지는 않다. 첫마을 6~7단지 외에 연결하는 지역도 없다.

보행자나 자전거의 연결이 가장 좋은 다리는 금강 남쪽의 국책연구 단지와 북쪽을 연결하는 햇무리교다. 길이 758미터, 너비 30.5~38.5미터의 햇무리교는 들보 다리로 금남교와 구조가 같다. 햇무리교의 가장 큰 특징은 보

국책연구 단지 앞의 햇무리교는 인도 너비가 14미터로 가장 넓다. 행정중심복합도시건설청.

행로가 넓다는 것인데, 다리 서쪽 보행로의 너비는 최대 14미터에 이른다. 차량과 보행자, 자전거가 함께 이용하고, 다리 위에서 행사를 열 수 있도록 넓게 만들었다. 이 다리의 북쪽에는 강의 둔치로 내려갈 수 있는 엘리베이터도 설치돼 있다. 큰 강을 건너는 국내 대부분의 다리들이 차량 위주로만 돼 있다는 점을 생각하면 상당히 혁신적인 시도다. 그러나 문제는 아직까지 이 다리를 걷거나 자전거를 타고 건널 일이 거의 없다는 점이다. 이 다리의 남서쪽에만 국책연구기관들이 들어서 있고 나머지 다리 주변은 모두 미개발지이기 때문이다. 특히 북쪽으로는 다리를 건너서 2킬로미터가량 아무것도 없는 허허벌판이다. 따라서 이 다리를 보행자나 자전거 운전자가 이용하려면 꽤 시간이 필요해 보인다.

세종시의 내부순환도로에는 2개의 큰 다리가 놓여 있는데, 북쪽 미호천에는 길이 630미터, 너비 42미터의 보롬교가 놓여 있다. 세종시의 큰 다리

가운데 유일하게 금강이 아닌 미호천에 놓인 다리다. 보롬교는 주경간에 아치 구조를 설치하고 아치에 매단 줄로 상판을 들고 있는 다리로, 아치교와 사장교의 형식이 섞였다. 이 다리는 내부순환로에 놓여 있으면서 세종~오송역 사이 도로에도 놓여 있는 중요한 다리다. 그러나 주변이 거의 개발되지 않은 도시고속도로상의 다리다. 역시 내부순환도로에 놓인 아람찬교는 길이 840미터, 너비 33.3~36.1미터의 다리다. 역시 미개발지에 놓여 있는 다리여서 아직 주변에 아무 것도 없다.

세종시 강북 지역의 제천, 방축천에도 많은 다리가 놓여 있는데, 몇 개는 인상적이다. 가장 눈에 띄는 다리는 옛 1번 국도와 제천이 만나는 곳에 놓인 나성4교다. 길이 108미터, 너비 35미터의 이 다리는 1번 국도를 타고 대전 쪽에서 오다가 금남교를 건넌 뒤 정부청사 지구에 들어서기 직전에 놓여 있다. 1번 국도를 타고 북쪽으로 계속 직진하면 금남교를 지나 자연스럽게 나오기 때문에 금남교와 함께 세종시의 관문과 같은 느낌을 준다. 금남교는 별 외형이 없는 들보 다리여서 눈에 띄지 않지만, 이 다리는 고리형 주탑을 가진 사장교여서 멀리서도 확 눈에 들어온다. 특히 고리형 주탑이 세로가 아니라 가로 방향으로 놓여 있고, 이 다리를 건너면 바로 정부청사 지구가 나오기 때문에 정부세종청사의 관문이라는 느낌을 강하게 준다.

정부청사 지구 바로 서쪽 방축천에는 도림2교와 도담1교가 눈에 띈다. 도림2교는 파이프로 된 아치에 상판을 매단 다리로 길이 42미터, 너비 13미터다. 아치가 아름답고 주변에 방축천을 끼고 상업 지구가 들어설 예정이어서 앞으로 시민들에게 사랑받게 될 것으로 보인다. 도담1교는 4개의 주탑을 가진 사장교 형식이 독특하며 정부청사 지구 북쪽과 아름동, 종촌동을 연결하는 다리다. 길이는 37미터, 너비는 26미터다.

방축천 서쪽에는 제천이 있는데, 아치교인 제천의 종촌1교와 아름3교의 모습이 대조적이다. 종촌1교는 세종시에서 공주 쪽으로 가는 가름로와 제

나성4교는 관문 같은 다리로 이 다리를 지나면 정부청사 지구가 펼쳐진다. 김규원.

천이 만나는 곳에 놓였는데, 하나의 아치가 겹으로 된 것이 인상적이다. 또 통상 다리의 아치 구조는 상판의 바깥쪽에 2개 놓여 있는데, 이 다리는 아치 구조가 다리 가운데 세로로 하나 놓여 있고, 그 양쪽으로 상판이 놓여 있다. 길이 56.1미터, 너비 35미터다. 반면 아름3교는 아치가 다리 양쪽에 2개 놓여 있고, 아치 안은 차도, 아치 밖은 인도가 놓인 구조다. 길이 44.6미터, 너비 26미터다. 대체로 종촌1교보다는 아름3교가 더 보편적인 모습이고, 다리라는 느낌을 분명하게 준다.

세종시의 다리들은 잘 지어졌고 아름다운 다리도 많다. 그러나 지역의 연결이라는 측면에서 볼 때 아직까지 아쉬움이 크다. 세종시의 다리는 세종시의 각 지역들을 서로 연결하고 통합하는 성격을 갖지 못하고 있기 때문이다. 예를 들어 세종시에는 길이 500미터 이상 되는 장대 교량이 금남교, 한두리대교, 학나래교, 햇무리교, 아람찬교, 보롬교 등 5개가 있는데,

보롬교는 아치가 아름답지만, 다리가 연결하는 두 지역엔 아무것도 없다. 김규원.

이 가운데 아직까지 어떤 다리도, 연결하는 2개 지역을 통합하는 노릇을 하지 못하고 있다.

이런 주요 다리들이 중요한 노릇을 하지 못하는 이유는 간단하다. 그 다리가 연결하는 곳들에 덩그러니 길만 놓여 있고, 사람들이 살지 않기 때문이다. 다시 말해 다리의 기능이 도로망을 구성하는 데 그치고, 다리와 연결되는 길가에는 아무 것도 없다는 뜻이다. 이렇게 다리 주변의 지역에 아무 것도 없는 것은 1차적으로 세종시가 신도시여서 아직 사람이 사는 지역이 충분히 형성되지 못했기 때문이다. 그러나 좀더 본질적인 문제는 세종시의 신도시를 금강을 활용해 건설하지 않고 되도록 금강에서 멀리 떨어진 곳에 건설했다는 점이다. 처음부터 강가에 도시 지역을 충분히 계획하지 않은 것이다.

예를 들어 세종시가 들어서기 전부터 이 지역 금강에 놓여 있던 금남교는 북쪽으로는 미개발지와 부안 임씨 묘지, 남쪽으로는 역시 미개발지와 자동차 전용 극장을 끼고 있을 뿐이다. 세종시의 밤 실루엣을 대표하는 한두리대교는 북쪽의 서쪽에만 상업, 주거 지역이 형성돼 있고, 북동쪽은 미개발지이며, 남쪽은 도로 양쪽이 모두 미개발지다. 새로운 1번 국도를 연결하는 학나래교는 북쪽의 동쪽에 초등학교와 주택가가 있고, 남쪽에는 역시 아무 것도 없다. 햇무리교는 북쪽으로는 길 양쪽이 모두 미개발지이고, 남쪽으로는 길 서쪽에 국가정책연구 단지가 들어서 있고, 길 동쪽엔 2019년에야 주거지와 학교들이 들어선다. 아람찬교는 북서쪽에 오토캠핑장이 있을 뿐이고, 나머지 3개 지역엔 아무것도 없다. 보롬교는 모든 방향으로 아무것도 없다. 현재까지 금강과 미호천에 들어선 5개의 큰 다리들은 모두 길과 길만을 연결할 뿐이고, 지역과 지역을 연결하지 못한다. 연결할 지역이 제대로 계획되거나 형성되지 못했다.

또 다른 문제점은 세종시 금강 북쪽의 중심 지역이 83만평의 아주 넓은 공원으로 계획돼 있어 이곳에 어떤 지역도, 어떤 다리도 만들 수 없다는 점이다. 금남교에서 햇무리교 사이의 3.3킬로미터의 북쪽은 모두 중앙공원이다. 서울로 치면, 서강대교에서 한강대교 사이의 북쪽 83만평이 모두 공원으로 돼 있는 셈이다. 얼핏 보면, 강가에 대규모 공원이 들어서 좋을 것 같지만, 이 공원은 주변 지역에서 완전히 고립돼 있다. 이 공원의 동쪽은 미개발지, 서쪽은 제천, 남쪽은 금강, 북쪽은 호수로 둘러싸여 있다. 도시의 중심 지역을 사람이 살거나 일하는 지역으로 만들지 않은 것이다. 따라서 이 중심 지역의 남쪽 금강도 활용하기 어렵게 됐고, 다리도 전혀 놓이지 않았다.

결국 이런 문제들로 인해 세종시에는 강과 다리와 주변 지역이 어울린 도시 풍경은 상상하기가 어렵게 됐다. 이 공원의 고립을 우려한 행정중심복합도시건설청에서는 2015년 3월 중앙공원과 세종시 금강 남쪽 지역을 연결

국내에서 처음으로 원형으로 생긴 보행
전용교가 세종시에 놓인다. 보행교 조감
도. 다리 북쪽은 모두 공원이다. 행정중
심복합도시건설청.

하는 보행교 건설을 연구하기 시작했다. 2016년 6월엔 보행교 아이디어 공
모에서 4개 우수작을 뽑았다. 다양한 수상 활동을 계획한 원형 다리인 '써
클', 3가지 주제의 길을 계획한 '슬로 브리지', 다섯 그루의 나무를 형상화
한 '오수교', 공원의 노릇을 강조한 '브리지 파크' 등이었다. 11월엔 보행교의
위치를 세종시청에서 중앙공원을 연결하는 것으로 결정했다. 2017년 6월엔
보행교의 디자인을 '써클'로 확정했다. 이 보행교는 2018년 착공해 2021년
완공할 예정이다.

그러나 이곳에 보행교를 만든다고 해서 자동으로 시민들이 많이 찾아오
고 관광지가 되는 것은 아니다. 이 다리를 연결하는 강 양쪽에 어떤 목적지
가 있느냐가 더 중요하다. 이 다리의 남쪽에 시청이 있고, 북쪽에 공원이 있
다는 것만으로는 전혀 충분치 않다. 시청과 공원보다 문화예술, 상업, 업무
시설이 있다면 언제나 사람들이 모여들 것이다. 행정도시청이나 세종시는
이 다리에서 여러 문화, 스포츠 행사를 열어 사람들을 불러모을 계획인 듯
한데, 그것은 일시적일 뿐이다. 사람들이 살고 일하고 즐기는 시설이 있는
것이 가장 바람직하다. 그런 적절한 시설이 없다면 아무리 다리를 잘 만들
고 좋은 행사를 열어도 이 주변 지역이 활성화하는 것은 요원한 이야기다.

다리 이름과 관련해서도 한 번 생각해봐야 한다. 세종시 다리의 이름은 대부분 고유어를 사용해 지은 점이 인상적이다. 먼저 세종시 이전부터 이 지역에 있던 금남교의 이름은 이 다리의 남쪽 지명인 금남면에서 나온 것이다. '금남'이란 '금강 남쪽'이라는 뜻이다. 그러나 금강과 미호천에 새로 지어진 큰 다리들의 이름은 좀 억지스럽다. 먼저 한두리교는 크다는 뜻의 '한'과 원형이라는 뜻의 '두리'를 붙였는데, 이 다리의 주탑과 세종시의 도시 구조가 고리형이라는 점을 상징한다고 한다. 그런데 이 이름은 이 다리가 연결된 '한누리대로'와 비슷하면서도 달라 혼동을 일으킨다. 이 도로는 한두리대교의 모티브가 된 내부순환도로이므로 이 도로도 '한두리대로'라고 하는 것이 더 나았을 것 같다.

학나래교는 다리 디자인이 펼친 학 날개를 닮았다고 해서 붙인 이름이다. 이 다리에 놓인 4개의 주탑과 줄을 보면 그럴 만하다. 그러나 학나래교는 이 도시나 도로의 맥락과는 아무 관계가 없는 좀 뜬금없는 이름이다. 차라리 이 다리가 1번 국도에 놓였다는 점을 고려해 '1번(국도)교', 세종시의 첫 마을을 연결하는 다리이므로 '첫마을교'라고 했으면 어땠을까 싶다.

햇무리교와 아람찬교, 보롬교의 이름은 더 뜬금없고 억지스럽다. 햇무리교는 '햇무리'처럼 자연, 사람과 어울리는 따뜻한 다리를 뜻한다는데, '햇무리'가 '해 둘레의 흰 테'를 말한다는 점을 고려하면 과연 이 이름을 이 다리에 붙였어야 하는지 의문이 든다. 차라리 이 다리가 대학지구와 연구지구, 집현리와 연결되는 점을 고려해서 대학, 연구, 학자, 학문, 집현 등을 넣어 이름 붙였으면 좋았을 것 같다. 이를테면 '학자교', '학문교', '연구교', '대학교', '집현교'로 했으면 어땠을까?

아람찬교는 '알밤이 가득 찬 다리'라는 뜻으로 역시 황당한 이름이다. 이 다리 주변은 금강과 미호천이 만나는 곳으로 이 다리의 북쪽 지명은 '합강리'이다. '강이 합쳐지는 곳'이라는 뜻이다. 따라서 이 다리는 당연히 '합강교', '두물교' 등 이름을 붙였어야 하는데, 뜬금없는 '아람찬교'라는 이름을 붙였다. 내부순환도로와 미호천이 만나는 곳에 놓인 '보롬교'도 마찬가지다. 보롬은 '바람', '희망'의 옛말이라고 하는데, 왜 이 다리에 이런 이름이 붙어야 하는지 알 수 없다. 이 다리가 연결하는 지역이 용호리와 누리리인데, 예부터 쓰던 '용호리'라는 지명을 따서 '용호교' 정도로 했으면 좋았을 것 같다.

이밖에 작은 다리들의 이름을 보면, 크게 두 가지인데, 하나는 옛 지명을 딴 이름이고, 다른 것은 새 지명을 딴 이름들이다. 옛 지명을 딴 다리 이름은 종촌교, 나성교, 도림교 등이고, 새 지명을 딴 다리 이름은 아름교, 아로내교, 다정교, 빗돌교, 해지개교, 도담교, 솔모랭이교, 어진교, 고운교, 모롱지교 등이다. 이 지역에 유서 깊은 고유어 지명이 매우 많았는데, 그런 좋은 이름을 대부분 버리고, 뜬금없는 고유어 이름을 마구 갖다 붙인 것이 아쉽다.

아람찬교의 뜻은 '알밤이 찬 다리'다. 합강교, 두물교라고 했으면 좋았을 것이다.(좌) 도림2교의 이름은 이 일대의 옛 지명에서 따온 것이다. 대각선 아치에 줄을 매단 형식이 간결하다.(우) 김규원.

■ 에필로그 1 – 세종시에 사는 즐거움

국무총리실 출입 기자였던 2012년 하반기에 세종시를 견학한 일이 있었다. 당시 총리실의 일부 공무원들이 가장 먼저 세종시로 이전한 상태였다. 선발대로 세종시에 이전한 공무원들은 여러 가지 어려움들을 겪고 있었다. 이를테면 음식점이 없어서 거의 모든 끼니를 구내 식당에서 해결해야 했고, 구내식당이 너무 지겨워지면 가끔은 공사장 식당(함바식당)에 가서 식사를 한다는 이야기였다. 밤에는 할 일이 없어서 집에서 공무원들끼리 라면에 소주잔을 기울인다는 이야기도 들었다. 세종시는 완전히 신도시였기 때문에 초기에 이전한 공무원들의 불편은 이루 말할 수가 없었다.

당시 세종시에 좋은 점도 있지 않을까 해서 어떤 공무원에게 "혹시 세종시의 장점은 없느냐"고 물어봤다. 그때 그 공무원은 이렇게 대답했다. "주변에 산과 들이 많아서 공기가 맑다. 밤에 깜깜해서 별이 잘 보인다"고. 당시에는 이 이야기를 듣고 기자와 공무원들이 모두 한바탕 크게 웃었다. 세종시의 장점이라고 하기엔 너무도 작고 비본질적인 일들이라고 느꼈던 것 같다.

그러나 실제로 2년 동안 살아보니 세종시의 가장 큰 장점은 역시 자연이 가까이 있고 풍부하다는 것이었다. 무엇보다 공기가 맑다는 것을 실감

정부세종청사의 건설기에는 주변이 온통 공사장과 논밭뿐이었다. 행정중심복합도시건설청.

할 수 있었다. 서울의 공기가 나쁘다는 것은 알고 있었지만, 20년 넘게 서울에서 살았기 때문에 공기가 나쁜 것을 실감하지 못했다. 재래식 화장실에 들어가면 처음에는 냄새가 나지만, 조금 지나면 아무런 냄새도 느끼지 못하는 것과 비슷한 이치랄까?

세종시에서 살다가 어쩌다 한 번씩 서울로 출장을 가면 서울의 공기가 얼마나 나쁜지 쉽게 알 수 있었다. 무엇보다 서울은 차도가 넓고 자동차가 종일 많이 다니기 때문에 도시 안에 자동차 배기가스 냄새가 가득 차 있다. 그러나 세종시는 비교적 차도가 좁고 자동차가 많이 다니지 않기 때문에 차량의 배기가스에 시달리지 않아도 된다. 그나마 비교적 차량 통행이 많은 경우는 빠른버스 도로와 출퇴근 시간 정도였다. 차량 통행이 많지 않으니 당연히 자동차 배기가스로 인한 공기 오염도 적은 편이었다. 이와 관련해 내 처는 "세종시에 오니 셔츠의 목 둘레에 때가 별로 끼지 않는다"고 말할 정도였다. 2016년 2월 2년 만에 다시 서울로 이사를 하니 자동차 배기가

세종시의 공기는 서울보다 깨끗하고 녹지가 많아 더 상쾌하다. 김규원.

스에 숨이 막혔다. 물론 불과 몇 달 만에 다시 무감각해지기는 했지만.

서울과 비교할 때 세종시의 공기가 얼마나 좋은지는 수치로 확인되지
않는다. 한국환경공단이 집계하는 대기질 통계에서 17개 광역 시, 도 가운
데 유일하게 세종시 통계가 없기 때문이다. 세종시 대신 16개 광역 가운데
세종시와 가장 가까운 대전의 대기질을 서울과 비교해 보자. 아마 세종시
의 대기질은 대전보다 나을 것이다. 먼저 2015년 대기통합환경지수에서 대
전은 16개 광역 가운데 2위다. 좋음이 22.3%, 보통이 69.5%, 약간 나쁨이
6.6%, 나쁨이 0.7%, 데이터 없음이 0.7%이다. 과거 세종시가 속했던 충남 역
시 3위로 높았는데, 좋음이 20.4%, 보통이 71.4%, 약간 나쁨이 6.4%, 나쁨

세종시 원수산을 배경으로 들어선 대통령기록관과 호수공원. 김규원.

이 0.7%, 데이터 없음이 0.9%였다. 서울은 16개 광역 가운데 14위다. 좋음이 13.7%, 보통이 73.1%, 약간 나쁨이 10.3%, 나쁨이 1.1%, 데이터 없음이 1.5% 다. 사실 서울의 공기가 다른 지역보다 나쁜 것은 굳이 이런 통계로 증명하지 않아도 분명한 일이다.

자연과 관련해 세종시의 또 다른 장점은 녹지를 쉽게 볼 수 있다는 점이다. 세종시는 과거 농촌이었던 연기군 지역에 지어졌고, 아직 많은 부분이 미완성이기 때문에 여전히 많은 지역이 산이나 언덕, 들로 이뤄져 있다. 이 때문에 쉽게 녹지를 볼 수 있고, 이것은 사람에게 매우 편안하고 평화로운 감정을 가져다준다. 도시 전체에 발 디딜 틈 없이 건물이 들어서 있고,

산이 가까이 있지만 굳이 찾아가야 경험할 수 있는 서울과는 완전히 다른 조건이다. 더욱이 세종시는 도시 건설 과정에서 야산이나 언덕과 같은 자연 지형을 유지하면서 개발하려는 노력을 많이 했기 때문에 녹지를 만나는 일은 더 쉽다.

예를 들어 내가 살던 아파트는 바로 원수산 아래였고, 원수산까지는 걸어서 5분 정도 거리였다. 2014년 봄에 원수산 둘레길에 두어번 산책을 갔는데, 흙산이고 사람이 많이 다니지 않아서인지 매우 습하고 숲이 우거져 있었다. 한동안 자주 이 산을 다녔던 내 처는 봄에 나온 뱀을 몇 마리 만나고는 발길을 끊었다. 산길에서 뱀을 쉽게 만날 정도로 세종시는 자연 그대로였다. 또 내가 살던 아파트의 바로 앞에 있던 국무총리실 옆에는 나지막한 언덕이 있었는데, 개발 이전의 지형과 산길이 그대로 남아 있었다. 정부 세종청사는 세종시의 한복판에 있는데도 이랬다. 이 길은 산책을 나가서 잘 들르던 곳이었다.

세종시 서쪽으로 펼쳐진 주거 지역도 대부분 야산으로 된 공원을 끼고 있었다. 세종시 서쪽으로는 낮고 가는 산줄기가 한둘 지나는데, 이 주변에 아파트와 주택을 지으면서 이 야산을 상당 부분 보존했기 때문에 많은 세종시 주민들이 야산과 녹지를 끼고 살았다. 더욱이 세종시는 도시계획 과정에서 인구밀도와 용적률을 낮게, 녹지율을 50% 이상으로 높게 계획했기 때문에 다른 기존 도시나 신도시보다 녹지가 많다. 특히 도시 중심에 83만 평가량인 중앙공원(+호수공원+국립수목원)은 들어서면 세종시의 대표적인 녹지가 될 것이다. 중앙공원의 규모는 서울 용산공원(74만평)보다 더 넓은 것이다. 다만 중앙공원의 규모가 도시 규모에 비해 너무 크고 접근성이 떨어지며 세종시의 다른 지역에 규모 있는 평지 공원이 없다는 점은 아쉽다.

또 세종시는 크고 작은 하천이 흘러 시민들이 산책하거나 운동하기에 매우 좋다. 세종시의 중앙부에는 제천과 방축천 등 2개의 작은 하천이 흐르

제천가의 초등학교. 김규원.

는데, 이 두 하천은 규모가 크지 않고 잘 가꿔져 있어 시민들에게 사랑받는
다. 방축천은 정부세종청사의 바로 옆을 지나기 때문에 서울의 청계천처럼
도심의 대표적 하천이고, 날씨가 좋은 점심이면 산책하는 사람들도 많다.
다만 도심 구간이 마치 청계천 상류처럼 돌과 시멘트로 덮인 것은 좀더 자
연스럽게 개선하면 좋을 것이다. 제천은 방축천보다 서쪽으로 흐르다가 방
축천을 흡수해 금강으로 들어가는 하천인데, 방축천보다 더 크고 더 자연
스럽게 가꿔져 있다. 제천은 방축천보다 주변의 주거지나 다른 시설과도 더
잘 어울리고, 방축천 도심 구간과 같은 인공적인 시설물이 적다. 제천가에
들어선 초등학교도 있는데, 아이들이 징검다리를 건너는 풍경은 내가 어렸
을 때 경험했던 시골 풍경과 비슷했다.

도시에서도 인구밀도가 낮은 것이 장점이라는 점도 세종시에 와서 깨달
았다. 그 전엔 도시는 어느 정도 높은 인구밀도를 가져야 매력이 있고, 효
율적이라고 생각했다. 세종시에 살던 시절에 가끔 서울에 가면 지나치게 많
은 사람들, 높은 인구밀도 때문에 늘 피곤함을 느꼈다. 그러나 세종시에선
그렇게 많은 사람들을 만나는 일이 없고, 만나더라도 예외적 경우일 뿐이
었다. 오히려 출퇴근 때나 점심 때 세종청사 앞에 많은 사람들이 다니거나
차량으로 길이 막히면 반가웠다. 세종시가 도시 꼴을 갖춰가는구나 싶었
다. 2016년 말 기준으로 서울은 605제곱킬로미터에 993만명이 살아 인구밀
도는 제곱킬로미터당 1만6천명가량이다. 세종시 신도시는 제곱킬로미터당
1900명가량이고, 세종시 전체로는 제곱킬로미터당 500명 정도다. 인구밀도
에서 서울이 세종시 신도시의 8배, 세종시 전체의 32배에 이른다.

도시에서 어느 정도의 인구밀도가 적정한지는 단언할 수 없으나, 서울
은 너무 높고, 세종시는 낮은 편이다. 국내의 다른 도시들을 보면, 2016년
말 기준으로 부산은 4500명, 인천은 2800명, 대구 2800명, 대전 2800명,
광주 3000명, 울산은 1100명, 수원은 9800명이다. 국내 대도시들은 대체

로 3천명 안팎이 많다. 외국 도시는 5000명 안팎이 많다. 뉴욕은 7000명, 런던은 5400명, 파리는 2800명, 베를린은 4000명, 도쿄는 6100명, 로마는 2200명, 모스크바 4800명이다. 국내외 주요 도시들은 대체로 3000~5000명 수준이 보통인 것 같다. 이런 수준의 인구밀도가 되려면 세종시 신도시의 인구는 현재보다 1.6~2.6배 늘어난 22만~37만명 정도가 돼야 한다. 세종시 전체로는 인구가 6~10배 정도 늘어난 140만~240만명이 돼야 하는데, 현재 한국의 인구 변동에 비춰보면 가능하지 않다. 2030년 세종시의 인구 목표는 신도시 50만명, 주변 지역 포함 70만명이다.

세종시의 모든 장점이 자연에서만 나오는 것은 아니다. 세종시는 인공적인 것도 좋은 게 많은데, 신도시이고 정부에서 22조원의 많은 재정을 투자했기 때문에 기반시설이 매우 잘 돼 있다. 예를 들어 세종시 신도시는 신도시 평균 수준의 높은 도로율을 갖고 있다. 세종시의 가용 면적 대비 도로율은 24%인데, 이것은 신도시 가운데 위례, 화성동탄1, 평택고덕, 인천검단보

정부세종청사는 이미 완공된 지가 여러 해 됐지만, 청사와 주변 풍경은 여전히 성기고 인구밀도는 낮다. 세종시.

다 높고, 화성동탄2, 성남판교, 파주신도시, 대전도안보다 낮은 것이다. 또 기존 도시와 비교해도 인구당 도로 길이(킬로미터/천명)는 세종시 전체가 1.9, 세종시 신도시가 1.4로 서울, 부산, 인천, 대구, 대전, 광주 등 6대 도시보다 더 길다. 다시 말해 세종시는 기존 도시보다 더 촘촘하고 규칙적인 도로망을 갖고 있다. 또 보행로와 자전거 도로가 잘 갖춰져 있어 걷거나 자전거 타기가 편리하다. 세종시의 표준 인도는 너비가 5~5.5미터인데, 보행로가 3미터, 자전거 도로가 2~2.5미터다. 이것은 미래에도 지속가능하고 발전 가능성이 큰 도시 기반시설이다.

또 학교나 유치원의 시설, 교사의 질도 매우 높다. 2014년 3월 세종시로 이주하면서 놀란 것이 내 아이가 다닐 유치원의 여건이었다. '누리과정'을 통해 보육을 국가가 책임진다고 하지만, 그래도 서울에서는 국가 지원 외에 추가로 드는 비용이 꽤 있었다. 서울의 유치원과 어린이집은 대부분 사립이기 때문에 영리 목적으로 여러 불필요한 과외 활동을 과정에 포함시킨다. 그러나 세종시에서는 유치원의 100%가 국공립이고, 비용도 진정한 '무상'이다. 처가 아이를 세종시 어진동 연세유치원에 입학시키기 위해 전화로 "추가로 내야 하는 비용이 얼마냐?"고 물었다가 "추가로 낼 것이 없다"는 답변을 듣고 놀라던 모습이 아직도 눈에 선하다. 세종시에서는 모든 유치원이 국공립이기 때문에 누구나 무상으로 품질 높은 취학 전 교육을 받을 수 있다. 세종시의 유치원이 좋다고 소문이 나서 대전이나 청주, 공주 등 주변 도시에서 이사오는 사람들도 많았다. 반면, 전국의 공립 유치원 비율은 20% 정도여서 다른 도시에서는 저소득층이나 다자녀 가정이 아니면 국공립 유치원을 보내기가 매우 어렵다.

세종시는 공동체 형성도 잘 되는 편이었다. 내 가족도 아이의 친구 가족들을 중심으로 이웃들과 가깝게 지냈다. 세종시에서 공동체 형성이 잘 되는 데는 몇 가지 이유가 있었다. 가장 큰 이유는 인구의 구성이 대체로 균질적이라는 점이었다. 세종시 인구의 주축은 세종시로 이주한 중앙행정기관 공무원들과 국가정책연구기관 등의 임직원, 기자 등 정부 관련자들이었다. 따라서 대체로 젊고 학력과 소득 수준이 높다. 2017년 세종시가 발표한 '2016 세종의 사회지표'에 따르면, 세종시는 2016년 말 기준 평균 나이가 36.8살로 전국에서 가장 젊었으며, 전국 평균 나이 41살보다 4살이나 적었다.

둘째로 세종시 신도시는 서울 넓이의 8분의 1에 불과하고 개발된 지역은 그 절반가량에 불과한 작은 도시다. 따라서 인구의 대부분이 서울의 15분의 1가량에 불과한 서쪽 주거지에 몰려 있다. 따라서 직장과 주거지 모두에서 직장 동료나 업무 관련자를 쉽게 만날 수 있다. 이것은 직장에서 동네 사람, 동네에서 직장 사람을 만나기 어려운 다른 대도시와 크게 다른 점이다. 더욱이 직장인의 대부분이 중앙행정기관과 국책연구원 등에서 일하기 때문에 한두 사람을 건너면 대부분 아는 사이들이다. 따라서 모르는 사람들끼리도 서로 존중하고 조심하는 분위기가 있고, 타인에 대한 신뢰감도 높다. 이것은 공동체 형성에 매우 유리한 조건이다.

셋째로 세종시에는 지역 공동체의 문화가 남아 있다. 세종시 신도시를 구성하는 양대 인구 원천은 중앙행정기관 공무원과 옛 연기군 안팎의 주민들이다. 공무원과 연구원, 기자 등 정부 관계자를 제외한 사람들은 옛 연기군과 대전시, 청주시, 공주시 등 주변 지역에서 온 사람들이다. 이는 전국에서 모여든 사람들로 이뤄진 서울과는 아주 다른 점이다. 세종시에는 수도권 주민보다 세종시 주변 주민들의 이주가 훨씬 많았기 때문에 이들이 공동체 문화도 갖고 들어왔다. 공무원뿐 아니라 일반 주민들도 남처럼 보이는 사람이 나와 관계 있는 사람일 가능성이 있다는 점을 의식한다. 또 지방 특유의 인정이나 온정적인 분위기도 있다. 그래서 세종시의 상인들은 서울의 상인들보다 더 정감 있게 느껴지는 경우가 많았다.

세종시는 공동체 형성에 유리한, 여러 조건을 갖고 있다. 동네 술집에서 술 마시는 사람들. 김규원.

어떤 사람들은 익명성과 사생활 보호가 자유와 편안함을 가져다주기 때문에 현대 도시의 큰 장점이라고 말한다. 그러나 한편으로 익명성과 사생활 보호는 이웃 공동체를 형성하지 못하게 만들어 삶을 더 적막하고 팍팍하게 만들기도 한다. 내 생각으론 익명성과 사생활 보호는 절대적인 것도 아니고, 이웃 공동체와 공존할 수 없는 것도 아니다. 어느 정도의 독립성을 유지할 수 있다면 이웃과 함께 지내는 것이 삶을 풍요롭고 따뜻하게 만든다. 그런 점에서 세종시의 이웃 공동체 형성 모델은 앞으로 도시를 만들고 개선해 나가는 데 참고할 만한 일이다.

내 가족도 여러 이웃들과 함께 지냈다. 가장 가까운 이웃은 처형네 가족이었다. 가족과 이웃으로 지내는 것은 장점이 많았다. 처형네와는 많은 시간을 함께 지냈고, 세종시 생활에서 커다란 기쁨이고 즐거움이었다. 특히 처형네 막내와 우리 아이가 또래였기 때문에 아이들에게도 아주 좋은 일이었다. 또 아이의 유치원과 초등학교 친구들이 같은 아파트 단지에 대부분 살았는데, 이것은 부모나 아이들에게 아주 좋은 일이었다. 처와 다른 엄마들은 자주 만나 서로 생각과 정보를 공유했다. 우리 아파트 단지 주민들 가운데는 공무원들이 많았기 때문에 어울리기도 쉬웠다. 내 가족이 살던 아파트 바로 맞은편에는 단골 커피숍이 있었는데, 이 가족과도 가까이 지냈고 좋은 기억이 많다. 우리가 자주 다닌 몇몇 음식점의 주인과 종업원들과도 친하게 지냈다.

세종시가 작아서 통근하는 데 시간이 적게 드는 점은 삶의 질을 높이는 데 중요한 요소였다. 정부세종청사 부근에 살면서 자전거를 이용하던 내 통근 시간은 편도로 3~5분 정도였다. 정부청사에서 가장 먼 첫마을에 사는 사람도 통근 시간이 20~30분 정도였다. 책에 나오는 '통근 시간의 길이는 삶의 질과 반비례한다'는 이론을 스스로나 다른 이들을 통해서 쉽게 확인할 수 있었다. 통근 시간이 짧으면 피로감이 적고 충분히 쉴 수 있으며,

자기 시간이나 가족과의 시간이 길어진다. 출퇴근할 때도 집이 가깝기 때문에 언제나 마음이 느긋하다. 도시의 넓이와 인구 규모를 너무 키우지 말고, 일터와 주거지의 거리를 가깝게 유지하는 것은 시민들의 삶의 질을 높이는 데 핵심적 요소다.

세종시에선 통근뿐 아니라, 거의 모든 이동이 쉽고 빨랐다. 내가 살던 곳에서 우리 가족이 자주 가던 유기농 매장이나 대형마트, 영화관은 차로 5분 정도 거리였다. 주요 문화, 여가 시설인 국립도서관이나 대통령기록관, 컨벤션센터, 정부청사 대강당(공연장), 호수공원은 걸어서 5분 거리였다. 세종시 주변의 대전이나 공주, 청주 등 도시의 음식점이나 쇼핑센터에 가는 것도 30분 안팎이면 충분했다. 교통으로 인한 고통이나 불편함은 남의 나라 이야기였다.

세종시는 대한민국의 중심에 위치하기 때문에 전국 여행을 다니기에도 아주 좋았다. 서울에 살 때는 주말에 경상도나 전라도 쪽으로 여행을 떠나기가 쉽지 않았다. 이동하는 데 너무 긴 시간이 걸렸기 때문이다. 가더라도 여행지에서 보낼 수 있는 시간이 별로 없었다. 그래서 주말에는 주로 서울 안에서의 여행이 많았고, 기껏해야 경기도, 충청도 정도였다. 경상도, 전라도 여행은 여름휴가 때나 꿈꿀 수 있었다. 그러나 세종시에서는 경주나 진주, 목포 같은 곳도 2~3시간이면 닿을 수 있었다. 주말에도 넉넉히 다녀올 수 있었고, 돌아올 때도 교통 체증으로 인한 고통은 겪지 않았다. 한국의 고속도로에서 정체 구간은 사실상 서울~대전, 서울~강원뿐이기 때문이다. 이 덕에 전주나 변산 같은 곳은 아주 가볍게 다녀올 수 있었고, 경주는 세종 살면서 몇 번 다녀왔다. 세종시에 살면서 서울과 수도권의 고질적인 고속도로 교통 정체에서 해방될 수 있었다.

마지막으로 객쩍은 소리를 한마디 하면 세종시가 서울보다 나은 점 가운데는 '결핍'도 있다. 서울에는 없는 게 없다. 그런데 서울에는 모든 게 너

내가 살던 동네의 단골 커피 전문점. 김규원.

세종시엔 상가건물이나 대형마트는 들어섰지만, 백화점이 없다. 그러나 없는 것이 반드시 나쁜 것만은 아니다. 김규원.

무 많아서 힘들다. 사람도, 차량도, 가게도, 상품도 너무 많다. 그렇게 많으니 좋기도 하지만 유혹도 많고 피곤하기도 하다. 그런데 세종시에 살아보니 뭔가 부족한 것이 그렇게 나쁜 것만은 아니라는 생각이 들었다. 예를 들어 이주 초기에 세종시에는 우리 가족생활에 필수적인 유기농 매장과 대형 마트, 영화관이 없었다. 그래서 주말에 대전에 가서 장을 봤는데, 매장이 머니 아무래도 불필요한 소비가 줄었다. 영화관이 없는 것은 좀 불편했지만, 필요할 때는 공주나 조치원, 대전에 가서 보면 됐다. 내가 떠나올 때까지 세종시에는 백화점이 없었는데, 그렇다고 내 삶에 큰 문제가 생기지는 않았다.

세종에 살다가 2년 만에 서울로 돌아오니 집 주변에 가게가 천지였다. 아이는 가게를 만날 때마다 이걸 사달라, 저걸 사달라 난리를 쳤다. 세종시에서는 아이가 동네나 호수공원을 산책하는 것을 좋아했는데, 서울에서는 차량이 많아서 그런지, 다른 유혹이 많아서 그런지 처음엔 산책을 하지 않으려 했다. 산책보다는 뭔가를 사달라는 경우가 많았다. 확실히 서울의 환경은 쇼핑하는 데는 좋지만, 산책하기에는 나쁘다. 이런 환경은 아이들의 인생에 많은 영향을 줄 것이다. 인생에서 소비는 분명 필요한 일이고 즐겁기도 하지만, 사람을 좀 병들게 하는 것 같다. 소비와 관련해 세종시의 결핍은 불편하기도 했지만, 나쁘지만은 않았다. 오히려 삶을 더 건강하게 만든 것 같기도 하다.

■ 에필로그 2 - 세종시에 사는 괴로움

세종시에서 사는 괴로움은 대부분 세종시를 신도시로 지은 데서 비롯한 것이다. 신도시는 초기에 최소한의 기반시설인 주택과 학교, 도로, 전기, 상하수도, 가스 등은 갖추지만, 그밖엔 거의 아무 것도 없는 상태로 시작한다. 이를테면 정부청사 이전 초기 세종시에는 음식점, 술집, 편의점, 대형마트, 의원, 병원, 서점, 영화관, 미술관, 박물관, 공연장 등 생활에 필수적인 시설들이 거의 없었다. 2200만평의 땅을 수용한 뒤 기존에 있던 시설을 싹 쓸어버리고 허허벌판에 새로 만든 도시이기 때문이다. 최소한의 기반시설은 주민들의 입주 전에 대강 마련됐지만, 나머지 시설들은 인구가 어느 정도 늘어날 때까지는 대부분 들어서지 않았다.

세종시의 가장 큰 문제점은 차가 없으면 살기가 불편하다는 것이다. 세종시는 처음부터 친환경 대중교통 도시를 지향했지만, 현재도 대중교통은 불편하고, 앞으로도 대중교통이 효율적으로 작동될지 의문스럽다. 대중교통이 효율적이려면 도시 지역이 집중적으로 개발돼야 하고, 인구와 밀도가 어느 정도 커져야 한다. 그러나 세종시 신도시는 인구가 2016년 말 기준으로 14만명 남짓이고, 면적은 73제곱킬로미터이며, 인구밀도는 제곱킬로미터당 1900명 정도다. 서울의 8분의 1이며, 인구밀도가 제곱킬로미터당

세종시의 차도는 종일 할랑하지만, 출퇴근 시간은 예외적으로 막힌다. 많은 사람들이 자동차로 출퇴근하기 때문이다. 김규원.

3000~5000명 정도인 한국의 모든 대도시들보다 낮은 수준이다. 신도시 바깥 옛 연기군 지역까지 포함하면 인구밀도는 제곱킬로미터당 500명밖에 안 된다. 도무지 대중교통으로는 교통 문제를 해결할 수 없는 인구밀도다.

　내가 세종시에 머무른 2년 동안 세종시의 대중교통 노선 가운데 쓸모 있던 것은 대전에서 세종을 거쳐 오송역으로 가는 990번 버스 하나뿐이었다. 그것도 서울에 가기 위해 오송역으로 이동할 때나 이용할 뿐이었다. 세종시 안에서 990번 외에 다른 버스를 이용한 적은 청주역을 갈 때나 대평동 시장에 갈 때 등 몇 번밖에 없었다. 내가 떠난 뒤인 2016년 7월부터 대전역~세종시~오송역을 연결하는 1001번 버스가 운행하기 시작했고, 2016년 11월 하루 평균 이용객이 3522명에 이르는 등 990번 버스와 함께 대표적 대중교통 노선으로 자리잡았다. 그러나 이 두 노선 외의 버스들은 별 쓸모가 없었다.

대중교통인 버스를 이용하기 어려운 이유는 매우 많았다. 첫째 세종시는 인구와 밀도가 작아 대중교통이 자주 다니지 않고, 이 때문에 대중교통 이용자도 적다. 이것은 다시 대중교통 공급을 늘리지 못하는 이유가 돼 대중교통 이용자가 더 줄어드는 악순환을 일으킨다. 버스 노선 가운데 가장 많이 이용하는 990번 버스조차 출퇴근 때는 5분, 보통 때는 10분마다 1대씩 다닌다. 더욱이 세종시 신도시는 도시의 중심부가 산과 중앙공원으로 비어 있고, 처음부터 사방으로 분산해 개발했기 때문에 대중교통이 매우 비효율적이다. 옛 연기군 지역도 거주지가 흩어져 있어 조치원 쪽으로 가는 버스는 빙빙 돌고 시간도 많이 걸렸다. 자주 다니지 않고 빙빙 돌아가는 노선을 시민들이 이용할 리 없다.

둘째 세종시는 자동차를 가지고 다니기에 편리한 도시다. 신도시여서 도로율이 가용지 대비 24%로 높고 아직 인구밀도가 낮기 때문에 출퇴근 때

세종시에 두번째로 도입된 빠른버스인 1001번. 김규원.

294

잠깐을 제외하면 거의 차가 막히지 않는다. 막혀도 서울과는 비교할 수 없는 가벼운 수준이다. 2016년 말까지 거의 대부분의 공공 주차장이 무료였다. 정부청사 부근에는 18개, 4001면의 거대한 무료 공공 주차장이 마련돼 있고, 정부청사 안에도 지상 986면, 지하 2518면 등 3504면의 주차장이 마련돼 있다. 이렇게 주차장이 많은데도 어떤 사람들은 귀찮다고 거리에 차를 댄다. 그러나 교통 체증이 별로 없기 때문에 딱지를 떼는 경우도 별로 없다. 이렇게 자동차 이용이 편리하고 대중교통이 부족하기 때문에 세종시에서 대중교통을 이용하라는 것은 억지춘향이나 다름없다.

물론 도로율이 높음에도 주요 도로가 너무 좁다는 불만이 상당히 많았다. 세종시의 첫째 간선도로라고 할 대전~세종~오송역 도로가 버스 전용차로를 포함해 왕복 6차로였고, 정부청사 주변이나 주요 생활권의 도로는 왕복 4~5차로, 정부청사 지구 내부 도로는 왕복 2~3차로 정도였다. 이것은 서울보다는 좁다고 느낄 수 있으나, 도로율 측면에서는 결코 부족하지 않다. 대체로 서울은 넓은 도로가 띄엄띄엄 있다면, 세종시는 그보다 좁은 도로가 더 촘촘히 있다. 세종시의 도로는 현재도, 앞으로도 서울보다 훨씬 인구밀도가 낮은 도시의 교통 수요를 감당하는 데는 별 문제가 없다. 출퇴근 시간에 잠시 길이 막히는 이유는 차도가 부족해서라기보다는 너무 많은 사람들이 차로 출퇴근하기 때문이다. 이 잠깐의 출퇴근 수요를 감당하기 위해 평소에 텅텅 비는 차도를 넓힐 이유는 없다.

지금은 큰 문제 없지만, 장기적으로 인구가 현재의 14만명(신도시)에서 50만명으로 늘어나면 차도가 차량들을 감당할 수 없을 것이란 우려도 있다. 그러나 대부분의 도시에서 차량이 늘어나는 속도는 차도가 늘어나는 정도보다 훨씬 빠르다. 따라서 차도를 늘려 차량 수요를 감당하는 것은 애초에 불가능하다. 통상 도시에서 차량 통행량이 어느 선을 넘으면 길이 많이 막히기 때문에 차량 이용 수요는 자연스레 줄어든다. 또 개인 차량 이

정부청사 안팎에 7500여면의 무료 주차장이 있지만, 정부청사 앞까지 주차 수요는 차고 넘친다. 김규원.

용을 줄이기 위해 해당 정부는 대중교통을 공급하고, 도심 주차장에서 주차료를 부과하거나 높이는 정책을 쓴다. 심지어 영국 런던처럼 도심에 들어오는 차량에 혼잡통행료를 부과하는 경우도 있다. 도시에서 늘어나는 차량 통행량은 이런 수요 관리로 조절해야지 덮어놓고 차도를 넓힐 일이 아니다.

정부청사 내부 주차장이 부족하다는 의견도 있다. 실제로 국세청 등 정부세종청사 별관(471면)을 제외하고 정부세종청사의 본관 건물에는 지하 1층에만 2047면의 주차장이 설치됐다. 지하 2~3층까지 설치했다면 주차면이 2047면이 아니라, 4000~6000면 정도 됐을 것이다. 지하 주차장의 부족으로 세종청사 1층에는 주차장 진입로나 심지어 건물 1층 필로티에까지 차를 세워둔 경우가 적지 않다. 애초엔 세종청사의 높이가 4~8층 정도기 때문에 지하 1층 주차장이면 충분하다고 봤을 수 있다. 또 개인 차량보다는 대중교통을 이용하게 하려는 생각도 있었을 것이다. 그러나 조금 여유 있게 지하 2층 정도까지라도 주차장을 설치했더라면 더 좋았을 것 같다는 생각도 든다. 물론 주변의 야외 주차장까지 고려하면 세종청사에 주차장이 부족하다기보다는 차량으로 출퇴근하는 사람들이 너무 많다고 보는 것이 합리적이다. 정부서울청사의 경우 차량으로 출퇴근하는 공무원들은 거의 없다. 서울 도심에선 자가용 자동차가 아니라, 대중교통을 이용하는 것이 보편적인 생각으로 받아들여진다.

세종시의 상가 주차장은 초기 계획상의 문제점으로 불편이 있었다. 적지 않은 상가 건물들의 주차장 출입구가 1개 차로였고, 지하 주차장 내부도 너무 좁아서 출입이나 주차가 상당히 힘들었다. 처의 이야기를 들어보면, 남성들보다 운전이 능숙하지 않은 여성들은 비좁은 상가 지하 주차장에 대는 것을 꺼리는 경우가 많았다. 세종시의 상가 주변 거리에 불법 주차가 많은 이유는 주차장 부족 때문이 아니라, 지하 주차장의 출입과 주차가 불편하기 때문이었다. 이 때문에 2015년께부터 행정중심복합도시건설청은 상가 건물을 지을 때 단독으로 지하 주차장을 설치하지 말고 주변 상가 건물들과 연합해 설치하도록 유도했다. 그러면 출입구도 2차로로 할 수 있고, 주차장 터도 더 효율적으로 활용할 수 있다.

세종시 초기에는 음식점과 술집과 같은 소비 시설도 적절히 공급되지 못했다. 내가 이주했던 2014년 3월에 세종시에 음식점과 술집은 세종시 한솔동 첫마을의 상가들과 어진동 국무총리실 부근의 2개 상가(세종1번가, 세종마치) 외에는 없었다. 그래서 점심이나 저녁 식사 때 선택의 폭이 매우 작았다. 청사 구내식당을 이용하거나, 걸어서 세종1번가나 세종마치 상가를 이용하거나, 차를 타고 첫마을이나 주변 지역으로 나가는 수밖에 없었다. 그러던 것이 시간이 지나면서 도담동에도 상가가 생기고, 종촌동이나 아름동 등

다른 지역에도 상가들이 들어서면서 선택의 폭이 넓어졌다.

　음식점과 술집 등의 공급이 초기에 원활히 이뤄지지 못한 이유 중 하나는 정부청사 지구와 첫마을(한솔동)의 주거와 상업 지구를 공간적으로 분리했기 때문이었다. 첫 주거지와 상업지를 정부청사와 떼어놓았기 때문에 세종청사와 가까운 새로운 상가 지역이 형성될 때마다 상가들은 심한 부침을 겪었다. 한때 세종시 최고의 상가였던 어진동 세종1번가와 세종마치 상가는 도담동 상가와 어진동 중앙타운 상가가 들어서면서 짧은 전성기를 마감했다. 2017년이 되자 어진동의 2개 상가는 상점의 3분의 1 이상이 문을 닫는 지경에까지 이르렀다. 이렇듯 세종시에서 가장 번화한 상가는 처음에 첫마을이었다가 어진동 2개 상가, 도담동 상가, 어진동 중앙타운 등으로 급격히 변화했다.

도담동 상가 거리는 정부청사 지구 부근에서 가장 규모가 큰 상가 지역이다.(좌) 세종시에 처음 들어선 대형마트.(우) 김규원.

세종시에는 내가 이주한 2014년 초까지 대형마트가 없었는데, 2004년 11월 홈플러스, 2015년 2월 이마트가 잇따라 문을 열었다. 대형마트가 들어서는 것은 많은 사람들의 염원이었는데, 내 경우도 맥주나 막걸리 등 술을 사기 위해서 필요한 일이었다. 그 전에는 주로 대전의 대형마트를 이용했다. 홈플러스와 이마트가 들어설 때 기존 상인들이 대책을 요구하기도 했는데, 결국은 큰 마찰 없이 개점했다. 대형마트는 작은 상가들의 생존을 위협한다는 점에서 큰 문제가 있지만, 세종시와 같은 신도시에서는 막기가 어려운 일이었던 것 같다. 홈플러스와 이마트의 입점은 다양한 상가가 없어서 겪었던 세종시 주민들의 불편을 상당 부분 해소했다. 그러나 대상 인구가 더 많아야 하는 백화점은 2017년까지도 입점 계획이 확정되지 못했다. 멀지 않은 대전에 갤러리아와 롯데, 청주에 현대 백화점이 있는 것도 백화점이 들어서지 못하는 원인이 되고 있다.

세종시엔 종합병원이 없어서 대전까지 20~40분을 나가야 한다. 대전 유성의 한 종합병원. 김규원.

의원이나 병원도 세종시에서는 많이 부족했다. 내가 이주한 2014년 초 세종시에는 소아과와 가정의학과 의원 정도만 있었고, 이비인후과나 안과 등 좀더 전문적인 의원들은 없었다. 그래서 나는 눈 치료를 위해 대전 유성구 노은동의 안과, 대전 서구 둔산동의 을지대병원 안과에 가야 했다. 이비인후과도 마찬가지여서 대전 유성구 노은동으로 다녀야 했다. 그런데 1~2년 사이에 세종시의 인구가 급속도로 늘어나면서 이비인후과나 안과 등 거의 모든 의원들이 들어섰고, 더 이상 진료를 위해서 대전으로 가야 하는 일은 없어졌다.

응급실을 포함한 종합병원의 부재도 큰 문제였다. 2012년 입주가 시작된 세종시는 내가 거주했던 2016년까지 종합병원이 없었고, 이것은 주민들에게 상당한 걱정거리였다. 충남대병원의 진료소가 토지주택공사의 건물을 빌려 들어와 있었는데, 말 그대로 간이 진료소였을 뿐이다. 종합병원에 가려면 대전 유성의 선병원이나 둔산의 을지대병원에 가야 했는데, 차로 각각 20분, 40분 정도 떨어진 거리였기 때문이다. 평상시에야 별 문제가 되지 않았지만, 위급한 상황이 벌어진다면 20분은 결코 짧은 시간이 아니고, 40분은 아주 긴 시간이다. 2015년 행정도시청은 2018년까지 500병상 규모의 충남대병원을 세종시 도담동에 개원한다고 발표했다. 그러나 수도에 버금가는 행정도시를 만들면서 종합병원조차 사전에 계획해놓지 않은 것은 아쉬운 일이다.

문화시설은 태부족이었다. 내가 떠나온 2016년 2월까지 세종시 신도시 지역의 문화시설은 국립도서관과 막 문을 연 대통령기록관 정도가 전부였다. 공연장은 없었고, 가끔 국토부 앞의 정부청사 대강당에서 공연이나 영화 상영이 이뤄졌다. 국세청 1층에 조세박물관이 있었는데, 건물 한 켠을 이용하는 아주 작은 시설이었다. 내 가족은 정부청사 대강당에서 열린 공연이나 영화를 몇 차례 보러 갔는데, 가족 모두가 매우 즐거워했다. '가난

아직까지 세종시의 공연장 노릇을 하고 있는 정부청사 대강당. 김규원.

한 날의 행복'이라고 해야 할까? 영화관은 2015년 12월에 씨지브이 복합상영관이 문을 열어 시민들의 불편을 해소했다. 그 전까지는 영화를 보기 위해 대전이나 공주, 조치원으로 가야 했다.

왜 세종시에 미술관이나 박물관, 공연장 등이 제대로 갖춰지지 않았는지 행성도시청에 문의하니 "문화 시설은 대부분 2016년부터 시작되는 세종시 2단계 건설 사업에 계획돼 있다"는 대답이 돌아왔다. 문화와 예술을 대하는 한국인들의 자세를 엿볼 수 있었다. 문화와 예술을 즐기는 것은 삶에서 중요한 부분인데, 사람들이 처음 입주할 때 이를 공급하지 않고, 사람들이 상당수 이주한 뒤에야 공급하도록 계획한 것이다. 문화시설 가운데 공연장은 2019년, 5개 박물관은 2023년 완공될 예정인데, 또 다른 대표적 문화 시설인 미술관은 2017년까지도 아무런 계획이 없다.

개별 문화시설들의 부재나 부족을 넘어 세종시에 사는 가장 큰 아쉬움은 '도시다움의 부족'이 아닐까 생각한다. 2017년 현재 도시에 사는 한국인은 90%를 넘는다. 높은 도시 거주율은 세계의 모든 현대 국가에서 공통적으로 나타나는 현상이다. 사람들이 도시에 사는 이유는 도시에 사는 것이 여러 모로 효율적이고 매력적이기 때문이다. 교통이나 환경 등 여러 문제점이 있지만, 그것을 상쇄하고도 남는 장점이 있기 때문에 사람들이 도시에 사는 것이다. 그러나 아직 세종시에서는 그런 장점을 찾아볼 수 없다. 이를테면 많은 사람들과의 관계, 다양한 세대와 계층의 삶과 문화, 복잡다단한 사회 현상, 정치사회적 활동, 기업과 상업의 활력 등이다. 이것은 행정도시와 신도시라는 세종시의 태생적 성격에서 비롯한 문제점일 것이다.

　세종시에서 역사와 전통을 찾아볼 수 없는 것도 아쉬운 점이다. 역사와 전통 역시 도시의 매력 가운데 하나인데, 세종시는 예전의 농촌 지역을 싹 밀어버리고 신도시로 건설했기 때문에 이렇다 할 역사와 전통을 찾아보기 어렵다. 물론 몇 개의 역사 유적이 공사 도중 발견돼 보존돼 있지만, 그것을 현재의 도시와 연결하기는 어렵다. 서울이 그랬듯 중요 도시가 되고 시간이 지나면 어느 도시나 자연스레 역사와 전통을 갖게 된다. 그러나 하루 아침에는 어떤 도시도 역사와 전통을 가질 수가 없다. 초기에 세종시를 계획했던 사람들은 역사와 전통보다는 과거와 전혀 다른, 새로운 도시 모델을 만들겠다는 의욕이 강했던 것 같다. 그러나 결국 세종시는 과거와 거의 비슷한 신도시로 만들어졌으며, 역사와 전통의 향기가 없는 도시가 됐다. 초기 도시계획자들이 좀 더 높은 안목을 가졌더라면 세종시를 이렇게 신도시로 건설하지는 않았을 것으로 생각한다.

세종시 신도시에서 보기 드문 역사 유적인 초려공원. 조선 중기의 선비인 이유태 선생을 모신 공간이다.
세종시.

이춘희 시장 인터뷰

이춘희 세종시장은 글자 그대로 세종시의 산 역사이고 산 증인이다. 그는 2003년 신행정수도건설추진지원단 부단장으로 시작해서 초대 행정중심복합도시건설청장을 지냈으며, 현재 2대 세종특별자치시장으로 일하고 있다. 신도시형 수도, 넓이 2200만평과 인구 50만명 규모의 도시, 연기공주라는 입지, 원형(고리형) 도시 등 세종시의 근본에 해당하는 결정은 모두 그의 머리에서 나왔다. 또 그는 세종시를 둘러싼 논란이 극심할 때 앞장서 세종시를 지켜낸 사람 가운데 하나다. 세종시에 관한 한 그는 가장 많은 권한을 행사했고, 가장 많은 책임을 지고 있는 사람이기도 하다. 이 시장한테서 세종시의 역사와 세종시의 미래를 둘러싼 여러 논란에 대해 이야기를 들어봤다. 이 인터뷰는 2015년 12월 19일 직접 만나 장시간 인터뷰한 뒤 여러 차례 전화 통화해 업데이트한 내용이다.

김규원 현재 세종시의 최대 관심사는 수도가 될 것이냐 하는 것이다. 세종시가 대한민국 균형 발전의 견인차가 되려면 국회와 청와대의 이전이 필수적이다. 2018년 6월 국민투표에 부쳐질 개헌안에 수도 이전이 포함될까? 수도 이전을 개헌안에 포함하기 위해 어떻게 노력하고 있나?

이춘희 세종시장 전체 국민들의 생각이 많이 달라졌다. 10년 전만 해도 세종시로의 행정수도 이전에 찬반이 40 대 60이었다면 최근 국회나 우리 시의 여론조사 결과를 보면, 찬성이 최소 50% 이상이고 전문가 조사에서는 60%를 넘기기도 한다. 이제 국민들도 세종시로 행정수도를 옮기는 데 대한 찬반 여부보다는 어떻게 활용할 것인가를 생각하는 것 같다. 이렇게 다수 국민이 찬성한다면 2018년 6월 개헌안 국민투표 때 이 안건을 포함해야 한다. 행정수도를 둘러싼 논란에서 벗어나야 한다. 헌법 개정안에 넣는 방안은 세 가지가 있다. 첫째는 '대한민국의 수도는 세종시다'라고 명확히 하는 것이다. 둘째는 '대한민국의 수도는 서울시다. 그러나 입법과 행정의 수도(중심지)는 세종시다'라고 타협하는 것이다. 셋째는 '대한민국 주요 국가기관의 소재지 등은 법률로 정한다'고 함으로써 헌법 논란을 끝내고 법률

이춘희 세종시장. 세종시

에 위임하는 것이다. 이 세 가지 가운데 여야가 합의할 수 있는 방안으로 하면 된다. 개인적으로는 2안이 좋다고 생각한다.

문재인 대통령이 행정수도 이전에 소극적인 것 아닌가? 문 대통령이 개헌안에 수도 이전을 포함하기 위해 노력하고 있나?

문재인 대통령은 대선 과정에서 "정치·행정 수도의 세종시 이전도 국민의 의사를 물어 찬성이 높으면 개헌 내용에 포함시키겠다"고 말했다. 대통령 당선 뒤인 5월에도 "개헌을 통해 세종시로 수도를 이전하기를 바란다"고 말했다. 다만 개헌에 대해 여야가 합의하지 않은 상태에서 대통령이 밀어붙이는 방식은 적절치 않다고 보는 것 같다. 대통령도 개헌에 대해서 여러 생각이 있겠지만, 북핵 등 이슈가 많은 지금 상황에서 또다른 논쟁거리를 만들고 싶지 않은 것 같다. 또 행정수도 이전에 대해 하나는 개헌을 통한 조기 완성, 또 하나는 중앙부처 추가 이전을 통한 실질적 행정수도 완성 등 투 트랙으로 접근하는 것 같다.

2018년 6월에 개헌이 될까? 국회 개헌특위에서 개헌안을 내놓을 수 있을까? 여야 간에 합의할 수 있을까?

국회 개헌특위가 오랫동안 활동해왔는데, 아무런 안도 내지 못하고 끝나겠나. 결

2017년 2월 세종시에서 열린 국가균형발전 선언 13주년 기념식에서 문재인 당시 민주당 대통령 후보와 이춘희 세종특별자치시장이 이야기하고 있다. 세종시.

국 특위의 개헌안을 내놓을 것이고, 그 안이 나오면 각 정당에서 받아들일 수밖에 없다고 본다. 현재까지 행정수도 문제는 논의는 되는데, 아직 주요 의제가 된 것 같지는 않다. 개헌안이 나오면 무엇보다 여야 간 합의가 돼야 한다. 개헌안의 주요 안건인 권력구조, 기본권, 지방분권, 행정수도 등은 반드시 여야가 합의해야 국회에서 통과될 수 있다.

세종시의 역사를 보면 이 시장은 신행정수도건설추진지원단 부단장, 초대 행정중심복합도시건설청장, 2대 세종특별자치시장 등 가장 핵심적인 역할을 두루 맡았다. 처음에 어떻게 관여하게 됐나?

노무현 대통령이 이 정책을 추진하게 된 것은 2002년 이해찬 의원이 노무현 후보의 선거대책위원회 기획본부장으로 가면서부터다. 당시 이 의원이 행정수도 이전 공약을 제안했는데, 선대위에서는 이 공약에 찬성한 사람이 거의 없었다고 한다. 수도권에서 잃는 표를 생각하면 선거 전략으로 좋지 않다는 이유였다. 그러나 노무현 대통령이 이것을 과감히 받아들였고, 2002년 9월 30일에 대전에서 주요 공약으로 발표했다.
노 대통령이 취임한 직후인 2003년 3월 중순에 대통령 비서실을 중심으로 대통

령 공약 사업 태스크포스를 12개 만들었고, 그 중 하나가 신행정수도건설기획단
이었다. 권오규 청와대 정책수석이 단장을 맡았는데, 정책수석으로서 다른 일이
많았기 때문에 내게 실무를 맡아달라고 요청했다. 그래서 권 수석은 보고 등 큰
일을 챙기고 나머지는 내가 맡게 됐다. 그전에 권 수석이 재정경제부 차관보, 내
가 건설교통부 주택도시국장일 때 부동산 정책과 관련해서 함께 일한 것이 인연
이 된 것 같다.

노 대통령 임기 초기에 순조롭게 진행되던 신행정수도 정책은 2004년 10월 헌법재판소에서
위헌 결정을 받으면서 위기를 맞았다. 당시 노 대통령이 이 논란 많은 사안을 국민투표에 부
쳐서 깨끗하게 끝냈어야 하는 것 아닌가? 반대자들이 이 사안을 헌재로 가져가게 한 것은 실
수 아닌가?

이 정책은 당시 한나라당의 지지 기반인 기득권층, 특히 강남 사람들에게 참으로
못마땅한 것이었다. 그러나 2003년 박근혜 대표가 이끌던 한나라당이 국회에서
합의해줘 신행정수도특별법을 통과시켰다. 아마 2004년 총선을 염두에 뒀던 것
같다. 보수층도 처음에는 눈앞의 문제로 생각지 않았다. 그러나 2004년 입지 선정
에 들어가는 등 현실적인 문제가 되자 반대가 나오기 시작됐다. 당시 보수 신문들
은 "노 대통령이 지배 계층을 바꾸기 위해 천도를 추진한다"고 의도적으로 보도했

2006년 1월 12일 행정중심복합도시건설청 개청식에서 노무현 대통령과 이춘희 초대 청장(현 세종시장)이 악
수하고 있다. 노 대통령이 세종시의 구상자라면 이 시장은 실행자였다. 노무현재단.

2017년 세종시의 중심부의 모습. 세종시.

다. 그러면서 국민투표를 해야 한다는 이야기가 나오기 시작했다.

국민투표는 노무현 정부가 수용할 수도 있었다. 국회에서 특별법을 제정하기 전에 국민투표로 결정했으면 어땠을까 하는 생각이 든다. 그러나 이미 2003년 국회에서 특별법이 통과됐고, 국회에서 법률로 제정한 일을 대통령이 국민투표에 부치는 것은 3권 분립이라는 헌법 질서에 맞지 않았다. 국회의 입법권을 부정하는 일이 되기 때문이다. 또 노 대통령이 대선에서 이 정책을 핵심 공약으로 내세워 이긴 점도 국민투표까지 가지 않은 이유였다. 선거도 일종의 국민투표이기 때문에 대선 당시 이 정책에 대해 국민적 공감대가 있었다고 볼 수도 있다.

세종시의 가장 중대한 목적은 전국적인 균형발전의 방아쇠를 당기는 일이다. 2007년 착공으로부터 10년, 2012년 입주로부터 5년이 지났는데, 그동안 균형발전 효과는 어떠했다고 보나?

세종시는 국민에게 국가 균형발전의 상징이라는 메시지가 크다. 과거엔 어떤 분야에서건 중요한 일을 하려면 서울로 가야 했는데, 이제 서울로 가지 않아도 된다는 메시지를 준다. 둘째는 1만여 명의 중앙부처 공무원들이 세종으로 옮긴 데 따른 이전 효과가 있다. 현재까지 세종시에 15만 명가량이 유입됐는데, 이명박 정부 때 세종시 수정안으로 사업을 늦추지 않았으면 효과가 더 컸을 것이다. 셋째는 이명박 정부 때부터 균형발전과 지방화의 흐름이 꺾이고 수도권 규제가 완화되면서 세종시와 혁신도시의 효과가 반감되고 있다. 현재는 균형발전 정책 중 세종시와 혁신도시만 남은 상황이다. 이제 새 정부가 들어섰으니 다시 수도권 억제와 균형발전의 방향으로 가야 한다.

현재 세종시 인구의 40%가 대전에서 왔고, 이를 포함해 60%가 충청권에서 왔다. 대전에서 이주한 인구만으로도 수도권 전체에서 온 인구보다 더 많다. 수도권의 인구를 지방으로 분산한다는 세종시나 균형발전의 취지에 맞지 않다. 또 주변 도시인 대전이나 청주, 공주 등은 인구가 줄어 오히려 약화되고 있다. 이 문제를 어떻게 풀어야 하나?

사실은 간단한 문제다. 수도권에서 충분히 오지 않은 것이다. 그래서 세종시에 빈 공간이 생겼고, 그 공간에 주변 인구가 들어오는 것이다. 애초 계획에 따르면 수도권에서 많이 와서 세종시 인구를 채우고도 남아야 한다. 수도권 인구를 더 끌어들이려면 이전한 행정기관과 공공기관에 관련한 협회, 단체, 기업 등을 더 이전시켜야 한다. 애초 계획은 공무원 1명이 15명 정도의 인구를 끌어들이는 것이었는데, 그 효과는 아직 미미하다. 수도권 인구의 세종시 등 지방 이전은 이제 시작일 뿐이다. 정부가 바뀌어서 단체들의 생각도 달라졌다. 축산 관련 단체가 세종시로 온다고 하고, 축산회관도 짓겠다고 해서 토지 계약이 이뤄졌다.

세종시를 신도시 방식으로 건설했기 때문에 기존 도시의 기반시설을 활용할 수 없고, 사업비가 많이 들며, 시간이 많이 걸리고, 주변 도시가 위축되는 등 악영향이 나타나고 있다. 당시 대전과 같은 기존 도시를 활용하는 방안은 검토하지 않았나?

기존 도시에 넣으면 인프라 비용이 적게 드는데, 이 경우 기존 도시의 인프라 용량이 넉넉해야 한다. 만약에 대전을 행정도시로 만들었다면 기존 인프라로는 감당이 안 되고 인프라를 더 늘려야 하는데, 그러면 오히려 돈이 더 들 수도 있었다. 예를 들어 대전 땅값이 평당 500만원 정도 했을 텐데, 세종시 터는 평당 20만원 정도였다.

대전의 인프라가 부족했다는 이야기는 동의하기 어렵다. 대전은 둔산 지구 개발을 통해 인프라가 비교적 최근에 잘 마련된 편이다. 또 터만 해도 정부세종청사를 짓기 위해 15~18만평 정도 필요했는데, 대전은 정부청사 주변에 30~40만평의 국공유지가 있었다. 또 유성이나 도안 등에 개발 가능지도 매우 넓었다.

신도시로 결정한 이유는 인프라 문제만이 아니었다. 새 행정수도를 전세계 사람들에게 자랑할 만한 제대로 된 도시로 만들고 싶었다. 대전에 갖다 붙이면 그런 도시를 만들 수 없었다. 개인적으로도 오랫동안 도시를 다뤄왔던 사람으로서 좋은 도시를 하나 만들고 싶은 욕심이 있었다.

엑스포공원과 그 앞의 한밭수목원, 정부대전청사 일대에는 30~40만평의 빈 국공유지가 있다. 대전시.

당시 세종시를 신도시로 건설하기로 실질적으로 결정한 사람은 누구였나?

도시 규모나 건설 방식은 내가 결정했다고 할 수 있다. 그러나 혼자서 결정한 것은 아니고 대체로 관계자들 사이에서 공감대가 형성됐다. 그런 공감대를 바탕으로 실무적인 결정을 한 것이다.

노무현 대통령은 세종시 건설에 대해 특별한 의견이 없었나?

노 대통령은 충청권에 해야 한다는 정도만 이야기했다. 노 대통령이 강조한 것은 투명하고 공정하고 객관적인 기준과 방법, 절차를 거쳐서 결정해야 한다는 것이었다. 노 대통령은 그런 과정을 거쳐 결정한 일에 대해서는 다른 이야기를 한 일이 없었다. 입지를 연기공주로 결정했을 때도 미리 대통령에게 보고하지 않고 발표하는 날 아침 7시 반에 보고했다. 발표는 오후 2시였다.
노 대통령한테서 아이디어를 얻은 것도 있었다. 입지를 평가할 때 5개 분야 20개 항목에 대해 평가했는데, 평가위원을 도시계획이나 환경, 교통 등 각 분야 전문가들에게 맡기려고 했다. 어느 날 노 대통령이 평가위원을 어떻게 선정할 것이냐고 물었다. 그래서 각 분야 전문가들로 구성할 것이라고 했다. 그러자 노 대통령이 16개 광역 시도에서 추천받는 게 좋겠다고 했다. 그냥 전문가들로 선정하면 온통 서울 사람들이 평가위원으로 들어갈 것이라는 우려였다. 그래서 16개 시도에서 5명씩 추천받아 80명의 평가위원을 선정했다. 아주 좋은 아이디어였다.

세종시와 박정희 대통령 시절의 백지계획을 비교하면 입지도 거의 같고 사업 내용도 비슷한 점이 많다. 세종시를 건설하면서 백지계획을 많이 참고했나?

세종시 예정지였던 연기군 장남평야 일대의 옛 모습. 행정중심복합도시건설청.

직접적으로는 안했다. 다만 당시 세종시의 각 분야를 연구했던 분들이 참고했을 것이다. 입지를 결정할 때는 충청권에 대한 온갖 지도를 갖다놓고 검토했다. 먼저 개발제한구역, 국립공원, 이미 개발된 지역, 경사지, 저지대 등을 뺐다. 그러고 나면 행정수도로 쓸 수 있는 땅이 많지 않았다. 도시 규모를 2천만평 정도로 잡았을 때 쓸 수 있는 땅의 비율이 50% 이상 되는 곳을 골랐는데, 그게 4곳이었다. 4곳 가운데 천안과 진천음성은 서울에서 너무 가까웠다. 논산은 주변 환경은 좋은데, 계룡산에 막혀 교통 문제를 해결할 수 없었다. 결론적으로 환경은 논산이 좋았고, 교통과 땅값 등에서는 연기공주가 좋았다. 입지를 결정할 때 사전에 연기공주를 염두에 두지 않았는데, 결과적으로 그렇게 됐다.

도시계획과 관련해 세종시는 중심인 장남평야를 비우고 6개 주요 기능을 내부순환로를 따라 분산했다. 그런데 이 때문에 도심이 형성되지 못하는 문제점이 있다. 이렇게 분산된 도시는 대중교통이나 보행, 자전거 이용에도 매우 불편하다. 이것은 문제 아닌가?

어느 도시건 전통적으로 도심이 한 군데 있고, 도심에 모든 게 집중돼 있다. 예를 들어 시청, 백화점, 교회 등이 도심에 집중돼 있으면 인구 5~10만의 작은 도시도 교통에 병목이 생긴다. 이것은 전통적인 도시가 가진 문제점이다. 초기에 도시개념 국제공모를 했는데, 5명의 당선자 가운데 안드레스 페레아 오르테가, 장 피에르 뒤리그 등이 원형 도시를 제안했다. 직장과 주거가 가까워서 교통 수요와 정체가 줄어드는 도시였다. 전통적 도시처럼 도심에 모든 것을 모아놓으면 집과 떨어질 수밖에 없다. 그래서 주요 기능을 분산 배치하는 안으로 갔다. 예를 들어 어진동에 정부청사가 있는데, 세종시의 핵심 기능을 이 주변에 모두 배치하면 직장인들이 모두 이쪽으로 출근하게 된다. 그러나 주요 기능을 나눠 배치하면 그 주변에

현재도 세종시 한복판인 금강가의 장남평야 일대는 텅 비어 있다. 세종시.

살면서 출퇴근하니 기능 집중이나 교통 정체를 막을 수 있다.

그러나 도시의 매력은 복합성에 있다. 그 복합성을 만드는 공간이 도심이나 중심업무지구다. 도심은 그 도시의 에너지이고, 매력이고, 장점이다. 오래된 도시의 도심에 가면 시청도 있고, 교회도 있고, 대학도 있고, 연구소도 있고, 문화 시설도 있다. 그래서 거기서 많은 사람들이 서로 쉽게 만나는 것이다. 세종시에서는 기능 분산으로 그런 도심이 형성되기가 어렵게 됐다.

만약 세종시 정부청사 주변에 백화점도 있고, 대학도 있고 그러면 이곳으로 사람들이 집중되고, 다른 지역에는 사람들이 모이지 않게 된다. 그러면 다른 지역은 변두리가 되고 활기를 잃는다. 둘째로 주요 기능을 집중시켜놓으면 사람들이 출근 시간에 한곳으로 몰려들었다가 퇴근 시간에 한꺼번에 흩어진다. 교통 문제가 생길 수밖에 없다. 이런 기능 분산은 이 도시의 장점으로도, 단점으로도 볼 수도 있는데, 21세기 지식정보화 시대에는 장점이 더 많다고 판단했다. 그리고 세종시에도 도심이 없는 게 아니다. 어번아트리움이 조성되는 세종시의 문화국제교류 지구가 서울의 명동과 같은 도심이다. 다만 그곳에 대학이나 병원 같은 것을 다 넣을 필요는 없다는 것이다.

도시개념 국제공모에서 1등으로 당선된 안 중에 송복섭 한밭대 교수의 안이 있었다. 장남평야와 정부청사지구 터를 중심으로 세종시를 집중 개발하는 안이다. 금강에 다리를 많이 놓아 강을 최대로 활용하는 안이었다. 이 안은 대중교통이나 보행자, 자전거 중심의 교통도 가능하게 한다. 이 안은 콤팩트 시티 개념에 바탕을 뒀는데, 이런 도시가 미래에도 지속가능하지 않았을까?

송 교수는 아이디어가 매우 신선해서 1등작 5개 중 하나로 선택했다. 송 교수 안은 이론적으로 굉장히 재미있는 아이디어였는데, 현실감은 별로 없었다. 먼저 이 안에서 중심이 되는 곳이 장남평야인데, 저지대여서 굉장히 많은 성토가 필요했다. 그리고 다리 위에 도시를 만든다는 것 자체가 우리 정서에는 잘 맞지 않는다. 사람들이 다리 위에서 살고 싶어하지 않는다.

세종시가 논산 같은 후보지와 비교했을 때 좋은 점은 큰 강이 한가운데 흐른다는 것이다. 금강은 천혜의 자연 조건이다. 우리도 유럽 도시들처럼 강가의 도시를 만들 수 있었다. 그런데 왜 이 천혜의 조건을 활용하는 방식으로 도시를 만들지 않았나? 지금 금강가엔 시청과 교육청 정도만 있고, 정부청사는 강가에서 멀리 떨어져 있다. 심지어 금강이 있는데, 그 옆에 중앙공원을 만들고 호수까지 따로 팠다. 정부청사를 장남평야 남쪽의 금강가에 지었다면 굳이 호수를 팔 필요도 없었다.

호수를 판 것은 이유가 있다. 장남평야는 저지대여서 성토를 해야 쓸 수 있었다. 그래서 호수 쪽의 땅을 파서 그 흙을 가져다가 장남평야를 메웠다. 일산도 마찬가지인데, 그래서 호수가 생긴 것이다. 그렇게 하지 않았으면 다른 곳에서 흙을 가져와야 했을 것이다. 호수공원은 지금 세종시민들이 가장 좋아하는 공간이다. 돈을 들여서 일부러 만든 것이 아니라 돈을 절약하기 위해서 만든 것이다.

그러나 결국 장남평야를 성토해서 중앙공원을 조성하지 않았나? 장남평야를 정부청사 부지로 선택하지 못할 이유는 없었다. 더욱이 중앙공원은 활용도에서 큰 문제점이 있는데, 바로 접근성이다. 중앙공원은 금강, 제천, 호수공원, 미개발지(유보지), 산으로 둘러싸여 있다. 사방으로 고립돼 있다. 오히려 지금의 중앙공원 자리에는 정부청사나 문화, 상업, 업무 시설 등을 짓고, 현재의 정부청사 자리에 중앙공원을 조성했으면 어땠을까? 세종시를 강가의 도시로 만들고, 중앙공원의 접근성도 훨씬 좋았을 것이다.

중앙공원을 현재 위치에 만든 것은 도시의 중심을 공유 공간으로 만들고 싶다는 생각에서였다. 누군가가 차지하는 곳이 아니라, 시민들 모두가 쓰는 곳으로 남겨 두고 싶었다.

교통 차원에서 철도역은 도시의 심장 같은 곳이다. 그런데 호남고속철도를 만들면서 세종역을 만들지 않았다. 당시에 호남고속철도를 세종시 중앙으로 관통시키고 도심에 철도역을 만드는 안도 검토됐다고 들었다. 지금 오송역이 세종시 정부청사에서 17킬로미터나 떨어져 있어서 많은 사람들이 불편을 호소한다. 왜 당시에 세종시에 철도역이 설치되지 않았나?

애초에 세종에 철도역을 만들지 않은 것은 철도역을 도심에 만들면 도시가 양분된

세종시 발산리 일대의 세종역 후보지. 김규원.

다고 봤기 때문이다. 그것을 피하려면 선로와 역을 지하에 만들어야 하는데, 그러면 기술적으로도 어렵고 많은 비용이 든다. 그래서 만들지 않은 것이다.

그러나 현재는 정부세종청사 운영의 효율성을 위해 필요하다. 공무원들이 서울을 오가느라 시간과 경비를 허비하고 업무에 지장을 받고 있다. 세종역이 설치되면 역에서 청사까지 5~10분이면 닿을 수 있다. 또 호남 지역에선 세종시를 오려면 오송까지 갔다가 다시 세종으로 내려오는 불편을 겪고 있다.

얼마 전에 이해찬 의원 중심으로 세종역 설치를 추진하다가 비용 대비 편익(B/C)이 0.59밖에 나오지 않아 좌절됐다. 오송역이 있는 청주시의 반대도 극심하다.

지난번에 좀 서둘렀던 것 같다. 아직 세종시 규모가 애초 계획의 3분의 1 수준이기 때문에 교통 수요가 충분하지 않았다. 세종역은 간이역 규모이기 때문에 비용이 크게 들지 않고 교통 수요는 도시가 성장하면서 계속 늘어날 것이다. 지난번에 비용 대비 편익이 0.59가 나왔는데, 앞으로 시간이 좀 지나면 편익이 충분히 1을 넘을 것이다. 세종역의 위치는 발산리 쪽을 생각하는데, 대전 서북부까지 고려하면 수요는 충분하다. 청주시에는 앞으로 차분히 설명하고 설득해나갈 것이다. 세종역을 만든다고 청주시민이 불편해지는 것도 아니고, 오송역 주변의 개발에 악영향을 주지도 않는다. 청주쪽이 손해를 보지 않고 이익이 될 수 있도록 노력할 것이다.

세종시가 행정도시, 제2수도인데, 현재 국립대학 하나가 없다. 최근 문재인 정부에서 국립행

현재 세종시의 유일한 대학원은 한국개발연구원의 국제정책대학원이다. 세종시

정대학원 설립을 추진 중인데, 어떻게 진행되고 있나? 대학원뿐 아니라 국립사회과학대학 같은 것도 필요한 것 아닌가? 또 이 도시의 성격에 맞는 서울대의 환경대학원 같은 것도 필요하지 않은가?

애초엔 대학연구 지구에 국책연구기관을 한쪽에 배치하고 그 맞은편에 세종시의 성격에 맞는 대학원을 배치할 계획이었다. 케네디스쿨과 같은 국가정책대학원을 만들려고 했다. 정치행정뿐 아니라, 보건의료, 과학기술, 농업, 금융 등 다양한 분야에서 세종시의 공무원들이 학생도 되고 교수도 되는 싱크탱크를 만들려고 했다. 내가 이해찬 당시 총리에게 "정치 그만하시고 국가정책대학원 만들면 거기 대학원장 하시는 게 어떠냐"고 농담하기도 했다. 그런데 정부가 바뀌면서 그런 것이 전혀 이뤄지지 못했다.

현재 국립행정대학원 설립은 국무총리실 차원에서 행정중심복합도시건설청, 세종시, 교육부 등이 참여해 논의하고 있다. 예를 들어 새로 만들지, 아니면 기존 대학원을 모태로 해서 만들지 등 구체적 방안을 결정해야 한다. 아무래도 새로 만드는 것보다는 기존 대학이 참여해서 만드는 게 좋을 것 같다. 기존 대학원으로는 서울대 행정대학원이 많이 거론되는데, 이 지역에도 국립대학이 있기 때문에 공정한 경쟁을 거쳐서 결정될 것 같다. 환경대학원이나 다른 전문대학원의 설립은 국립행정대학원에 관련 과정을 포함하는 것으로 검토되고 있다. 대학 학부의 설립은 현재 대학을 구조조정하는 단계여서 교육부가 민감하게 생각한다. 행정중심복합도시건설청은 어느 한 대학을 옮겨오는 것보다는 여러 대학의 공동 캠퍼스를 조성하

정부세종청사 조감도. 행정중심복합도시건설청.

는 방안을 추진하고 있다. 최근 행복도시특별법을 개정하면서 공동 캠퍼스 설립을 지원할 근거 조항을 마련했다.

세종시의 건축 아이콘은 정부청사. 정부청사 건축에 대해서는 여전히 논란이 많다. 어떻게 생각하나?

불만이 많다. 나는 부처별로 독립 건물을 지어서 부처 특성을 살리자는 의견이었다. 그래야 정부청사 하나하나가 볼거리가 되고 명물이 된다. 2006년 기본계획에서는 부처들을 경제, 사회문화 등 성격에 따라 모아놓으려고만 했다. 예를 들어 환경부는 외부 에너지를 전혀 쓰지 않는 가장 친환경적인 건물을 지을 수 있었다. 농림축산식품부는 건물 앞에 보리도 심고 고구마도 심고 그랬으면 재미있었을 것이다. 그러나 결과적으로 무지막지한 종합청사로 만들어버렸다. 공무원들도 업무 환경에 따라서 생각이 많이 달라지는데, 정부청사를 획일적으로 해놓았으니 생각이 어떻겠나. 각 부처 건물들이 개성을 살리지 못했고, 하나로 묶어놓으니 보안 문제도 생겼다.

미국 수도 워싱턴시에 가면 '내셔널 몰'이라고 해서 백악관과 의회, 링컨 기념관, 제퍼슨 기념관이 십자가 모양으로 들어서 있다. 그 사이에는 열 개가 넘는 국립 문화 시설도 배치돼 있다. 말하자면 내셔널 몰은 미국의 국가 상징 거리다. 세종시에도 소박하게라도 그런 상징 거리나 시설 같은 게 필요하지 않을까? 이를테면 노무현 기념관 같은 것을 만들 수 있지 않나?

지금도 못할 게 없다. 예를 들어 문화국제교류 지구의 몰과 국립박물관 단지, 중앙공원, 정부청사 북쪽의 유보지를 연결할 수 있다. 그 라인에 상징물도 들어설 수 있다. 유보지는 청와대와 국회, 대법원을 지으려고 남겨뒀고, 애초 구상에서 외교단지는 현재의 의료복지 지구에 둘 계획이었다.

세종시 건설과 관련해 노무현 정부 때도 그렇고, 지금도 고민스런 일이 통일 문제다. 균형발전 관점에서 보면, 통일 전엔 세종시로 옮기는 것이 좋지만, 지금 통일이 된다면 북쪽으로 가야 한다. 통일 뒤의 수도는 어떻게 생각하나?

통일을 해도 양쪽 체제가 워낙 이질적이어서 처음부터 바로 한 나라로 가기가 부담스러울 것이다. 그래서 처음에는 남북의 자치 정부가 내정에 대해 상당한 자율성을 갖고 운영하고, 통일 정부가 점차 역할을 키워나가는 것이 현실적일 것이다. 따라서 서울에 있는 통일, 외교, 국방, 금융 등은 통일 수도에 두고, 세종과 평양을 남북의 중심으로서 운영하는 것이 바람직하다. 통일 국가가 남북이 고루 발전하는 나라가 되려면 먼저 남한의 각 지역이 고루 발전해야 한다. 그래서 통일 국가의 관점에서도 세종시의 역할을 너무 단기적으로 볼 필요는 없다. 통일을 이루는 데는 상당한 시간이 필요할 것 같다.